T0194357

Sammlung Metzler
Band 114

Charlotte Jolles

# Theodor Fontane

4., überarbeitete und erweiterte Auflage

Verlag J. B. Metzler Stuttgart · Weimar

Die Deutsche Bibliothek – CIP-Einheitsaufnahme

*Jolles, Charlotte:*
Theodor Fontane / Charlotte Jolles.
– 4., überarb. und erw. Aufl.
– Stuttgart ; Weimar : Metzler, 1993
(Sammlung Metzler ; SM 114)
ISBN 978-3-476-14114-9
NR: GT

ISSN 0558-3667
ISBN 978-3-476-14114-9
ISBN 978-3-476-04134-0 (eBook)
DOI 10.1007/978-3-476-04134-0
SM 114

© 1993 Springer-Verlag GmbH Deutschland
Ursprünglich erschienen bei J. B. Metzlersche Verlagsbuchhandlung
und Carl Ernst Poeschel Verlag GmbH in Stuttgart 1993

*EIN VERLAG DER* SPEKTRUM FACHVERLAGE GMBH

# Inhalt

V

# Abkürzungen

---

* Für die späteren Jahre sind den DA-Angaben die Bestellnummern beigefügt. Nach 1983 sind nur im Druck erschienene amerikan. Diss. aufgenommen.

| | |
|---|---|
| JEGP | Journal of English and Germanic Philology |
| JIG | Jahrbuch für Internationale Germanistik |
| LfL | Literatur für Leser |
| LiB | Literatur in Bayern |
| LWU | Literatur in Wissenschaft und Unterricht |
| Mag. Lit. | Magazin für die Literatur des In- und Auslandes |
| Marg. | Marginalien |
| Mh | Monatshefte (Wisconsin) |
| ML | Modern Languages |
| Mich. GS | Michigan Germanic Studies |
| MLN | Modern Language Notes |
| MLR | Modern Language Review |
| Ms. | Manuskript |
| MSp. | Muttersprache |
| NDH | Neue Deutsche Hefte |
| NDL | Neue Deutsche Literatur |
| NGS | New German Studies |
| NR | Neue Rundschau |
| NSR | Neue Schweizer Rundschau |
| NyA | Nymphenburger Ausgabe der Werke |
| NZZ | Neue Zürcher Zeitung |
| OGS | Oxford German Studies |
| OL | Orbis Litterarum |
| PMLA | Publications of the Modern Language Association |
| QLLS Palermo | Quaderni di lingue et letterature straniere. Università degli studi di Palermo. |
| RG | Recherches germaniques |
| RLV | Revue des langues vivantes |
| SchwM | Schweizer Monatshefte |
| Seminar | Seminar. A journal of Germanic Studies |
| SH | Sonderheft |
| St Neoph. | Studia neophilologica |
| SuF | Sinn und Form |
| Teko | Text und Kontext |
| TuK | Text und Kritik |
| VASILO | Adalbert-Stifter-Institut des Landes Oberösterreich. Vierteljahrsschrift |
| WB | Weimarer Beiträge |
| Weiße Bll. | Weiße Blätter |
| WW | Wirkendes Wort |
| Zeit-Schrift | Zeit-Schrift (Nijmegen) Jetzt eingestellt. |
| ZfBFr. | Zeitschrift für Bücherfreunde |
| ZfBibl. | Zentralblatt für Bibliothekswesen |
| ZfdB | Zeitschrift für deutsche Bildung |
| ZfdPh. | Zeitschrift für deutsche Philologie |
| ZfdU | Zeitschrift für deutschen Unterricht |
| Zs. | Zeitschrift |

# Literatur

Die folgenden Veröffentlichungen werden im Text oder in den Literaturangaben zu den Romanen oft nur mit Namen und Jahreszahl zitiert.

*Aust*, Hugo: Th. F.: »Verklärung«. Eine Untersuchung zum Ideengehalt seiner Werke. 1974.

*Bance*, Alan: Th. F.: The major novels. Cambridge 1982.

*Bosshart*, Adelheid: Th. Fs historische Romane. 1957.

*Demetz*, Peter: Formen des Realismus. Th. F. Kritische Untersuchungen. 1964. 1966².

*Fricke*, Hermann: Th. F. Chronik seines Lebens. 1960.

*Garland*, Henry: The Berlin novels of Th. F. Oxford 1980.

*Günther*, Vincent J.: Das Symbol im erzählerischen Werk Fs. 1967.

*Hayens*, Kenneth: Th. F. A critical study. London 1920.

*Kahrmann*, Cordula: Idyll im Roman: Th. F. 1973.

*Lukács*, Georg: Der alte F. In: G. L.: Deutsche Realisten des 19. Jhs. 1951, S. 262—307.

*Martini*, Fritz: Th. F. In: F. M.: Deutsche Literatur im bürgerlichen Realismus. 1962; ²1964, S. 737–800.

*Mittenzwei*, Ingrid: Die Sprache als Thema. Untersuchungen zu Fs Gesellschaftsromanen. 1970.

*Müller*, Karla: Schloßgeschichten. 1986.

*Müller-Seidel*, Walter: Th. F. Soziale Romankunst in Deutschland. 1975; 1980².

*Ohl*, Hubert: Bild und Wirklichkeit. Studien z. Romankunst Raabes u. Fs. 1968.

*Pascal*, Roy: Th. F. In: R. P.: The German novel. Manchester 1956, S. 178–214.

*Plett*, Bettina: Die Kunst der Allusion. 1986.

*Reuter*, Hans-Heinrich: F. 2 Bde. 1968.

*Rosenfeld*, Hans-Friedrich: Zur Entstehung Fontanescher Romane. Groningen/Den Haag 1926.

*Rost*, Wolfgang E.: Örtlichkeit u. Schauplatz in Fs Werken. 1931.

*Schillemeit*, Jost: Th. F. Geist u. Kunst seines Alterswerks. 1961.

*Sieper*, Clara: Der historische Roman u. die historische Novelle bei Raabe u. F. 1930.

*Voss*, Lieselotte: Literarische Präfiguration dargestellter Wirklichkeit bei F. 1985.

*Wandrey*, Conrad: Th. F. 1919.

Sammelwerke, in den Literaturangaben gekürzt zitiert:

Theodor Fontanes Werk in unserer Zeit. Symposion z. 30-Jahr-Feier des Fontane-Archivs der Brandenburgischen Landes- u. Hochschulbibliothek Potsdam. 1966.

Fontanes Realismus. Wissenschaftliche Konferenz z. 150. Geb. Th. Fs in Potsdam. Vorträge u. Berichte. Im Auftr. d. Dt. Staatsbibliothek hrsg. v. Hans-Erich Teitge u. Joachim Schobeß. 1972.

Th. F. Hrsg. v. Wolfgang Preisendanz. 1973. (Wege d. Forschung Bd. 381).

Formen realistischer Erzählkunst. Festschrift for Charlotte Jolles. ed. by Jörg Thunecke in conjunction with Eda Sagarra. Nottingham 1979.

Fontane aus heutiger Sicht. Analysen u. Interpretationen seines Werkes. Hrsg. v. Hugo Aust. 1980.

Theodor Fontane im literarischen Leben seiner Zeit. Beiträge zur Fontane-Konferenz vom 17. bis 20. Juni 1986 in Potsdam. Mit e. Vorwort v. Otfried Keiler. (Beiträge aus der Deutschen Staatsbibliothek) 1987.

Theodor Fontane. Hrsg. v. Heinz Ludwig Arnold. Text + Kritik. Sonderband. 1989.

Interpretationen. Fontanes Novellen und Romane. Hrsg. v. Christian Grawe. 1991.

Zeitschriften und Zeitungen mit Erstveröffentlichungen Fs, im Text gekürzt zitiert:

*Cosmopolis.* Intern. Revue. (London, Wien, Paris.)

*Daheim.* Ein dt. Familienblatt, mit Illustrationen. (Leipzig.)

*Das Magazin für die Literatur des In- und Auslandes.* Wochenschrift der Weltliteratur. (Berlin.)

*Deutsche Rundschau.* (Berlin.)

*Deutschland.* Wochenschrift f. Kunst, Literatur, Wissenschaft u. soziales Leben. (Glogau.)

*Die Gartenlaube.* Illustr. Familienblatt. (Leipzig.)

*Nord und Süd.* Eine dt. Monatsschrift. (Berlin.)

*Pan.* (Berlin.)

*Über Land und Meer.* Illustr. Wochenblatt. (Stuttgart.)

*Universum.* Illustrierter Hausschatz f. Poesie, Natur u. Welt, Literatur, Kunst u. Wissenschaft. (Dresden.)

*Vom Fels zum Meer.* Illustr. Zeitschr. f. d. dt. Haus. (Stuttgart.)

*Vossische Zeitung.* Königlich privileg. Berlinische Ztng von Staats- u. gelehrten Sachen. (Berlin.)

*Westermanns Illustrierte Deutsche Monatshefte.* (Braunschweig.)

# Vorwort zur dritten Auflage

»Kein Autor des 19. Jahrhunderts hat im Berichtszeitraum so sehr im Mittelpunkt des Interesses gestanden wie Theodor Fontane«, heißt es im Forschungsbericht zur *Deutschen Literatur des 19. Jahrhunderts*, der 1980 im Jahrbuch für Internationale Germanistik herausgekommen ist. Der Bericht umfaßt die Jahre 1960 bis 1975. Jetzt allerdings hört man manchmal, daß die Fontane-Renaissance, die in den sechziger Jahren mit dem Beginn neuer Editionen des Werkes und der Briefe sowie mit einer monumentalen Biographie aus neuer Sicht ihren Anfang nahm, im Abflauen begriffen oder gar vorüber sei. Dies ist keinesfalls der Fall. Im Gegenteil, eine gewisse Konsolidierung hat stattgefunden. Allein in der Zeit zwischen Anfang 1976 und Anfang 1983 sind in dieser dritten Auflage an die vierhundert neue Titel zu verzeichnen.

Die Werkausgaben sind zum Teil abgeschlossen oder nähern sich dem Abschluß, nur die Arbeit an der zuletzt begonnenen Aufbau-Ausgabe wird sich noch über Jahre erstrecken. Eine umfangreiche Auswahl aus Fontanes Briefwerk ist soeben erschienen, ebenso die Korrespondenz mit Storm; weitere Briefwechsel sind geplant oder schon in Bearbeitung. Immer wieder werden bisher noch unbekannte kleine Entwürfe und Aufzeichnungen aus dem Nachlaß herausgegeben. Viel solide kritische und philologische Arbeit steckt in den Anmerkungen und im Anhang der Werkausgaben sowie auch in den »Erläuterungen und Dokumenten« zu Fontanes Romanen, die Reclam in Stuttgart herausbringt.

Eine neue kritische Literatur befaßt sich mit der Aufnahme Fontanes in den audiovisuellen Medien, die sich in immer größerem Maße und auch mit kritischer Einsicht seiner Romane annehmen. Die Fontane-Renaissance, die im wissenschaftlichen Bereich eingesetzt hatte, ist nicht ohne Einfluß auf Rundfunk, Fernsehen und Film geblieben, die dem Dichter eine weitere Anhängerschaft und einen größeren Leserkreis und sogar eine gewisse Massenwirkung verschaffen.

Auch Übersetzungen Fontanescher Romane in fremde Sprachen haben in den letzten Jahren zugenommen, und in der hier vorgelegten Literatur finden wir Arbeiten, die sich speziell mit dem Problem der Übersetzung Fontanes beschäftigen. Es ist jedoch noch lange nicht Fontanes ganzes Romanwerk im Ausland bekannt, und die

Verbreitung läßt sich keineswegs mit der anderer europäischer Romanciers des 19. Jahrhunderts vergleichen oder etwa der Thomas Manns.

Doch wächst Fontanes Stellung in der internationalen Germanistik und Komparatistik zunehmend. Zahlreich sind die Dissertationen, die sich mit den verschiedensten Aspekten von Fontanes Kunst befassen. Sein Werk übt zweifellos eine starke Anziehungskraft auf die jüngere internationale Forschergeneration aus, vor allem in den deutschsprachigen Ländern und in der angelsächsischen Welt. Die meisten Untersuchungen, ob in Buchform oder in Artikeln, von jüngeren Wissenschaftlern oder erfahrenen Kritikern geschrieben, befassen sich mit dem Werk, weniger mit der Persönlichkeit und Entwicklung des Dichters, obwohl auch hier einiges erarbeitet worden ist. Man vermerkt die Ambivalenz in Fontanes Kunst und in seinen Anschauungen, aber die Persönlichkeit Fontanes wird immer noch zu undifferenziert gesehen. Untersuchungen über das Verhältnis zu seinen Freunden, wie zum Beispiel zu Paul Heyse (G. Friedrich, 1980), erlauben uns tiefere Einblicke in seinen durchaus komplexen Charakter; eine Arbeit über Lepel-Fontane ist im Entstehen und mag weitere Einsichten bringen.

Die Analyse der literarischen Vermittlungsprozesse rückt immer mehr ins Zentrum literarhistorischer Arbeit. Wir besitzen jetzt die Korrespondenzen mit den wichtigsten seiner Verleger und Redakteure: Cotta, Hertz, Wilhelm Friedrich, Brockhaus, Rodenberg und Kletke, sowie eingehende soziologische Untersuchungen über Fontanes Erzählwerk in den Presseorganen unter den Marktbedingungen seiner Zeit. Die zuletzt erschienene Arbeit dieser Art ist die über den Verlag von Wilhelm Hertz (1981). Gegenüber den Einzelaspekten bietet eine literatur-soziologische Studie eine Gesamtschau über Fontane und das literarische Leben seiner Zeit (Liesenhoff, 1976). Auf diesem Gebiet ist also in den letzten Jahren Bedeutendes geleistet worden.

Auch wird die Rezeption Fontanes rege erforscht, die zeitgenössische sowie die spätere bis 1914. Die Rolle, die Thomas Mann in dieser Hinsicht gespielt hat, wird dabei immer wieder hervorgehoben. Neben der kritischen Rezeption werden neue Aspekte der dichterischen Rezeption aufgedeckt; so wurde – neben Thomas Manns Romanwerk – sehr unerwartet eine Rezeption Fontanes bei Hofmannsthal festgestellt und eingehend untersucht (K. Mommsen). Diese Problemstellung wird weitergeführt bis zur Gegenwart, bis zur Rezeption im Werk einiger DDR-Schriftsteller.

Was die Hermeneutik anbetrifft, so finden wir neben der traditionellen philologischen Hermeneutik eine Unmenge von interpretatorischen Methoden, die in der internationalen Fontane-Forschung ebenso mannigfaltig sind wie in der neueren Literatuwissenschaft überhaupt. Es überwiegen gesellschaftliche Fragestellungen und solche nach dem Wesen des Fontaneschen Realismus. Interessant ist, daß, wie verschieden auch die methodischen Ansätze sein mögen, immer Fontanes gesellschaftskritische Intentionen betont werden. Die junge Generation hat dafür einen viel schärferen Blick entwickelt als die ältere Forschung.

Ein dem Realismus anscheinend widersprechendes irrationales Element in Fontanes Romanwerk wird von mehreren Forschern wahrgenommen, und die kritische Erarbeitung des Melusinenmotivs führte dazu, in vielen der Fontaneschen Frauengestalten Züge elementarischer elbischer Wesen zu erblicken. Das durchzieht fast das ganze Erzählwerk von Marie Kniehase über Grete Minde, Hilde in *Ellernklipp*, Cécile, Ebba von Rosenberg in *Unwiederbringlich*, bis zu Effi Briest und Melusine von Barby; auch Victoire aus *Schach von Wuthenow* wird darin eingeschlossen. Dies führt zur Aufspürung von mythischen Elementen bei Fontane, die bis ins einzelne analysiert werden. Es besteht hier eine gewisse Gefahr, daß bei Überbetonung des Elementaren die Rolle, die der Frau bei Fontane im sozialen Bereich zukommt, unterschätzt wird, und es ist gut, daß andere Arbeiten dies zurechtrücken.

Das Subtile in Fontanes Kunst verlockt zu immer neuen Interpretationen, die sich, auch mit Zuhilfenahme von Psychoanalyse und Psychosymbolik, der verschiedensten literarwissenschaftlichen Methoden bedienen. So wird einerseits aufgezeigt, wie minutiöse Textanalysen nach der Art der *explication de texte* die Kunst Fontanes transparent machen können, ohne Suche nach Symbolen, denn Fontane sei kein verschlüsselter Schriftsteller, heißt es (H. Remak). Neben dieser Meinung stehen dagegen die Versuche vor allem jüngerer Kritiker, den Geheimnissen des Künstlers durch eigene subtile Erfindungskraft auf den Grund zu gehen. Die jugendliche Passion Fontanes für das Versteckspiel, auf das in mehreren Arbeiten eingegangen wird, verleitet zu einer »Schatzsuche« auch in dem anscheinend so einfach-klaren und doch so kunstvollen Gewebe der Fontaneschen Romane. Man begnügt sich nicht mehr mit dem Verstehenwollen des Werkes und dem Begreifenwollen des »Wie« der Aussage und der »Finessen«, an denen der Dichter selber seine Freude hatte, sondern rückt weiter »hinter« das Werk, bemüht, den schöpferischen Akt zu durchleuchten. Dabei treten dann oft, bei ähnlicher Absicht, völlig verschiedene Resultate zutage. Von einigen Kritikern als Spekulationen abgelehnt, regen sie andere wieder zu neuen Höhenflügen an. In einer erst kürzlich erschienenen Arbeit über

Fontanes »Finessen« wird von einer »bedenklichen Tendenz« in der neueren Fontane-Forschung gesprochen, die als »Safari-Methode der Literaturkritik« bezeichnet wird (Guthke, 1982). Die Spanne zwischen den verschiedenen interpretatorischen und analytischen Ansätzen ist unendlich weit geworden. Die Unsicherheit der ästhetischen Wertungen zeigt sich vor allem auch in der dauernden Auf- und Abwertung der einzelnen Romane.

Fontane erzählt in seinen *Kinderjahren* von seiner Versteckspielpassion und seinem stundenlangen Verschwinden auf dem Heuboden, in der »glückseligen Vorstellung«: »Und wenn sie dich suchen bis an den Jüngsten Tag, sie finden dich nicht.« Sollten diese Worte des Dichters nicht vielleicht Bezug haben auf die vielen und verschiedenartigen Bemühungen, ihn zu »finden«?

Die Anlage der dritten Auflage ist nicht verändert worden, da sie sich als nützlich erwiesen hat; so wird für diejenigen, die mit der Realiensammlung schon vertraut sind, in der Benutzung keine Umstellung nötig sein. Was an »Materialien« neu hinzugekommen ist, wie einige wieder aufgetauchte Manuskripte, ist an den betreffenden Stellen verzeichnet. Die bibliographischen Rubriken sind durch Veröffentlichungen bis Anfang 1983 erweitert worden, aber nur in repräsentativen Fällen wurde im Text auf die Neuerscheinungen aufmerksam gemacht. Der Text wurde dann nur verändert, wenn die Entwicklung es nötig machte, wie vor allem im Falle der Effi-Briest-Forschung.

Bei der Zusammenstellung der neuen Titel waren mir das Institute of Germanic Studies in London und seine Mitarbeiter wieder eine große Hilfe. Ihnen sowie Barbara Mockert, die mir auch bei dieser Auflage zur Seite gestanden hat, schulde ich Dank.

Charlotte Jolles                                     London, im Frühjahr 1983

# Vorwort zur vierten Auflage

Es ist nicht verwunderlich, daß die fachwissenschaftliche Beschäftigung mit dem Werk Theodor Fontanes, so intensiv und qualitativ hochstehend in den sechziger und siebziger Jahren, im letzten Jahrzehnt, also seit der dritten Auflage dieses Bandes, etwas nachgelassen hat. Die herausragende Stellung, die Fontane als Romancier innehat, ist aber unangefochten, und sein Werk und seine Persönlichkeit sind weiterhin Gegenstand immer noch recht zahlreicher Untersuchungen. Dazu kommt, daß sich Fontane auch beim Lesepublikum einer großen Popularität erfreut, was nicht zuletzt durch die vielen Leseausgaben seiner Werke (oft als Taschenbuch) belegt ist. Fontane hat lange über ein fehlendes Publikum geklagt: »Das Publikum ist eine einfache Frau... eine einfache Frau, doch rosig und frisch... und es möchte sie jeder besitzen.« Er hat lange warten müssen, aber jetzt besitzt er es. Und so konnte auch im Dezember 1990 die *Theodor Fontane Gesellschaft* gegründet werden, die sich einer schnell wachsenden Mitgliederschaft erfreut. Hier wirken Liebhaber Fontanes und Forscher zusammen in enger Verbindung mit dem Fontane-Archiv.

In der Neuauflage dieses Bandes wurden die bibliographischen Rubriken bis Mitte 1992 ergänzt, wobei immerhin rund vierhundert neue Veröffentlichungen hinzukamen. Von den zahlreichen, für den Schulunterricht bestimmten Grundlagenpublikationen wurde eine kleine Auswahl getroffen. Der Text ist mit wenigen Ausnahmen unverändert geblieben. Für die umfassenderen Neuerscheinungen möchte ich die Benutzer auf die Rezensionen in den »Fontane-Blättern«, in »Germanistik«, »Arbitrium« und anderen Periodika verweisen. Der Abschnitt »Materialien« ist an das Ende des Bandes hinter den Text von »Wirkungs- und Forschungsgeschichte« verlegt worden. Hier war die größte Textveränderung notwendig, da nach der Wiedervereinigung Deutschlands bei der Verzeichnung des Nachlasses vieles neu zu gestalten war. Die wichtigsten Aufbewahrungsorte befinden sich in fünf Städten: Berlin, Marbach, Merseburg, Potsdam und Weimar. In den letzten Jahrzehnten haben sich einige Veränderungen ergeben durch die Rückkehr verloren geglaubter Manuskripte, durch Austausch zwischen Bibliotheken und Archiven, durch Todesfälle unter den Besitzern von Manuskriptsammlungen, durch Auktionen etc., so daß die letzte, ausführliche bibliographische Aufstellung (Schobeß, 1965) dringend durch eine neue detaillierte Bestandsaufnahme des gesamten Nachlasses ersetzt werden müßte.

Überblicken wir die Forschung des letzten Jahrzehnts, so ist vor allem wieder die Editionsarbeit zu erwähnen. Die Aufbau-Ausgabe ist um drei Gedichtbände erweitert worden, sowie um drei zusätzliche *Wanderungen*-Bände, so daß jetzt alle Arbeiten Fontanes über die Mark Brandenburg, Fragmente und Entwürfe, vollständig vorliegen. Der Hanser-Ausgabe ist der Band »Zur Geschichte, Kunst und Kunstgeschichte« (Abt. II, Bd. 5) hinzugefügt, und die ersten drei Bände von Abt. I liegen seit 1990 in dritter durchgesehener Auflage vor.

Zu erwähnen sind weiter drei Briefeditionen: Die Korrespondenz mit der Familie Merckel, mit dem Verleger Rudolf von Decker und eine längst fällig gewesene neu kommentierte Edition der Korrespondenz mit Wilhelm Wolfsohn. Dazu kommen zahlreiche Erstveröffentlichungen von Briefen Fontanes, seiner Freunde und Verleger, die im Dokumentationsteil der Fontane-Blätter und in anderen Zeitschriften erschienen sind. Ein größeres Arbeitsteam hat die langjährige Arbeit am Verzeichnis der Briefe Fontanes zum Abschluß bringen können. In diesem Verzeichnis, das seit 1988 im Druck vorliegt, sind 5847 Briefe verzeichnet mit Angabe über Datierung, Überlieferung und Druck sowie mit kurzen regestenhaften Informationen und mehreren Registern, so daß es auch als allgemeines Nachschlagewerk für Fontane-Studien benutzt werden kann. Es ist als Vorarbeit zu einer späteren kritischen Gesamtausgabe der Briefe Fontanes anzusehen, die wohl noch längere Zeit auf sich warten lassen wird. Zu wünschen wäre, daß die Hanser-Briefausgabe, die bisher die umfangreichste ist, bald eine durchgesehene und verbesserte Auflage erhält, die das Verzeichnis zur Grundlage nimmt.

Neuland bieten verschiedene Arbeiten über den *Tunnel*, dessen Archiv sich in der Bibliothek der Humboldt-Universität, Berlin, befindet und seit einigen Jahren erschlossen wird. Auch die *Kriegsbücher* sind jetzt in Neudrucken wieder leichter zugänglich; ihnen wird in der Forschung in Einzelstudien (siehe Rubrik *Kriegsbücher*) und in Monographien (Gerhard Friedrich, 1988) neue Beachtung geschenkt. Das Urteil bleibt nach wie vor umstritten: von erhöhter Wertschätzung über beharrliche Indifferenz bis hin zu vehementer Ablehnung. Leider wird dabei zu oft außer acht gelassen, daß die Kriegsbücher ein Auftragswerk (Brotarbeit) waren. Nicht zuletzt die verstärkte Rezeption der Kriegsbücher führte dazu, daß auch Fontanes Einstellung zu Preußen wieder Gegenstand kontroverser Diskussion wurde. Helmuth Nürnberger hat versucht, einen ausgewogenen Überblick über neue Untersuchungen zu diesem Problemkreis zu geben (Literatur in Wissenschaft u. Unterricht, 1988), während in mehreren Rezensionen die Überbetonung des Preußischen bei Fontane allerdings mit aller Schärfe kritisiert wird.

Bei aller Bedeutung der verschiedenen Stadien des schriftstellerischen Wirkens wird immer das künstlerische Werk an erster Stelle stehen. Im Falle Fontanes ist dieses Werk – seine Romane jedenfalls – in den letzten zwanzig Jahren seines Lebens entstanden, in denen sich sein Weltbild ausgeprägt hat. So ist es verständlich, daß diese zwanzig Jahre auch jetzt wieder im Mittelpunkt der Forschung standen, vor allem aber sein künstlerisches Werk, wodurch er lebendig geblieben ist.

Das Interesse hat sich in den letzten Jahren von zeitgeschichtlichen und gesellschaftlichen Aspekten auf die künstlerische Gestaltung verschoben. Hierzu sind gleich mehrere beachtliche Studien entstanden. Zwei davon, fast gleichzeitig erschienen, untersuchen das literarische Zitat als Gestaltungsmittel (Lieselotte Voss, 1985, und Bettina Plett, 1986), während in einer Motivanalyse poetologische und soziologische Aspekte verbunden werden (Karla Müller: »Schloßgeschichten«, 1986). Fontanes politische Positionen werden in einer wichtigen Arbeit in ihrer ästhetischen Vermittlung untersucht (Gudrun Loster-Schneider, 1986). Neben diesen größeren Studien finden die verschiedensten Aspekte der künstlerischen Gestaltung auch in zahlreichen kürzeren Abhandlungen ihre Behandlung.

Zu den Einzelanalysen der Romane ist festzustellen, daß Untersuchungen zu *Effi Briest* bei weitem überwiegen. Es ist eben ein Meisterwerk, das immer wieder dazu herausfordert, sein künstlerisches Geheimnis zu ergründen. (Auch der Chinese spukt wieder herum. Mit ihm hat Fontane den Germanisten ein unerschöpfliches Vermächtnis hinterlassen.) *Irrungen, Wirrungen* und *Der Stechlin* folgen, dann *Frau Jenny Treibel* und *Unwiederbringlich*. Diesem letztgenannten Roman sind neben den Einzelbehandlungen detaillierte Analysen in umfassenderen Studien gewidmet (Lieselotte Voss, 1985, Karla Müller, 1986, und Wolfgang Paulsen, 1988). Die anderen Romane finden in Einzelanalysen wenig oder gar keine Beachtung, nur in Darstellungen umfassender Komplexe wie dem Theatermotiv, der Zitatstruktur und anderem. Die autobiographischen Werke bleiben ein Stiefkind der Forschung. Eine interessante Arbeit über eine Episode aus *Meine Kinderjahre* stellt dies besonders für diesen »autobiographischen Roman« fest (Margret Walter-Schneider, 1987).

Elf Jahre nach Erscheinen des Sammelbandes »Fontane in heutiger Sicht« (hrsg. v. Hugo Aust) spiegelt der 1991 erschienene Sammelband »Interpretationen. Theoder Fontanes Novellen und Romane« (hrsg. v. Christian Grawe) den Stand der Forschung von heute und skizziert darüber hinaus neue Ansätze. Der Sonderband »Theodor Fontane« in Text u. Kritik, 1989, (hrsg. v. Heinz Ludwig Arnold) in dem neue und originelle Perspektiven aufgezeigt werden sollten, ist, trotz einiger wertvoller Anregungen, wegen der unterschiedlichen Qualität der Abhandlungen eher enttäuschend. Ein weiterer Sammelband aus den letzten zehn Jahren faßt die Beiträge zu einer Konferenz in Potsdam (Fontane-Archiv) im Jahre 1986 zusammen: »Theodor Fontane im literarischen Leben seiner Zeit«, 1987. Er bietet sehr viel Neues zum Verständnis Fontanes und seines Verhältnisses zu Zeitgenossen, Presse und Institutionen.

Daß in den letzten Jahren mehrere Monographien für ein breiteres Publikum geschrieben wurden, zeugt von der großen Popularität des Dichters. Methodisch werden keine neuen Wege begangen, aber es wird versucht, oft in Auseinandersetzung mit der großen Monographie Hans-Heinrich Reuters und den Studien anderer Forscher in den frühen Jahren der »Fontane-Renaissance«, das Fontane-Bild vor allem im Hinblick auf politische und weltanschauliche Problemkreise zu revidieren. Daneben beschreitet Wolfgang Paulsens Monographie sehr neue, wenn auch leicht verwirrende Wege. Seine literaturpsychologische Methode ist anregend und provokatorisch und bringt manch Neues ans Licht, vor allem in seiner Analyse der Freundschaft Fontanes zu Bernhard von Lepel. Das Verhältnis Fontanes zu seinen Freunden ist ein Komplex, der bisher in der Forschung wenig Beachtung gefunden hat und doch für die Beurteilung des Menschen Fontane von außerordentlicher Bedeutung ist. Paulsen sowie *Erler* (über die Merckels) haben damit auf einen weitgehend noch unbearbeiteten Bereich der Forschung hingewiesen. Neu sind auch feministische Ansätze in einigen Arbeiten.

Als letztes etwas Überraschendes: der Fund eines Manuskripts des jungen Fontane, das ungedruckt blieb und seit den frühen vierziger Jahren des vorigen Jahrhunderts im Archiv des Cotta-Verlags (jetzt im Deutschen Literaturarchiv) vergraben lag und nach hundertfünfzig Jahren ans Licht kam. Es freut uns wie jeder archäologische Fund. Die Erzählung: »Zwei Post-Stationen« ist vom Literaturarchiv 1991 mit Faksimile der Handschrift (hrsg. v. Jochen Meyer) vorgelegt worden. Lesen wir diese Erzählung aus den Anfängen des Eisenbahnzeitalters, werden uns so recht die Augen geöffnet über den langen Weg, den der Dichter gegangen ist und die tiefgreifenden Wandlungen, die er durchlebt hat. Schon ganz Fontanisch beginnt diese Erzählung mit dem Ausblick auf ein baldiges Eisenbahn-Netz im gebildeten Europa – also dem Stichwort ›Fortschritt‹ –, um dann

»den Feinden des Fortschritts« in einer satirischen Behandlung die »Idylle« und »Romantik« einer Postkutschenfahrt zu schildern, die er zu jener Zeit ja noch selbst erleben konnte. Lenaus »Postillon« und Börnes »Postschnecke« stehen am Anfang dieses Lebens, und am Ende steht die Telegraphie, die »alle Winkel der Erde verbindet« und deren Würdigung der alte Fontane sein Alter ego Dubslav von Stechlin aussprechen läßt: »Schließlich ist es doch was Großes diese Naturwissenschaften, dieser elektrische Strom, tipp, tipp, tipp...« Mit Lenau und Börne begann auch der Dichter und rückte am Ende des Jahrhunderts in die Nähe der Moderne.

Die Biographie eines solch langen Lebens und Schaffens in einer so wandelbaren Zeit ist gewiß ebenso komplex wie ein wirkliches Kunstwerk. Es bleibt noch viel zu tun.

Zum Schluß möchte ich Sara Kirby sehr herzlich danken, die die Fertigstellung des Manuskripts für den Druck besorgt hat, was mir eine große Hilfe bedeutete. Auch Helen Chambers und Rudolf Muhs, die mir bei der mühsamen Arbeit des Korrekturlesens geholfen haben, schulde ich Dank.

London, November 1992                    Charlotte Jolles

# I. Vita

## 1. Herkunft

Fontanes Vorfahren gehörten väterlicher- wie mütterlicherseits zu den *französischen Hugenotten*, die nach der 1685 erfolgten Aufhebung des Edikts von Nantes ihre französische Heimat verlassen und in anderen Ländern, unter anderem auch in Brandenburg-Preußen, Zuflucht gefunden hatten. Das ›i‹ in der ursprünglichen Namensform ›Fontaine‹ wurde erst vom Urgroßvater des Dichters fallengelassen, und der Name wurde weiter verdeutscht durch die Verschiebung der Betonung auf die erste Silbe und wohl allgemein auch durch den Verzicht auf den Nasallaut; aber das Schluß-e blieb weiter stumm. Fontanes Großvater väterlicherseits, *Pierre Barthélemy Fontane* (1757–1826), war Zeichenlehrer der Kinder Friedrich Wilhelms II. und später Kabinettssekretär der Königin Luise. Als der preußische Hof nach der Katastrophe von Jena Berlin verließ, blieb Pierre Barthélemy Fontane zurück und übernahm das Amt eines Kastellans von Schloß Niederschönhausen. Der 1796 geborene Sohn *Louis Henri Fontane*, der Vater des Dichters, heiratete 1819 als Dreiundzwanzigjähriger *Emilie Labry*, deren Vorfahren ebenfalls aus Frankreich nach Deutschland eingewandert waren und sich schließlich auch in Berlin niedergelassen hatten. Väterlicherseits war durch Einheiraten schon ein erheblicher deutscher Einschlag vorhanden; mütterlicherseits, obwohl auch hier Vermischung stattfand, hatte sich das französische Element stärker erhalten. Der enge Zusammenhang der Mitglieder der Französischen Kolonie hatte sich nach der Aufhebung ihrer wirtschaftlichen und rechtlichen Privilegien in den Jahren 1809/11 und dem historisch bedingten Erstarken eines Nationalbewußtseins und letzter Eindeutschung schon so gelockert, daß – abgesehen von einer kirchlichen Sonderstellung – die Bedeutung der Kolonie nur noch gesellschaftlicher und sozialer Art war.

In der biographischen Skizze seiner Eltern, mit der »Meine Kinderjahre« beginnen, hat Fontane mit der ihm eigenen Prägnanz genau die eigentliche Situation seiner französischen Abstammung bezeichnet: »Gascogne und Cevennen lagen für meine Eltern, als sie geboren wurden, schon um mehr als hundert Jahre zurück, aber die Beziehungen zu Frankreich hatten beide, wenn nicht in ihrem Herzen, so doch in ihrer Phantasie, nie ganz aufgegeben. Sie repräsentierten noch den unverfälschten Kolonistenstolz.« Doch ist es wohl auf Fontanes weitere Charakterisierung seiner Eltern, in deren Wesen und Temperament er noch trotz erfolgter Verpflanzung ins Brandenburgische die französischen Stammesverschiedenheiten der ursprünglichen Heimat von Gascogne und Cevennen zu sehen glaubte (nach den Forschungsergebnissen Friedrich Fontanes stammen die Fontanes aus der Saintonge, nicht dem Languedoc), zurückzuführen, daß die Forschung von früh an die angeblich französischen Wesenszüge des Dichters selbst gründlich analysieren zu müssen glaubte und auch sein schöpferisches Werk daraus zu erklären versucht hat. Einen Höhepunkt hat diese Richtung unter den ideologischen Einflüssen der dreißiger Jahre erreicht.

Die spätere Forschung *(Nürnberger, Reuter)* beleuchtet dieses Problem unter neuen Gesichtspunkten. Beide betonen, daß Fontanes Besinnung auf seine romanische Abstammung erst in späteren Jahren zutage getreten sei, und bringen das in Zusammenhang mit der preußisch-deutschen Entwicklung, die Fontane mit großem Unbehagen verfolgte, und mit seinem Verlangen, sich gegen eine Festnagelung als märkisch-preußischer Dichter zu stemmen. Besonders *Reuter* ist in dem ersten Kapitel seiner Monographie durch eine mehr soziologische Betrachtungsweise zu wichtigen Erkenntnissen über Charakter, Bedeutung und Einfluß der Kolonie gekommen. Er hat ferner auf den Niederschlag hingewiesen, den Fontanes Besinnung auf seine hugenottische Abstammung in seinem Alterswerk fand.

*Literatur:*

*Amann*, Paul: Th. F. u. sein französisches Erbe. In: Euph. 21, 1914, S. 270–287, 623–653, 790–815.
*Huch*, Ricarda: F. aus seinen Eltern. In: Westermanns Mh. 1917/18, S. 589 ff.; Wiederabdruck in: R. H.: Literaturgeschichte u. Literaturkritik. 1969, S. 759–778.
*Wiskott*, Ursula: Französische Wesenszüge in Th. Fs Persönlichkeit u. Werk. 1938. – Dieselbe: Th. F. Ahnen u. Erbe. In: Brandenburg. Jbb. 9, 1938, S. 7–13.
*Gebhardt*, Peter von: Ahnentafel des Schriftstellers u. Dichters Th. F. In: Ahnentafeln berühmter Deutscher, 1929–1932, S. 13–15.
*Pablo*, Jean de: Th. Fs Verhältnis zur Französ. Kolonie zu Berlin. In: Hugenottenkirche 1965, 3, S. 1–4. – Ders. Über Th. Fs Beziehungen zur Französ. Kolonie in Berlin. In: Hugenottenmuseum Berlin 1967, S. 1–4.
*Fricke*, Hermann: Peter Fontane (1757–1826). (Nach Mitteilungen seines Urenkels, des Verlagsbuchhändlers Friedrich Fontane.) In: Jb. f. Br. Lg. 28, 1977, S. 119–128.

Pierre Barthélemy Fontane (1757–1826). Nach Aufzeichnungen Friedrich
*Fontanes* und Heinrich *Hauers*. In: FBl. 4, 1977, H. 2, S. 150–158.
*Bellin*, Karen: Zwei Original-Briefe Louis Henri Fontanes. Mosaiksteine
zum »Bildnis des Vaters«. Th. Fs. In: FBl. 5, 1982, H. 2, S. 147–153.

## 2. Frühe Jahre (bis 1850)

Als Grundlage für die Darstellung der frühen Jahre müssen vor allem Fontanes eigene autobiographische Schriften »*Meine Kinderjahre*« und »*Von Zwanzig bis Dreißig*« dienen. Doch sind diese aus
der Rückschau des Alters geschrieben und, vor allem »Meine Kinderjahre«, als Kunstwerke und nicht als sachlich genaue Biographi-
en konzipiert. Während sich die frühe Fontane-Forschung im wesentlichen auf Fontanes eigene Aussage gestützt hat, hat die neuere
Forschung, beginnend mit den Arbeiten von C. *Jolles*, korrigierend,
ergänzend und wertend eingegriffen und hat dem jungen Fontane einen gewichtigeren Platz eingeräumt. Die gründlichste Arbeit dieser
Art, die weitgehend alle bisherigen in diese Richtung deutenden
Forschungsergebnisse verarbeitet, ist *Helmuth Nürnbergers* Studie
»Der frühe Fontane«. *Helmut Richters* Materialsammlung »Der
junge Fontane« ist eine Zusammenstellung von Texten, die den
›politischen‹ jungen Fontane in den Mittelpunkt rückt. Auch *Reuter*
behandelt in seiner Monographie die frühen Jahre sehr viel eingehender, als dies bislang geschehen war.

Theodor Fontane wurde am 30. Dez. 1819 in *Neuruppin* in der
Mark Brandenburg geboren, wo sein Vater im selben Jahr die
»Löwen-Apotheke« erworben hatte. Fontane verbrachte dort die
ersten Kindheitsjahre. Der etwas leichtsinnig veranlagte, der Spiel-
passion ergebene Vater mußte im Sommer 1826 die »Löwen-Apotheke« verkaufen und erwarb ein Jahr später die »Adler-Apotheke«
in *Swinemünde*, wohin die Familie mit ihren jetzt vier Kindern –
Theodor, Rudolf, Jenny, Max – übersiedelte. Die fünf Swinemünder
Jahre, in denen Fontane mit Kindern befreundeter Honoratiorenfa-
milien von Hauslehrern unterrichtet wurde, oder vom eigenen Vater nach dessen »sokratischer« Methode, gehörten zu Fontanes
glücklichsten Jahren. Dies erklärt die zentrale Stellung, die Swinemünde in »Meine Kinderjahre« einnimmt. Fontane verließ das El-
ternhaus Ostern 1832 und ging nach Neuruppin zurück, wo er über
ein Jahr das Gymnasium besuchte. *Reuter* arbeitet in seiner Monographie eine Antithetik der beiden Schauplätze von Fontanes Jugend
heraus, denen er symbolische Bedeutung beimißt: einmal die kleine

poetische, weltoffene Hafenstadt Swinemünde mit ihren Kaufherren und Reedern, und die Vaterstadt Neuruppin, eine typisch prosaisch-preußische Kleinstadt.

Das Swinemünder Erlebnis war zweifellos bewußter; trotzdem sieht es *Reuter* nur als Intermezzo und meint, daß das prosaischpreußische Neuruppin Fontanes Leben und Werk stärker bestimmt habe. Das trifft insofern zu, als das Erlebnis der historisch-landschaftlichen Umgebung seiner Vaterstadt ihn auf dem Umweg über Schottland zu den »Wanderungen« führte. In diesen hat er denn auch, aber erst in den späteren Auflagen des Bandes über die »Grafschaft Ruppin«, einige Rückblicke auf seine in Neuruppin verbrachten Jahre gegeben. Auch ist er im »Stechlin« zu dieser Landschaft zurückgekehrt, wie in »Effi Briest« zu Swinemünde (Kessin). Wieweit Neuruppin aber Fontane überhaupt stärker geprägt hat, d. h. den »preußischen« Fontane, müßte noch eingehender untersucht werden. Jedenfalls riß die Verbindung zu Neuruppin nie ab, da seine Mutter einige Zeit nach der Trennung von seinem Vater, die 1850 erfolgt war, mit der jüngsten Tochter Elise dorthin zurückkehrte, wo sie erst 1869 starb.

Wichtig für Fontanes Entwicklung wurde bald *Berlin*, wo er im Herbst 1833 in die von dem märkischen Geschichtsforscher Karl Friedrich Klöden begründete Gewerbeschule eintrat. In dem zweiten autobiographischen Werk »Von Zwanzig bis Dreißig« hören wir rückblickend von dieser Zeit in dem Kapitel über »Onkel August«, den Halbbruder seines Vaters, bei dem er damals in Pension war. Berlin wurde von nun an mit verschiedenen Unterbrechungen seine zweite und eigentliche Heimatstadt. Und es ist bedeutsam, daß seine zweite Autobiographie mit dem Berliner Kapitel beginnt. Nach Abgang von der Gewerbeschule, die er im März 1836 mit dem Einjährigen-Zeugnis verließ, folgte Fontane dem Beruf seines Vaters. Er trat am 1. April als Lehrling in die Apotheke »Zum Weißen Schwan« ein. Auch davon erzählt Fontane selber in »Von Zwanzig bis Dreißig« und gibt uns eine Charakterstudie seines ersten Chefs *Wilhelm Rose*.

In Berlin trat bald, schon in den Schülertagen, Fontanes *literarisches Interesse* an den Tag. Ein eifriger Leser der Zeitschriftenliteratur, die in den Konditoreien und Lesekabinetten auslag, wird er 1839 selbst Mitarbeiter an einer dieser Zeitschriften, dem »Berliner Figaro«, wo er mit einer Erzählung »Geschwisterliebe« debütiert, der einige Gedichte folgen. In diese Zeit fällt auch seine erste Zugehörigkeit zu literarischen Kreisen: dem »Platen-« und dem »Lenau-Klub«. Trotz der gegenteiligen Aussage des alten Fontane, der seine Einzelgängerschaft betonte, spielte in Fontanes Leben die Zugehörigkeit zu literarischen Vereinigungen eine große Rolle und war ihm zweifellos Bedürfnis. Nur aus beruflicher Notwendigkeit dem Apothekerberuf folgend, fand er im »Lenau-« sowie im »Platen-Klub« wie später in Leipzig und dann im Berliner »Tunnel« den ihm gemäßen Kontakt zu gleichgesinnten Literaten. Die Lesekabinetts und Konditoreien spielten eine ähnliche Rolle und dienten, bis hinein in seine Englandjahre, neben der Lektüre der persönlichen Begegnung.

Nach seinem Ausscheiden aus der Roseschen Apotheke neun Monate nach Ende seiner Lehrzeit ging Fontane am 1. Okt. 1840 für drei Monate in die Apotheke eines *Dr. Kannenberg* nach Burg bei Magdeburg, eine Episode, die in einem kleinen satirischen Epos »Burg« ihren Niederschlag fand.
  Die nächste Etappe war Leipzig, wo Fontane am 1. April 1841 in die Apotheke »Zum Weißen Hirsch« von *Dr. Neubert* eintrat. In »Von Zwanzig bis Dreißig« wird durch die Kapitelüberschrift »Mein Leipzig lob ich mir« die Bedeutung dieser an sich kurzen Periode betont.

Im literarisch wie politisch aufgeweckteren *Leipzig* war der literarische Anschluß bald gefunden, diesmal in einer von Fontane als »Herwegh-Klub« bezeichneten Vereinigung. Erst sehr spät ist in zwei wichtigen Aufsätzen von *Christa Schultze* diese Vereinigung als Teil einer illegalen burschenschaftlichen Studentenverbindung identifiziert und dem Lebenslauf ihrer Mitglieder nachgegangen worden.
  In Robert Binders belletristischer Zeitschrift »Die Eisenbahn« veröffentlichte Fontane jetzt mit ziemlicher Regelmäßigkeit vom Herbst 1841 bis zum Frühjahr 1843, möglicherweise noch länger, Gedichte und Korrespondenzen. Die Gedichte jener Zeit zeigen deutlich seine Zugehörigkeit zu der Generation der ›Vormärz‹-Literaten, die in der Lyrik ihrer politischen Unzufriedenheit und Hoffnung Ausdruck verliehen. Die erst um 1965 entdeckten Korrespondenzen, die Fontane aus Dresden schrieb, wo er vom 1. Juli 1842 in der »Salomonis-Apotheke« des Dr. Gustav Struve arbeitete, sind Fontanes *erste journalistische Versuche*, im polemisch-witzigen Stil etwa der Jungdeutschen (Wiederabdruck in: NyA Bd 19, S. 7–43.)
  Die Leipziger und Dresdener Zeit sind als Einheit zu fassen, wobei Leipzig und der Leipziger Freundeskreis, zu dem auch in Dresden der Kontakt nie abriß, die hervorragendere Rolle einnehmen und für die nächsten Jahre seinen Weg bestimmen. Fontanes literarische Laufbahn zeichnet sich immer stärker ab: die literarische Beschäftigung gerade in seiner Dresdener Zeit ist intensiv und keineswegs, wie es erscheinen mag, wahllos. Neben einer Übersetzung des

»Hamlet« beschäftigen ihn Übersetzungen sozialpolitischer englischer Dichter von nur vorübergehender Wirkung (John Prince u. a.). Trotzdem konnte sich Fontane damals noch nicht entscheiden, ganz die literarische Laufbahn einzuschlagen, denn die ihm im Sommer oder Frühherbst 1842 angebotene Redaktion der »Eisenbahn« hat er ausgeschlagen.

So gehen Apothekerberuf mit Vorbereitung auf weitere pharmazeutische Examina und literarische Betätigung weiter nebeneinander her. Zeitweilig, 1843 und dann wieder 1845, arbeitete Fontane in seines Vaters Apotheke in Letschin im Oderbruch, wohin die Familie gezogen war. Vom 1. April 1844 bis zum 1. April 1845 dient Fontane als Einjährig-Freiwilliger im Gardegrenadierregiment »Kaiser Franz«. Bedeutsam für diese Zeit ist einmal die vierzehntägige Reise nach *London* mit seinem Ruppiner Freund *Hermann Scherz* im Mai/Juni 1844 sowie der Beginn der Freundschaft zwischen Fontane und dem im selben Regiment dienenden Premierleutnant *Bernhard von Lepel*, mit dem ihn gemeinsame literarische Interessen verbanden und der ihn im Juli 1843 als Gast in den »Tunnel« eingeführt hatte.

Dieser literarische Sonntagsverein, der *»Tunnel über der Spree«* (scherzhaft so genannt nach dem Tunnel unter der Themse), in dem Fontane jetzt häufig verkehrte und in dem er am 29. September 1844 unter dem Namen »Lafontaine« als ordentliches Mitglied aufgenommen wurde, bestimmte nun auf Jahre seine literarische Entwicklung und führte ihn von der politisch orientierten›Vormärz‹-Lyrik weg zur Balladendichtung. Seine Verbindung zu einer angesehenen Zeitschrift, Cottas »Morgenblatt für Gebildete Leser«, zu der er schon 1843 Zugang gefunden hatte, intensivierte sich.

Hier erscheinen seine *»Preußischen Feldherrn«* (April und Juni 1847) und sein episches Gedicht *»Von der schönen Rosamunde«* (Sept. 1850), die er beide als erste Buchveröffentlichungen herausbringt: »Männer und Helden, Acht Preußen-Lieder«, 1850; »Von der schönen Rosamunde«, 1850. 1851 erscheint dann die erste Sammlung seiner *»Gedichte«*. 1852 tritt Fontane auch als Herausgeber hervor und veröffentlicht ein *»Deutsches Dichteralbum«*, das bis zum Jahre 1858 vier Auflagen erlebte und für die Kenntnis von Fontanes literarischem Erbe und Geschmack nicht unbedeutend ist.

Über die Zusammensetzung des *»Tunnels«* und seine Wirksamkeit sind wir durch Fontanes Autobiographie »Von Zwanzig bis Dreißig« unterrichtet. Die erste gründliche Behandlung dieser Dichtervereinigung und ihrer literarischen Betätigung gibt uns *Ernst Kohler* in seiner Untersuchung »Die Balladendichtung im Berliner ›Tunnel über der Spree‹«, in deren Mittelpunkt Fontanes literarische

6

Entwicklung in den fünfziger Jahren steht, in denen der »Tunnel« seinen Höhepunkt erlebte. Kohler zitiert das Wort des Tunnelmitglieds Bormann: »Ein Tunnel ist kein Loch, er ist ein Durchgang«. Das trifft für Fontane durchaus zu. So sah es auch Fontane selber; und so sieht es Kohler, der genau herausarbeitet, wieweit Fontane mit dem »Tunnel« mitgeht und von wo an er eigene Wege sucht.

Hat man früher dem »Tunnel« eine sehr positive Bedeutung in Fontanes Entwicklung zugeschrieben, so sieht die spätere Forschung diese Bedeutung mit kritischeren Augen. Fontane erreichte, so heißt es, durch den »Tunnel« und dessen kritische Betätigung, die uns durch die Sitzungsprotokolle bekannt ist, eine »poetische Perfektion«, die ihm wohl ganz am Ende in seiner schöpferischen Periode zugute kam (*Reuter*). Zunächst jedoch schien der »Tunnel« eher in eine Sackgasse zu führen. Dies ist aber wohl nur bedingt richtig; man darf die Frage nach dem Einfluß des »Tunnels« auf Fontanes künstlerische Entwicklung nicht isoliert betrachten, sondern muß sie im Zusammenhang mit der allgemein literargeschichtlichen Situation beantworten.

Die »Tunnel«-Episode war auf Fontanes Leben von nachhaltigem Einfluß. Aus Mitgliedern des »Tunnels« und der Abzweigungen »Rütli« und »Ellora« bildete Fontane seinen Freundeskreis, der bis an sein Lebensende der ihm nächststehende gesellschaftliche Kreis blieb. Unter den Mitgliedern waren adlige Offiziere wie *Bernhard von Lepel* oder adlige höhere Beamte wie *Wilhelm von Merckel*, daneben Dichter und Künstler wie *Paul Heyse* und *Adolf von Menzel*, Gelehrte usw. Durch den neuen Kreis des »Tunnels«, der sich sehr von den früheren literarischen Klubfreundschaften unterschied, wurde Fontanes gesellschaftlicher Gesichtskreis erweitert, was für den späteren Romancier nicht ohne Bedeutung blieb. Doch wurde sein Leben in eine Richtung gelenkt, die seiner früheren Entwicklung entgegengesetzt war und ihn in Widersprüche verwickelte. Durch *Wilhelm von Merckel* gelangte er, wenn auch die Initiative von ihm selber ausging, 1850 in den Dienst einer reaktionären Regierung, die er bis dahin angegriffen hatte, und zehn Jahre später durch *Georg Hesekiel* in den Dienst der hochkonservativen »Neuen Preußischen (Kreuz-)Zeitung«. Jedenfalls beginnen jetzt die Widersprüche in Fontanes *politischer Entwicklung*, die der Forschung soviel Kopfzerbrechen verursacht haben.

Auch Fontanes einjährige Beschäftigung in der »Polnischen Apotheke« des Dr. Schacht (1845/46) gewann durch die lebenslängliche Freundschaft zu *Friedrich Witte*, den er dort kennen lernte, Bedeutung.

7

Die politischen Ereignisse des Jahres 1848 unterbrachen eine Zeitlang den »Tunnel«-Einfluß. Der Ausbruch der Revolution am 18. März fand den ›Vormärz‹-Fontane bereit. Sein politisches Engagement hat Fontane aus der Rückschau des Alters mit Selbstironie in »Von Zwanzig bis Dreißig« gemildert; die Briefe an Lepel, die unmittelbarste Quelle für Fontanes damalige Einstellung, sprechen eine deutlichere Sprache. In der »Berliner Zeitungshalle«, dem Publikationsorgan des Zentralausschusses der deutschen Demokraten, veröffentlichte Fontane vier Aufsätze zu den Problemen von Einheit und Freiheit und der besonderen problematischen Stellung Preußens.

In diese Zeit fällt auch die Beschäftigung mit der englischen Geschichte des 17. Jhs, Karl I. und dem Bürgerkrieg unter Cromwell, woraus das Dramenfragment »Carl Stuart« hervorgeht.

Fontane, der die Revolution als Gehilfe in der im Zentrum Berlins gelegenen Apotheke »Zum Schwarzen Adler« miterlebt hatte, siedelte am 1. Sept. 1848 durch Vermittlung eines Freundes seiner Mutter, Pastor *Ferdinand Schultz*, in das christliche Krankenhaus Bethanien über, eine Gründung Friedrich Wilhelms IV., um dort zwei Diakonissinnen pharmazeutisch auszubilden. Diese Tätigkeit ließ ihm viel Zeit für seine literarischen Arbeiten, und die konservative Umgebung tat seinen revolutionären Gefühlen keinen Abbruch, wie aus dem Briefwechsel mit Lepel deutlich hervorgeht. Es war die letzte Ausübung seines Apothekerberufs, denn als seine Aufgabe in Bethanien beendet war, entschloß es sich zu einer Laufbahn als *freier Schriftsteller* und begann diese als Berliner Korrespondent der ziemlich radikal demokratischen »Dresdner Zeitung«, der er von Nov. 1849 bis April 1850 Beiträge lieferte. Dann, bereits im Mai, beginnt das Hinübergleiten in die Regierungspresse (zuerst mit feuilletonistischen Artikeln in der »Deutschen Reform«, die das »Tunnel«-Mitglied Werner Hahn redigierte), und schließlich folgt die Anstellung im »Literarischen Kabinett«, das damals unter der Leitung *Wilhelm von Merckels* stand. Praktische Gründe, Heiratspläne und das Verlangen nach wirtschaftlicher Sicherheit, mögen die Haupterklärung für diesen befremdenden Schritt abgeben, daneben aber spielte die allgemeine Resignation des deutschen Bürgertums nach der mißlungenen Revolution eine nicht unwichtige Rolle. Doch der einmal getane Schritt bedeutete für Fontane, daß er sich von jetzt an, zuerst mit schlechtem Gewissen und immer in einer zwiespältigen Lage, in einem politischen Lager befand, dem er eigentlich nicht angehörte.

Am 16. Okt. 1850 heiratete Fontane *Emilie Rouanet-Kummer*, mit der er seit Ende 1845 verlobt war.

*Literatur (s. auch unter Politik).*

*Eberlein*, Kurt Karl: Der junge F. Unbekanntes u. Ungedrucktes aus seiner Dresdener Apothekerzeit. In: Preuß. Jbb. 181, 1920, S. 79–85.

*Jolles*, Charlotte: Der junge F. In: Brandenburg. Jbb. 9; 1938, S. 13–22.

*Jolles*, Charlotte: Des jungen Literaten Th. Fs Unterstützungsgesuche an König Friedrich Wilhelm IV. In: Zs. des Vereins für die Geschichte Berlins 55, 1938, S. 62–66.

*Fricke*, Hermann: Ein Berliner Taugenichts – Th. F. In: Berliner Hefte 3, 1948, H. 2, S. 135–145.

*Jolles*, Charlotte: Fs Mitarbeit an der »Dresdner Zeitung«. In: Jb. DSG 5, 1961, S. 345–375.

*Nürnberger*, Helmuth: Der frühe F. Politik, Poesie, Geschichte. 1840 bis 1860. 1967 (Ullstein 1975).

*Richter*, Helmut (Hrsg.): Der junge F. Dichtung, Briefe, Publizistik. 1969. [Vorsicht ist geboten gegenüber einigen aufgestellten Hypothesen, z. B. Fs Verfasserschaft des Textes auf S. 246 ff., die in der dazugehörigen Anmerkung wieder in Frage gestellt wird, trotzdem aber in der Kommentierung (S. 709 f.) und im Nachwort (S. 674) als feststehende Tatsache angenommen wird. Siehe dazu Bespr. v. Christa *Schultze* in Zs. f. Slawistik Bd 15, 1970, H. 5, S. 784–788, ein wichtiger Beitrag zum jungen Fontane.]

*Jolles*, Charlotte: Zu Fs literarischer Entwicklung im Vormärz. Ein Nachtrag. In: Jb. DSG 13, 1969, S. 419–425.

*Richter*, Helmut: Nahen einer neuen Zeit. Zur frühen Publizistik Th. Fs. In: NDL 17, 1969, H. 12, S. 94–97.

*Schering*, Ernst: Der junge F. zwischen Revolution u. Diakonie. In: Die innere Mission 1969, S. 531 ff.

*Schering*, Ernst: Von der Revolution zur preußischen Idee. Fs Tätigkeit im Mutterhaus Bethanien u. der Wandel seiner politischen Einstellung. In: Zs. f. Religions- u. Geistesgeschichte 22, 1970, H. 4, S. 289–323. [Verarbeitet Akten aus Bethanien.]

*Stürzbecher*, Manfred: Die Apothekenschwestern im Krankenhaus Bethanien u. Th. F. Zur Geschichte der Dispensieranstalt in Bethanien. In: Der Bär von Berlin 19, 1970, S. 84–105.

*Schultze*, Christa: F. u. Wolfsohn. Unbekannte Materialien. In: FBl. 2, 1970, H. 3, S. 151–171.

*Schultze*, Christa: Fs »Herwegh-Klub« u. die studentische Progreßbewegung 1841/42 in Leipzig. In: FBl. 2, 1971, H. 5, S. 327–339.

*Gill*, Manfred: Th. Fs Aufenthalte in Letschin. In: FBl. 3, 1975, H. 6, S. 430–438.

*Krueger*, Joachim: Th. Fs »Deutsches Dichteralbum«. Eine Analyse. In: FBl. 5, 1982, H. 2, S. 190–204.

*Habersetzer*, Karl-Heinz: Dichter und König. Fragmente einer politischen Ästhetik in den Carolus-Stuardus-Dramen bei Andreas Gryphius, Th. F. u. Marieluise Fleisser. In: Theatrum Europaeum. Festschrift für Elida Maria Szarota. Hrsg. v. R. Brinkmann [u. a.], 1982, S. 291–310.

*Schilfert*, Sabine: F. als Zögling der Berlinischen Gewerbeschule. In: FBl.6, 1986, H.4, S.415–425.

*Wülfing*, Wulf: F. u. die »Eisenbahn«. Zu Fs literarischen Beziehungen im vormärzlichen Leipzig. In: Th.F. im lit. Leben s. Zeit, 1987, S.40–66.

*Zum »Tunnel über der Spree«:*

*Behrend*, Fritz: F. als Schriftführer. In F.B.: Th.F. Zu seinem Leben u. Schaffen. 1933, S.53–56. [Privatdruck.]

*Behrend*, Fritz: Proben aus den Tunnelprotokollen. In: ebda, S.57–73.

*Behrend*, Fritz: Geschichte des »Tunnels über der Spree«. 1938.

*Kohler*, Ernst: F. im »Tunnel über der Spree«. In: Brandenburg. Jbb.9, 1938, S.23–34.

*Kohler*, Ernst: Die Balladendichtung im Berliner »Tunnel über der Spree«. 1940.

*Fricke* Hermann: Die »Ellora« u. das »Rytly«. Zwei Seitentriebe des »Tunnel über der Spree«. In: Jb. f. Br. Lg. 7, 1956, S.19–24.

*Krueger*, Joachim: Neues vom »Tunnel über der Spree«. In: Marg. 1960, H.7, S.13–24.

Th.F. Protokolle des »Tunnels über der Spree«. Hrsg. u. komm. v. Joachim *Krueger*. In: FBl.3, 1974, H.2, S.81–102.

*Schultze*, Christa: Die Gogol'-, Kol'cov- u. Turgenev-Lesungen A.Viederts 1854/55 im Berliner »Tunnel über der Spree« mit einem von B.v.Lepel u. drei von Th.F. verfaßten Protokollen. In: Zs. f. Slawistik, Bd29, 1974, H.3, S.393–406.

*Krueger*, Joachim: Der Tunnel über der Spree u. sein Einfluß auf Th.F. In: FBl.4, 1978, H.3, S.201–225.

Tunnel-Protokolle u. anderes Tunnel-Material jetzt in Aufbau-Ausgabe III, 1 u. 2, 1982.

*Berbig*, Roland: Ascania oder Argo? Zur Geschichte des Rütli 1852–1854 und der Zusammenarbeit von Th.F. u. Franz Kugler. In: Th.F. im lit. Leben s. Zeit, 1987, S.107–133.

Aus dem »Tunnel«-Archiv: Louis Schneider: Geschichte des Sonntags-Vereins in den ersten 10 Jahren seines Bestehens. Hrsg. v. Roland *Berbig*. In: FBl. 1990, H.50, S.10–17.

*Berbig*, Roland: Der »Tunnel über der Spree«. Ein literarischer Verein in seinem Öffentlichkeitsverhalten. In: FBl. 1990, H.50, S.18–46.

*Wülfing*, Wulf: Der »Tunnel über der Spree« im Revolutionsjahr 1848. Auf der Grundlage von »Tunnel«-Protokollen und unter besonderer Berücksichtigung Th.Fs. In: FBl. 1990, H.50, S.46–84.

*Hannusch*, Karin: Zur Mitgliedersoziologie des Literarischen Sonntagsvereins »Tunnel über der Spree«. In: FBl. 1991, H.51, S.55–58.

*Thuret*, Marc: Patriotische und politische Dichtung im Tunnel um 1848. In: FBl. 1991, H.51, S.46–55.

*Wruck*, Peter: Die Marseillaise im Sonntagsverein. Europäische Nationallieder und Nationalhymnen auf dem 13.Stiftungsfest des Berliner »Tunnel über der Spree« im Jahre 1840. In: FBl. 1991, H.51, S.28–46.

*Berbig*, Roland: ›... Wie gern in deiner Hand / Ich dieses Theilchen meiner

Seele lasse.‹ Theodor Storm bei Franz Kugler und im Rütli: Poet u. exilierter Jurist. In: FBl.53, 1992, S.12–29.

### 3. 1850–1859

Mit einigen Unterbrechungen arbeitete Fontane bis Ende August 1855 im »Literarischen Kabinett«, das später in »Zentralstelle für Preßangelegenheiten« umgenannt wurde. Die an sich unbefriedigende Beschäftigung ließ ihm jedoch Zeit für literarische Arbeiten, hauptsächlich Balladen und die Herausgabe eines belletristischen Blattes, der »Argo«, sowie für Geschichtsvorträge und Privatstunden, die ihn in den gesellschaftlichen Kreis der Familie *von Wangenheim* führten. Im Sept. 1855 fuhr Fontane im Auftrage der Zentralpreßstelle nach *England,* womit ihm ein Wunsch in Erfüllung ging, den er seit Jahren gehegt hatte; schon während seiner zweiten Englandreise im Sommer 1852 (lit. Ergebnis: »*Ein Sommer in London*«, 1854) war er der Möglichkeit einer Niederlassung in London nachgegangen. Nachdem seine Aufgabe, die Gründung einer Deutsch-Englischen Korrespondenz, mißglückt war und diese bereits im März 1856 eingestellt wurde, wurde Fontane für die Zentralpreßstelle als Presseagent tätig und dem preußischen Gesandten in London, Graf *Bernstorff,* als literarischer Berichterstatter zugeteilt. 1857 konnte er dann seine Familie nach London nachholen.

Die Englandjahre waren für Fontanes Entwicklung und Reife von ausschlaggebender Bedeutung. Sein schon vorher nach außen gerichteter Blick weitete sich, sein von ihm als mangelhaft empfundenes Wissen wurde vertieft durch sorgfältige Studien englischer Geschichte und Institutionen, vor allem entwickelte er dort seine *journalistischen* Fähigkeiten. Er schrieb für politisch so verschieden gerichtete Zeitungen wie die »Vossische Zeitung«, die »Neue Preußische(Kreuz-)Zeitung«, die »Zeit« (später »Preußische Zeitung« genannt) und andere Zeitungen und Zeitschriften. Der politischen Berichterstattung zog er feuilletonistische Artikel vor, die den Auftakt zu seinen England-Büchern bildeten, mit denen Fontane den Übergang vom Balladendichter zum Prosaisten fand. Bei Betrachtung von Fontanes zahlreichen Englandartikeln können nur mit äußerster Vorsicht Rückschlüsse auf den Grad seiner politischen Abhängigkeit gezogen werden. Gerade hier konnte er sich eine gewisse Freiheit und Unabhängigkeit bewahren, wie er es auch getan hat. Das Viktorianische England bot dem Beobachter vom Kontinent ein widerspruchsvolles Bild, das widerspruchsvolle Reaktionen hervor-rief, die oft von persönlichen Erfahrungen und Stimmungen beeinflußt waren. Eine viel differenziertere Analyse von Fontanes damaligen Artikeln und Aussagen über England wäre notwendig, um gängige Fehlurteile in Zukunft zu vermeiden.

Die reaktionäre Ära Manteuffel ging ihrem Ende entgegen, als im Okt. 1858 Prinz Wilhelm von Preußen die Regentschaft antrat. Fontane, veranlaßt auch durch innere Gründe, die mit seinem Künstlertum in Zusammenhang standen, nahm den Regierungswechsel zum äußeren Anlaß, seinen Englandaufenthalt zu beenden. Nach seiner Rückkehr nach *Berlin* im Januar 1859 hieß es, sich eine neue Existenz aufzubauen. *Paul Heyse* versuchte ihm zu der Position eines Privatbibliothekars des bayrischen Königs in München zu verhelfen, ein Versuch, der mißlang. Dann fand Fontane aber doch auf kurze Zeit den Anschluß an die liberalere neue Regierung, zuerst in einem losen Verhältnis, und von Mitte Juli an wieder in einer festen Beschäftigung in der Zentralpreßstelle, die jetzt von *Max Duncker* geleitet wurde. Es schien eine Gelegenheit, aus dem zehnjährigen Zwiespalt der Reaktionszeit herauszukommen und mit Männern zusammenzuarbeiten, deren Politik seinen eigenen Anschauungen mehr entsprach. Aber ein etwas unglücklicher Vorfall, eine taktische Ungeschicktheit Fontanes durch verfrühte Veröffentlichung einer vertraulichen Nachricht (darüber berichtet *F. Behrend*) erschwerte das Arbeitsverhältnis, das ihm überhaupt nicht recht zusagte. So hörte Fontanes amtliche Tätigkeit für die preußische Regierung im Dezember 1859 endgültig auf. Das Jahr 1859 war ein Übergangsjahr: Die Bemühungen um existenzielle Sicherheit scheiterten zwar, aber mit seinen ersten märkischen Wanderungen bahnte sich ein neuer Weg an, auf dem er seiner künstlerischen Bestimmung langsam zwar, aber konsequent zuschritt.

*Im Dienst der Preußischen Regierung:*

*Behrend*, Fritz: Th. F. u. die »Neue Ära«. In: Archiv f. Politik u. Geschichte 1924, S. 475 ff.

*Behrend*, Fritz: Ungedruckte amtliche Briefe von Th. F. In: Der Schatzgräber 4, H. 3 (Dez. 1924), S. 30–34; H. 4 (Jan. 1925), S. 1–3.

*Jolles*, Charlotte: Th. F. u. die Ära Manteuffel. Ein Jahrzehnt im Dienste der Preußischen Regierung. In: Forschungen zur Brandenburg. u. Preuß. Geschichte 49, 1937, S. 57–114; 50, 1938; S. 60–85. – Jetzt in: F. u. die Politik. Berlin u. Weimar 1983.

*Krause*, Gerhard: Über Ryno Quehl u. Ludwig Metzel, die Vorgesetzten Th. Fs als Mitarbeiter der Manteuffelpresse. In: Jb. f. Br. Lg. 24, 1973, S. 40–62.

*Jolles*, Charlotte: Konfidentenberichte Edgar Bauers über den ›Preußischen Agenten Fontane‹. Eine überraschende Entdeckung. In: FBl. 1990, H. 50, S. 112–120.

*Buck*, Stefan/*Kühlmann*, Wilhelm: Brotarbeit – Th. Fs Korrespondenzartikel für das Heidelberger Journal. In: Euph. 86, 1992, S. 107–117.

*England:*

Briefe Th. Fs an die Redaktion der Kreuzzeitung. In: Kreuzzeitung 1902, Nr. 377, 379, 381. (Über seine Korrespondenzen aus England.)

*Schönemann*, Friedrich: Th. F. u. England. Vortrag. In: PMLA 30, 1915, S. 658–671.

*Heynen*, W.: Vom Literaten F. in London. In: Preuß. Jbb. 240, 1935, S. 286–302.

*Stirk*, S. D.: England and the English in the letters of Th. F. In: Proceedings of the Leeds Philos. Society (Lit./Hist. Section) 4, 1936, S. 145–154.

*Jolles*, Charlotte: Th. F. and England. A critical study in Anglo-German literary relations in the nineteenth century. Master of Arts Thesis. London 1947.

*Barlow*, Derrick: F's English journeys. In: GLL NS 6, 1952/53, S. 169–177.

*Knorr*, Herbert: Th. F. u. England. 2 Bde. Diss. Göttingen 1961.

*Lindsay*, J. M.: F's relationship with England (synopsis). In: AULLA (14. Congress), 1972, S. 153.

*Bowman*, Derek: Fs erste Reise nach England. In: SchwM 52, 1973, S. 817–822.

*Erler*, Gotthard: F. in Schottland. In: FBl. 3, 1973, H. 2, S. 124–134. [Erweit. Vorabdr. d. Nachworts zu der von G. E. hrsg. illustr. Ausgabe von »Jenseit des Tweed«. 1974.]

*Reuter*, Hans-Heinrich: Die englische Lehre. Zur Bedeutung u. Funktion Englands für Fs Schaffen. In: Formen realistischer Erzählkunst, 1979, S. 282–299. Vorabdruck aus H.-H. *Reuter*: Wanderungen durch England u. Schottland. 2 Bde. 1979.

*Jolles*, Charlotte: Waltham Abbey. In: FBl. 5, 1983, H. 3, S. 297–303.

*Chambers*, Helen: Th. F.: Albert Smith u. Gordon Cumming. In: Th. F. im lit. Leben s. Zeit, 1987, S. 268–302.

*Wefelmeyer*, Fritz: Bei den Money-makern am Themsefluß. Th. Fs Reise in die moderne Kultur im Jahre 1852. In: TuK Sonderbd. Th. F. 1989, S. 55–70.

*Nürnberger*, Helmuth: F. und London. In: Rom – Paris – London. Erfahrung und Selbsterfahrung deutscher Schriftsteller und Künstler in den fremden Metropolen. Hrsg. v. Conrad Wiedemann. 1988, S. 648–661.

*Chambers*, Helen: Th. Fs *Longfellow*-Vortrag am 29. 2. 1860 in Berlin. In: FBl. 1989, H. 47, S. 27–48.

*Abellonio*, Silvia: F. e l'Inghilterra. In: Studi di letteratura tedesca. Milano 1990, S. 59–77.

*Bernd*, Clifford Albrecht: F's discovery of Britain. In: MLR 87, 1992, S. 112–121.

(siehe auch Literatur unter *England und englische Literatur*.)

*München:*

Th. F. u. München. Briefe u. Berichte. Hrsg. v. Werner *Pleister.* 1962.
*Hettche,* Walter: Th. F. zu Gast bei den Münchener ›Krokodilen‹. In: LiB
   Nr. 20, 1990, S. 2–10. [S. auch FBl. 1990, H. 50, S. 85–96.]

## 4. *1860–1898*

Das Jahr 1860 brachte Fontane die notwendige wirtschaftliche Sicherheit. Durch die Vermittlung seines Tunnel-Freundes *Georg Hesekiel* trat Fontane am 1. Juni 1860 als Redakteur für den englischen
Bereich in die »Neue Preußische(Kreuz-)Zeitung« ein. Sein äußerer
Lebensgang ist von jetzt an verhältnismäßig geradlinig. *Berlin* bleibt
bis zum Ende seines Lebens sein Wohnsitz; von Okt. 1872 an wechselte er nicht mehr seine Wohnung (Potsdamer Straße 134 c). Zu den
beiden am Leben gebliebenen Kindern der ersten Ehejahre, *George,*
geboren 1851, und *Theodor,* geboren 1856, kommen eine Tochter
*Martha,* geboren 1860, und der Sohn *Friedrich,* geboren 1864, der
später als Verleger die Werke des Vaters herausbringt.
   Die verhältnismäßig geringe Inanspruchnahme durch seine redaktionelle Tätigkeit erlaubte Fontane Zeit für seine eigenen literarischen Arbeiten. 1859/1860 wurden die in England ausgeführten
und in Zeitungen erschienenen Aufsätze gesammelt und in Buchform veröffentlicht: *»Jenseit des Tweed«* (1860) und *»Aus England.
Studien und Briefe über Londoner Theater, Kunst und Presse«*
(1860). Ende August, Anfang September 1859 erschien der erste
Wanderungsaufsatz im Druck; Ende 1861 kam der erste Band der
*»Wanderungen«* heraus. Bis zum Ende seines Lebens ist Fontane
nun mit Arbeiten über die Mark Brandenburg beschäftigt. Aber die
Entstehungszeit vieler »Wanderungen«-Kapitel fällt gerade in dieses
Jahrzehnt. Zwei Bände werden in diesem Zeitraum fertiggestellt.
Auch Pläne zu einem Roman *»Vor dem Sturm«* nehmen in den
frühen Jahren dieses Jahrzehnts Gestalt an: der Romancier kündigt
sich an, eine Tatsache von wegweisender Bedeutung. Wenn Fontane
aber erst nach vielen Umwegen zum Ziel seiner sich jetzt deutlicher
abzeichnenden künstlerischen Bestimmung gelangt, so lag das vor
allem an den zeitgeschichtlichen Ereignissen, die jetzt eintraten,
nämlich den drei Bismarckschen Kriegen.
   Das Jahr 1864 eröffnet durch den Ausbruch des Schleswig-Holsteinschen Krieges für Fontane ein ganz neues Gebiet, das der
*Kriegsgeschichtsschreibung,* das ihn die zwei weiteren Kriege von
1866 und 1870/1 hindurch zwölf Jahre lang in Anspruch nimmt. Im

Zusammenhang damit stehen Fontanes Reisen zu den Kriegsschauplätzen (Mai und Sept. 1864 nach Schleswig-Holstein und Dänemark; August und Sept. 1866 nach Böhmen und Süddeutschland; Sept. 1870 und April/Mai 1871 nach Frankreich), die auch feuilletonistisch ausgewertet werden.

Der erste Besuch des französischen Kriegsschauplatzes endete in einer etwas unglücklichen und gefahrvollen Episode, der Gefangennahme des als Spion verdächtigten geschichtsbegeisterten Dichters vor dem Denkmal der Jungfrau von Orléans in Domremy am 5. Okt. und einer zwei Monate während Kriegsgefangenschaft, die Fontane bald nach seiner Befreiung literarisch auswertete (*»Kriegsgefangen, Erlebtes 1870«*).

Fontanes Werdegang im Jahrzehnt 1860–1870 stempelte ihn bei seinen Zeitgenossen sowie später in der Forschung als Konservativen ab, einmal durch die Bindung an die Kreuzzeitung, das extrem-konservative Blatt des preußischen Adels, den ersten Band der *»Wanderungen durch die Mark Brandenburg«* (*Reuter* nennt es Fontanes ›Preußischstes Buch‹), sowie durch seine Kriegsbücher. War auch sein Verhältnis zur Kreuzzeitung von Anfang an zwiespältig, wenn zwiespältig das richtige Wort ist, wo doch seine innere Ablehnung dieses Blattes nie außer Zweifel stand, so blieb es dennoch nicht aus, daß gewisse Einflüsse spürbar wurden, zumal Fontane auf seinen märkischen Wanderungen mit denselben Gesellschaftskreisen in Berührung kam, die diese Zeitung repräsentierte. Andererseits erklärt sich vielleicht gerade durch die Zwiespältigkeit seiner Stellung und den Umgang und die Vertrautheit mit diesen Kreisen und ihren Anschauungen seine besondere Schärfe und Ablehnung in seinen späteren Jahren. Doch kündigen sich solche Einsichten schon um die Mitte dieses Jahrzehnts an, wie die Aufzeichnungen der Henriette von Merckel bezeugen (abgedr. F.-Archiv, Bestandsverzeichnis I, 1, S. 189 ff.)

*Literatur:*

*Fricke*, Hermann: Th. Fs Kriegsgefangenschaft 1870. Quellenmäßig dargestellt. In: Der Bär von Berlin 5, 1955, S. 53–73. – Ders.: Th. Fs Parole d'honneur von 1870. Ein bedeutsamer Fund in Frankreich. In: ebda. 14, 1965, S. 49–70.

*Moisy*, Pierre: Un grand romancier Allemand. Th. F., prisonnier de guerre en Saintonge (1870). In: Bulletin de la Société des Antiquaires de l'Ouest des Musées de Poitiers. 4e Trimestre de 1970. T. 10, 4 Serie, S. 629–641.

1870 begann für Fontane überhaupt ein neuer Lebensabschnitt. Am 20. April hatte er seine feste Stellung bei der »Kreuzzeitung« gekündigt und damit seine ganze wirtschaftliche Existenz von seinen literarischen Arbeiten abhängig gemacht. Zum ersten Mal nach zwei Jahrzehnten hatte Fontane eine äußere Unabhängigkeit erlangt. Dies wirkte sich auf seine ganze weitere innere Entwicklung aus. Der Vertrag mit der »Vossischen Zeitung« im Juni, der ihn als *Theaterkritiker* für das Kgl. Schauspielhaus Berlin verpflichtete, gab ihm ein gewisses wirtschaftliches Fundament und gleichzeitig eine seinem Interesse und seinen kritischen Fähigkeiten angemessene Tätigkeit, die er mit zwei kurzen Unterbrechungen bis Ende 1889, also zwanzig Jahre lang, ausübte.

Die erste Unterbrechung war verursacht durch die bereits erwähnte Kriegsgefangenschaft im Herbst 1870: die andere durch seine vorübergehende Stellung als Ständiger Sekretär der Akademie der Künste in Berlin, eine höhere Beamtenstelle, die er am 6. März 1876 antrat. Ende Mai desselben Jahres reichte er bereits sein Rücktrittsgesuch ein und schied am 31. Okt. 1876 formell wieder aus. Dieser Versuch, seiner Familie zuliebe wieder größere materielle Sicherheit zu erlangen, mußte fehlschlagen, denn im Grunde machte diese Stellung den 1870 unternommenen Schritt zur Unabhängigkeit wieder rückgängig. Dessen war sich Fontane bewußt, daher die Krise, die das Ereignis in seinem Leben hervorrief. Die einzelnen Fakten liegen uns vor.

*Literatur:*

*Amersdorffer*, Alexander: Die Akademie der Künste u. die Dichter. Zur Vorgeschichte der Sektion für Dichtkunst. In: Preuß. Akademie d. Künste. Jb. der Sektion für Dichtkunst. 1929, S. 7–26. [Darin S. 16–18 über F. als Ersten Ständigen Sekretär.]

*Fontane*, Friedrich: Th. Fs Akademiezeit. Nach ungedruckten Briefen, Konzepten u. Dokumenten. In: Ruppiner Beiträge. Festgabe f. Wilhelm Teichmüller. 1940, S. 2–14. [Zuerst 1928 in der »Märkischen Zeitung«, Neuruppin, erschienen.]

*Huder*, Walther (Hrsg.): Th. F. u. die preußische Akademie der Künste. Ein Dossier aus Briefen u. Dokumenten des Jahres 1876. 1971.

*Huder*, Walther: Die Preußische Akademie u. d. ›Fall Fontane‹. In: Welt u. Wort 27, 1972, S. 532–538.

Nach 1876 verläuft Fontanes Leben ohne äußere Unterbrechungen. 1878 erscheint sein erster Roman »Vor dem Sturm«, ein Markstein in Fontanes künstlerischer Entwicklung: Der Romancier setzt sich durch. Es folgen in kurzen Abständen seine anderen epischen Werke. Der dreizehnte Roman »*Frau Jenny Treibel*« war gerade erschienen, als die bereits weit vorgeschrittene Arbeit an »Effi Briest« 1892 durch eine schwere Erkrankung unterbrochen wurde. Diese führte eine psychische Krise herbei, die erst durch die Arbeit an »*Meine Kinderjahre*« überwunden wird. Es folgt noch ein zweiter autobiographischer Band »*Von Zwanzig bis Dreißig*«. Von diesen beiden Werken spinnen sich die Fäden zu den letzten großen Romanen »*Effi Briest*« und »*Der Stechlin*«. Kurz vor Erscheinen der Buchausgabe des »Stechlin« starb Fontane plötzlich am 20. Sept. 1898 in seiner Wohnung in der Potsdamer Straße.

Zu den alten Freunden des »Tunnels«, »Rütli« und der »Ellora« waren seit Fontanes Rückkehr aus England neue gekommen: *Mathilde von Rohr*, der er für seine »Wanderungen« Stoff und nützliche Beziehungen verdankte, ist vor allem zu erwähnen. Ihr, der mütterlichen Freundin, vertraute er in einem regen Briefwechsel viele seiner häuslichen Sorgen und die Schwierigkeiten seiner Schriftstellerexistenz an. Trotz häufiger Klagen über zunehmende innere und äußere Vereinsamung hatte Fontane doch einen weiten Freundes- und Bekanntenkreis, in dem vor allem das literarische Berlin vertreten war, die Zeitungs- und Theaterwelt, die unter anderen *Ludwig Pietsch*, *Otto Brahm* und *Paul Schlenther* miteinschloß.

Die jetzt regelmäßig geplanten Sommerfrischen – Harz, Thüringen, Riesengebirge, Nordsee, später Karlsbad – dienen der Arbeit nicht weniger als der körperlichen Erholung und geselligen Anregung. Auch sie werden zum Steinbruch seiner Romane (z. B. »*Quitt*«, »*Cécile*«). Als fruchtbare Bekanntschaft seiner Sommerfrische im Riesengebirge ist seit 1884 der Schmiedeberger Amtsrichter *Georg Friedlaender* zu nennen, ein lebhafter Gesprächspartner in den Ferien und der wichtigste Briefpartner des alten Fontane. Fontanes Briefe an *Friedlaender* legen Zeugnis ab von der erstaunlichen politischen Weitsichtigkeit, die Fontane in diesen Jahren seiner äußeren und inneren Unabhängigkeit erlangt; eine Entwicklung, die auch aus den Zeitgeschehnissen heraus zu erklären ist: Die Jahrzehnte nach der Reichsgründung brachten ungeheure Umwandlungen in der ökonomischen Struktur der Nation sowie im Gesellschaftlichen und Geistigen mit sich. Fontane, dessen Anteilnahme am Zeitgeschehen besonders in dynamischen Zeiten immer ein lebhaftes war, war sich der ungeheuren Gärungen aller Verhältnisse wohl bewußt – man spricht von seinem seismographischen Sinn. Sein kritischer Kopf erkannte die Brüchigkeit des Alten und die Forderungen der Zukunft. So erklären sich seine immer demokratischer werdenden Bekenntnisse der späten Jahre, für die *Thomas Mann* das Wort ›Altersradikalismus‹ geprägt hat. Auch ist seine dichterische Entwicklung in diesem Zeitabschnitt gegen den Hintergrund der Zeit zu sehen. Seine Erkenntnis der Veränderungen der gesellschaftlichen Struktur in Deutschland und des ins Wankengeraten der Traditionen werden aufgefangen in seinem späten Romanwerk, das ohne diese Wandlung nicht zu denken wäre. (*Müller-Seidels* Fontane-Buch führt das im einzelnen aus).

Zusammenfassend kann für diesen letzten Lebensabschnitt gesagt werden, daß Fontane sich von seiner Vorliebe für die Geschichte immer stärker der aktuellen Gegenwart zuwendet, daß seine kritischen Arbeiten (Theaterkritik sowie literarische Kritik) sein schöpferisches Werk befruchten und daß alles letzten Endes in diesem Spätwerk aufgeht.

*Literatur:*

*Fontane und Familie*

Erinnerungen an Th.F. 1819–1898. Aus dem Nachlaß seines Freundes und Testamentsvollstreckers Justizrat Paul *Meyer*. 1936.

*Fricke*, Hermann: Th.Fs letzter Wille u. seine Vollstreckung. Ein Beitrag zur Biographie. In: Der Bär von Berlin 11, 1962, S.86–100.

*Teitge*, Hans-E.: Zur Ehrenpromotion Th.Fs. In: FBl.1, 1967, H.4, S.156–158.

*Fontane*, Th. (jr.): [Aus s. Erinnerungen.] Die Schwestern des Dichters Th.F. In: FBl.3, 1974, H.3, S.161–165. – Beziehungen zu meinem Vater. Ebda 3, 1974, H.4, S.253–264.

Rotwein und Geschreibsel. Th.F. in unbekannten Aufzeichnungen der Dichterin Clara *Viebig*. In: Die Welt, 19.Okt. 1974, Nr.244.

*Fricke*, Hermann: Der Meditationsstuhl und eine Bronzehand: Th.Fs Schriftstellerwerkstatt in der Potsdamer Straße 134c. In: Der Bär von Berlin 23, 1974, S.70–78.

*Klünner*, Hans-Werner: Th.Fs Wohnstätten in Berlin. In: FBl.4, 1977, H.2, S.107–134.

*Mockey*, Fernande: War F. ein Gesellschaftsmensch? In: FBl.4, 1979, H.6, S.509–520. [Zur Persönlichkeit Fs u. zur lit. Darstellung des Gesellschaftsgesprächs.]

*Forster*, Ursula von: »THEO« Aus dem Leben ihres Großvaters Th.F. jun. berichtet eine Enkelin. In: FBl.4, 1981, H.8, S691–705.

*Goch*, Marianne. »Daneben stehen und sich den Mund wischen...« In: Töchter berühmter Männer. Neun biogr. Portraits. Hrsg. v. Luise F.*Pusch*, 1988, S.349–419.

*Brügmann*, Elisabeth: Mete Fontane in Waren – ihr Leben und ihr Tod. In: FBl. 53, 1992, S.79–96.

*Zum Freundeskreis:*

*Riehemann*, Maria: Bernhard von Lepel. Sein Leben u. seine Dichtungen. Diss. [Masch.] Münster 1925.

Th.F. u. die Familie Wangenheim. Aus dem Nachlaß hrsg. v. Conrad *Höfer*. Privatdr. Eisenach 1939.

*Schacht*, G., geb. Mengel: Meine Erinnerungen an Th.F. In: Jb. f. Br. Lg.2, 1951, S.9–10.

*Ziegert-Hackberth*, Liselott: Emilie Zöllner – die chevalière aus Fs Freundeskreis. In: ebda 15, 1964, S.157–160.

*Meinecke*, Antonie: Erinnerungen an Th.F. u. seinen Hausarzt Dr.Wilhelm Delhaes. In: ebda 15, 1964, S.161–164.

*Phillips*, John A.S.: James Morris, der unbekannte Freund Th.Fs. In: FBl.1, 1969, H.8, S.427–449.

*Phillips*, John A.S.: Die Familie Merington: Th.Fs Freunde in der Not. In: FBl.2, 1971, H.4, S.252–259.

*Betz*, Frederick: Die zwanglose Gesellschaft zu Berlin. Ein Freundeskreis um Th.F. In: Jb. f. Br. Lg. 27, 1976, S.86–104.

*Paulsen*, Wolfgang: Im Banne der Melusine. Th.F. u. sein Werk. 1988. [Enthält die ausführlichste Studie zur Freundschaftsbeziehung F.-Lepel.]

# II. Das Gesamtwerk

## a) Gedichte

»*Von der schönen Rosamunde.*« Romanzenzyklus. Gebr. Katz, Dessau 1850.
– »*Männer und Helden.*« Acht Preußenlieder. A.W. Hayn Verlag, Berlin
1850. – »*Gedichte*«. (Erste Auflage.) Carl Reimarus Verlag (W. Ernst), Berlin
1851. – »*Balladen.*« Verlag von Wilhelm Hertz (Bessersche Buchhandlung),
Berlin 1861. – »*Gedichte.*« 2., *verm. Auflage. Verlag von Wilhelm Hertz (Bessersche Buchhandlung), Berlin 1875. (Darin aufgenommen: »Balladen«,*
»Von der schönen Rosamunde«, »Männer und Helden«.) – Es erschienen
noch drei weitere vermehrte Auflagen bei Wilhelm Hertz: 1889, 1892, 1898.

s. auch Literatur unter: *Sammelveröffentlichungen aus dem Nachlaß.*

Die Aufbau-Ausg. enthält jetzt die umfassendste Sammlung von Gedichten
Fontanes. Ferner NyA Bd. 20 u. HA Bd. 6. Alle Ausgaben sind gut kommentiert.

Bei Fontane sind alle wesentlichen Formen der Verskunst der
nachromantischen Periode im 19. Jh. vertreten: die politische Vor-
märzdichtung, die Verserzählung, die Ballade und die Erlebnislyrik
der Altersjahre. Daneben eine Anzahl von Gelegenheitsgedichten,
zu denen historische Ereignisse oder Persönlichkeiten den Anstoß
gegeben haben oder besondere Anlässe im Freundes- oder Familienkreis; sie dürfen wegen ihrer besonderen Fontanischen Prägung
nicht übersehen werden.

Die *Gedichte der frühen Jahre,* vor allem die politische Vormärz-
dichtung, von der Fontane nichts Nennenswertes in seine Gedicht-
sammlung aufgenommen hat, sind erst allmählich aus den alten
Zeitschriften (»Figaro«, »Eisenbahn« u. a.) und aus frühen handschriftlichen Gedichtbänden ans Licht geholt worden und haben vor
allen Dingen in den Arbeiten über den jungen Fontane Beachtung
gefunden. Bei dem wachsenden Interesse an der politisch engagierten Literatur der ersten Hälfte des 19. Jhs. wird auch diese frühe
Dichtung Fontanes ihre Stellung behaupten.

Auch mit seinem Romanzenzyklus »Von der schönen Rosamunde« kam
Fontane durchaus dem Zeitgeschmack entgegen. (Ein ungarischer Schriftsteller, Károly Kertbény, begeistert von diesem Werk, widmete »dem deutschen Dichter Theodor Fontane« sogar seine Übersetzung eines ungarischen
epischen Gedichts.)

Vor allem aber etablierte sich Fontane als *Balladendichter*, zu einer Zeit, da diese Gattung sich einer besonderen Beliebtheit erfreute und einen neuen Höhepunkt erreichte. Die Stellung, die Fontane innerhalb der Balladendichtung einnimmt, auch die Wandlung, die die Form bei ihm in den späteren Jahren durch Einbeziehung modernen Lebens durchmachte, legte Wolfgang *Kayser* in seiner »Geschichte der deutschen Ballade« (1936) dar. Auf die Bedeutung des »Tunnels« ist bereits hingewiesen worden wie auch auf Ernst *Kohlers* wichtige Arbeit (1940). Mit einer Ausnahme (Dissertation von Gertrud *Fischer*, 1956) gehören die meisten größeren Spezialuntersuchungen der frühen Forschung an *(Wegmann, Rhyn, Wißmann)*. Trotz des verminderten Interesses unserer Zeit an der Ballade werden neben wenigen Einzelbetrachtungen doch immer noch Interpretationen Fontanescher Balladen für Lehrzwecke vorgelegt.

Von besonderer Bedeutung für Fontanes frühe Balladendichtung waren *Percys* »Reliques of Ancient English Poetry« und Walter *Scotts* »Minstrelsy of the Scottish Border«.

Es ist Fontanes *Alterslyrik*, der sich in unerer Gegenwart die Forschung zuzuwenden begann. Zwar haben Kritiker schon seit Wilhelm *Bölsche* (1890) immer wieder auf die späte Spruchdichtung Fontanes aufmerksam gemacht, worin sich das ureigene Wesen Fontanes in besonderem Maße widerspiegelt *(Sosnosky)*, doch eine tieferschürfende Beachtung ist der Alterslyrik erst zuteil geworden, seit *Martini* auf einer internationalen Konferenz über Spätzeiten und Spätzeitlichkeit (1960) die Fontanesche Alterslyrik als spätzeitliches Phänomen behandelt hat. Die erweiterte im Druck vorliegende Studie (1962) bemüht sich um die genaue Erfassung dieser Alterslyrik, und Karl *Richter* führt in einem wichtigen Kapitel seines Buches »Resignation« die Untersuchung über die Alterslyrik ein gutes Stück weiter. Die *Frankfurter Anthologie*, hrsg. v. Marcel Reich-Ranicki, bringt seit mehreren Jahren Einzelinterpretationen von Gedichten Fontanes von verschiedenen Autoren.

*Literatur:*

*Bölsche*, Wilhelm: Th. F. als Lyriker. Zu des Dichters 70. Geb. In: Die Gegenwart 37, 1890, S. 5–7.
*Maync*, H.: F. als Lyriker. In: Westermanns Mh. 1900, H. 10, S. 126–134.
*Meyer*, R. M.: Fs Namensverse. In: Euph. 16, 1909, Ergh. 8, S. 167–171.
*Meyer*, R. M.: Th. Fs Balladen. In: Velhagen & Klasings Mh. 1910, H. 9, S. 65–72.

*Wegmann*, Carl: Th. F. als Übersetzer englischer u. schottischer Balladen. Diss. Münster 1910.

*Sosnosky*, Theodor von: Th. F. als Lyriker. In: Vossische Ztg, Sonntagsbeilage Nr. 39, 24. Sept. 1911, S. 307–309.

*Kohler*, L.: Schloss Eger. In: ZfdU 27, 1913, S. 255–259.

*Rhyn*, Hans: Die Balladendichtung Th. Fs mit besonderer Berücksichtigung seiner Bearbeitungen altenglischer u. altschottischer Balladen aus den Sammlungen von Percy u. Scott. 1914. Neudr. 1970.

*Szczepanski*, Paul von: Th. F. Ein deutscher Lyriker. 1914.

*Wißmann*, Paul: Th. F. Seine episch-lyrischen Dichtungen. 1916.

*Meyer*, K. u. *Rhyn*, Hans: Die Balladendichtung Th. Fs. In: ZfdPh. 47, 1918, S. 414–418.

*Mann*, Thomas: Über einen Spruch Fs. In: Th. M.: Rede und Antwort, 1922. Zuest u. d. T.: Der gerettete F., in: Vossische Ztg 8. Juni 1920. [Beschäftigt sich mit Otto Pniowers Artikel in der Vossischen Zeitung vom 5. Mai 1920.]

*Herse*, Wilhelm: Tenzone. Ein Dichterwettstreit zwischen Th. F. u. Fürstin Eleonore Reuss. In: DR Feb. 1923, H. 192, S. 180–182.

*Münchhausen*, Börries Frhr von: Die Meister-Balladen. 1923. Darin »Archibald Douglas«, »Lied des James Monmouth«.

*Reuschel*, Karl: Th. Fs nordische Balladen u. Bilder. In: Festschrift f. Eugen Mogk. 1924, S. 335–349.

*Lissauer*, Ernst: Fs Alterslyrik. In: Kölnische Ztg Wochenausg. 1929, H. 32, 7. Aug., S. 9–10.

*Kayser*, Wolfgang: Geschichte der deutschen Ballade. 1936 (Über F.: S. 226–229; 268).

*Remak*, Henry H.: F. über seine Ballade »Die Jüdin«. In: MLN 53, 1938, S. 282–287.

*Remak*, Henry H.: Heyse, Schott u. F. (zu »Die Jüdin«). In. MLN 54; 1939, S. 287–288.

*Kohler*, Ernst: Die Balladendichtung im Berliner »Tunnel über der Spree«. 1940.

*Rose*, E.: The poetry of Th. F. In: GQ 20, 1947, S. 42–45.

*Mahlberg*, Gustav: Die Zeitdarstellung u. das Zeiterlebnis in Fs. »John Maynard«. In: WW 5, 1954/55, S. 362–365.

*Erckmann*, Rudolf: Ballade und Film. Ein Versuch mit »Archibald Douglas« auf der Mittelstufe. In: DU 8, 1956, H. 4, S. 45–51.

*Fischer*, Gertrud: Der Verfall des Gehaltes der heldischen Ballade von Strachwitz u. F. zu den Epigonen (1840–1880). Diss. München 1956.

*Nentwig*, P.: »Gorm Grymme.« Eine Ballade von Th. F. In: DU 8, 1956, H. 4, S. 52–60.

*Rodger*, Gillian: F's conception of the folkballad. In: MLR 53, 1, 1958, S. 44–58.

*Krueger*, Joachim: Unbekannte Gedichte des jungen F. In: WB 7, 1961, S. 594–606.

*Martini*, Fritz, Spätzeitlichkeit in der Literatur des 19. Jhs. Überlegungen zu einem Problem der Forschungsgeschichte. In: Stoffe, Formen, Strukturen.

Studien zur deutschen Literatur. Hans Heinrich Borcherdt zum 75. Geb. 1962. (Fs Alterslyrik S. 452–457).

*Fleischer*, Manfred P.: John Maynard – Dichtung und Wahrheit. In: Zs. f. Religions- und Geistesgesch. Bd. 16, 1964, S. 168–173.

Wege zum Gedicht, Bd. 2: Interpretation von Balladen. Hrsg. v. Rupert Hirschenauer u. Albrecht Weber. 1964. Darin S. 408–412: *Haas*, Adam: Th. F. »Herr von Ribbeck auf Ribbeck im Havelland«; S. 393–400: *Lehmann*, Jakob: Th. F. »Schloss Eger«; S. 377–392: *Martini*, Fritz: Th. F. »Die Brück' am Tay«; S. 401–407: *Vogeley*, Heinrich: Th. F. »John Maynard«; S. 367–376: *Williams*. W. D.: Th. F. »Archibald Douglas«.

*Salomon*, George: »Wer ist John Maynard?« Fs tapferer Steuermann u. das amerikanische Vorbild. In: FBl. 1, 1965, H. 2, S. 25–40.

*Weber*, W.: F.: »Es kribbelt und wibbelt weiter« [Interpretation]. In: W. W.: Tagebuch eines Lesers. 1965, S. 65–69; Wiederabdruck in dtv Bd 588, 1969, S. 51–54.

*Richert*, Hans Georg: Zu Fs »Gorm Grymme«. In: Euph. 60, 1966, S. 125–135.

*Richter*, Karl: Resignation. Eine Studie zum Werk Th. Fs. 1966. (Darin Kap. VI: Lyrik u. Resignation. S. 142–152).

*Rosenfeld*, Hans-Friedrich: Eine Gelegenheitsdichtung von Th. F. aus dem Jahre 1876. In: Euph. 60, 1966, S. 303.

*Biehahn*, Erich: ein denkwürdiger Reim Fs. In: Jb. f. Br. Lg. 20, 1969, S. 25–26.

*Fujita*, Masaru: Ein umstrittener Spruch des alten F. In: FBl. 1, 1969, H. 8, S. 410–422.

*Pongs*, Hermann: Th. F. »Die Brück' am Tay.« In: H. P.: Das Bild in der Dichtung Bd 3, 1969, S. 134–138.

*Krueger*, Joachim: Th. F.: Unbekannte Gedichte an die Schwestern von Weigel. In: FBl. 2, 1970, H. 2, S. 84–92.

Th. F.: Mir ist die Freiheit Nachtigall. Politische Lyrik. Gelegenheitsgedichte. Späte Spruchdichtung. Ausgew. v. Helmuth *Nürnberger* u. Otto *Drude*. 1969. (Nachw. S. 93–110).

*Reuter*, Hans-Heinrich: Noch einmal: Ein umstrittener Spruch des alten F. Ein unbekanntes Thomas Mann-Zeugnis, zugleich ein notwendiger Schlußstrich. In: FBl. 2, 1969, H. 1, S. 60–62.

*Fricke*, Hermann: Fs Abkehr vom märkischen Volksgemüt. Über Quelle u. Vorform e. Ballade (»Die Geschichte vom kleinen Ei«). In: Der Bär von Berlin 21, 1972, S. 120–124.

*Schultze*, Christa: Ein unbekannter Druck von Fs »Berliner Republikaner« aus dem Jahre 1844. In FBl. 2, 1973, H. 8, S. 589–592.

*Fricke*, Hermann: Zur Entwicklung der Fontaneschen Jugendlyrik. In: Jb. f. Br. Lg. 25, 1974, S. 125–145.

*Rossum*, G. M. van: F. u. der Balinesische Krieg. [Zum Gedicht »Die Balinesenfrauen auf Lombok«.] In: FBl. 3, 1974, H. 3, S. 205–213.

Th. F. Unveröffentlichte u. unbekannte Gedichte, Toaste u. Verse 1838 bis 1896. Hrsg. u. mit Anm. versehen v. Joachim *Schobeß*. Einleitung v. Joachim *Biener*. In: FBl. Sonderheft 5, 1979.

*Leckey*, R. Geoffrey: Some aspects of balladesque art and their relevance for the novels of Th. F. 1979.

*Richter*, Karl: Die späte Lyrik Th. Fs. In: F. aus heutiger Sicht, 1980, S. 118–142.

*Krueger*, Joachim: Th. Fs »Deutsches Dichteralbum«. Eine Analyse. In: FBl. 5, 1982, H. 2, S. 190–204.

*Richter*, Karl: »Sonst bin ich für Brot in die Suppe brocken...« Th. Fs Gedicht »Arm oder Reich«. In: FBl. 5, 1983, H. 3, S. 339–347.

*Wruck*, Peter: Der Zopf des Alten Dessauers. Bemerkungen zum Fontane der Preußenlieder. In: FBl. 5, 1983, H. 3, S. 347–360.

*Nicolaisen*, W. F. H.: Th. Fs »Sir Patrik Spens«. In: The ballad image. Essays presented to Bertrand Harris Bronson. Hrsg. v. James *Porter*. Univ. Californien. 1983, S. 3–19.

*Richter*, Karl: Lyrik und geschichtliche Erfahrung in Fs späten Gedichten. In: FBl. 6, 1985, H. 1, S. 54–67.

*Rölleke*, Heinz: ›Es kribbelt und wibbelt‹: Anmerkungen zu einem F.-Gedicht. In: WW 35, 1985, S. 165–167.

*Buder*, Johannes: Der Reitergeneral von Seydlitz im Schaffen Th. Fs. In: Jb. f. Br. Lg. 37, 1986, S. 169–175.

*Göbels*, Hubert: Fs »Archibald Douglas« als Erstdruck in einer Jugendzeitschrift. In: FBl. 6, 1986, H. 3, S. 339–343.

*Fabian*, Franz: Die Geschichte vom alten Birnbaum. In: FBl. 6, 1987, H. 5, S. 505–510.

*Golz*, Anita: Zur Überlieferung der »Gedichthandschriften« Fs. In: Th. F. im lit. Leben s. Zeit, 1987, S. 547–575.

*Riedel*, Lisa: Eine Neuerwerbung: »Schön-Margret und Lord William«. In: FBl. 6, 1987, H. 5, S. 501–503.

Th. F.: Unveröffentlichte Gedichte u. Gedichtentwürfe. Hrsg. u. komm. v. Anita *Golz*. In: FBl. 1988, H. 45, S. 6–20.

*Richter*, Karl: Stilles Heldentum. Kritik u. Utopie gesellschaftlicher Wirklichkeit im Zweiten Kaiserreich. Zu Th. Fs »John Maynard«. In: Deutsche Balladen, hrsg. v. Gunter E. *Grimm*, 1988, S. 339–365.

*Bickmann*, Claudia: ›So banne dein Ich in dich zurück.‹ Zum gedanklichen Gehalt der Spätlyrik Fs. In: TuK. Sonderbd. Th. F., 1989, S. 203–217.

*Kunert*, Günter; *Gackenholz*, Gisela: Kontroverse über ein Fontane-Gedicht. In: FBl. 1990, H. 49, S. 40–44.

*Blumenberg*, Hans: Lebensgedichte. Einiges aus Th. Fs. Vielem. In: Akzente 38, 1991, S. 7–28.

*Nürnberger*, Helmuth: ›Sie kennen ja unsren berühmten Sänger‹. Künstler u. ihre Welt als Thema Fontanescher Gedichte. In: FBl. 1991, H. 51, S. 115–140. [Auch in: Deutsche Dichtung um 1890, hrsg. v. R. *Leroy* u. E. *Pastor*. 1991, S. 175–201.]

*Plett*, Bettina: Tintensklaven u. Kronenorden. Diagnose, Travestie u. Kritik in Fs »Dichtergedichten«. In: FBl. H. 52, 1991, S. 15–29.

*Schüppen*, Franz: Ein Hauch vom ganzen F.: ›Was ich wollte, was ich wurde...‹ In: Jb. d. Raabe-Ges. 1991, S. 129–131.

*Berbig*, Roland: »In Lockenfülle das blonde Haar / Allzeit im Sattel und neunzehn Jahr«. Die Bismark-Gedichte in Paul Lindaus Zeitschrift »Nord und Süd« 1885. In: FBl. H. 53, 1992, S. 42–57.

*Chambers*, Helen: Fs Gedicht »Goodwin-Sand«. Das Schlangen-Motiv: Symbol für die Bedrohung menschlichen Lebens. In: FBl. H. 53, 1992, S. 73–78.

*Chambers*, Helen E.: F's translation of »The Charge of the Light Brigade«. In: Anglo-German Studies, ed. by R. F. M. Byrn and K. G. Knight. 1992. (The Leeds Phil. & Lit. Society vol. XXII.) p. 83–104.


## b) Journalismus
### Berichterstattung – Feuilleton – Essay – Kritik

### 1. Frühe Publizistik (1842–1850). Publizistik über England

Fontanes journalistische Arbeiten begleiten sein Schaffen von 1842 bis zu seinem Lebensende. Sie reichen von ephemeren Korrespondenzartikeln bis zum kunstvollen Essay.

Die frühesten Zeitungsbeiträge des jungen, politisch engagierten Fontane liegen vollständig in NyA Bd 19 vor.

Seine eigentliche journalistische Schulung erhielt Fontane in England. Er selber hat viele seiner dort entstandenen Feuilletons gesammelt vorgelegt: »*Ein Sommer in London*« (1854), »*Aus England.* Studien und Briefe über Londoner Theater, Kunst und Presse« (1860), »*Jenseit des Tweed*« (1860). Eine umfassendere Sammlung, die ursprünglich geplant war, kam nicht zustande. So veröffentlichte *Friedrich Fontane* 1938 weitere Zeitungsaufsätze aus der Londoner Zeit (»*Bilderbuch aus England*«).

Jetzt liegt fast die ganze Publizistik der Englandjahre vor in NyA Bd 17, 18, 18a, 19, 22/3, 23/1.

Man hat die Bedeutung dieser Arbeiten als Übergang von der Balladendichtung zur Prosa schon früh erkannt und im Schottland-Reisebuch den Vorläufer zu den »Wanderungen« gesehen. Die England-Reisebücher müssen auch im Zusammenhang mit der übrigen Reiseliteratur des 19. Jhs. betrachtet werden, die damals als Gattung besondere Popularität gewann.

*Literatur* s. unter *Frühe Jahre* und unter *England.*

## 2. »Wanderungen durch die Mark Brandenburg«

Im journalistischen Schaffen Fontanes nehmen die »Wanderungen durch die Mark Brandenburg« eine besondere Stelle ein, einmal, weil er in diesen ›Reisefeuilletons‹ in zwanzigjähriger Arbeit die Besonderheiten seines feuilletonistischen Stils ausbildet, für dessen ästhetischen Reiz unsere Zeit wieder besonders zugänglich zu sein scheint; zum anderen wegen der engen Verflechtung mit seinem Romanwerk. Sie erschienen in vier Bänden bei Wilhelm Hertz: »*Die Grafschaft Ruppin*« (Erstausgabe noch unter dem generellen Titel »Wanderungen durch die Mark Brandenburg«, Impressum 1862); »*Das Oderland. Barnim-Lebus*« (1863); »*Havelland. Die Landschaft um Spandau, Potsdam, Brandenburg*« (Erstausgabe unter dem Titel »Osthavelland«, Impressum 1873); »*Spreeland*«. *Beeskow-Storkow und Barnim Teltow*« (Erstausgabe Impressum 1882). Eine weitere märkische Arbeit »*Fünf Schlösser. Altes und Neues aus Mark Brandenburg*« (Impressum 1889) trägt Sondercharakter. Die Arbeit über die märkische Familie der Bredows, »*Das Ländchen Friesack*«, wurde nicht vollendet.

Von 1859 bis zu seinem Lebensende war Fontane mit Arbeiten über die Mark Brandenburg beschäftigt, die dem Romanwerk vorangingen und es dann begleiteten. Über die vielfachen Umarbeitungen der Bände, die Fontane für die verschiedenen Auflagen vorgenommen hat, sind wir durch *Jutta Fürstenau* (»Fontane und die märkische Heimat«) unterrichtet. Diese Untersuchung bleibt grundlegend für die Entstehungsgeschichte der »Wanderungen«.

Jutta Fürstenaus Arbeit enthält u. a. ein Verzeichnis aller von Fontane benutzten Quellen sowie eine bibliographische Aufstellung der Vorabdrucke. Vieles davon ist übernommen in dem jetzt für die Forschung unentbehrlichen Bd 13 a der NyA (Register und Nachweise zu den NyA Bden 9–13). Eine gründliche Kommentierung der »Wanderungen« liegt in HA Abt. 2, Bd 1–3, vor sowie in Abt. 2 der Aufbau-Ausgabe.

Die enge Beziehung zum Romanwerk ist im einzelnen in vielen Untersuchungen erarbeitet (*Rost, Rosenfeld* u. a.), besonders eingehend von *Anselm Hahn*, der auch einen formanalytischen Versuch unternimmt. Immer wieder wird die Bedeutung der »Wanderungen« als Vorstufe zum epischen Werk *(Fricke)*, als Etappe auf dem Entwicklungsweg des Dichters *(Hahn)* betont. Nur mit dem Blick auf das Romanwerk ist nach *Reuter* »der Versuch einer Gesamteinschätzung der ›Wanderungen durch die Mark Brandenburg‹ vertretbar, ja möglich«. In diesem Sinne ist er der widerspruchsvollen Genesis der »Wanderungen« sehr genau nachgegangen.

Zahlreiche ältere und neuere Arbeiten beschäftigen sich mit Einzelaspekten der »Wanderungen«, es werden historische, kunstgeschichtliche, archäologische oder geographische Details aus dem feuilletonistischen Zusammenhang des Werks herausgeschält und aus fachwissenschaftlicher Sicht beleuchtet, was für die eigentliche Fontane-Forschung wenig Bedeutung hat. Die stoffliche Mannigfaltigkeit (Geschichtliches, Kulturgeschichtliches, Volkskundliches, Wirtschaftsgeschichtliches, Archäologisches, Geographisches usw.) scheint die Betrachtung des Werks unter einem einheitlichen Gesichtspunkt erschwert zu haben. Es fehlen eigenständige Untersuchungen der Form und der erzählerischen Technik des Werks. (Nur bei *Hahn* sind Ansätze dazu vorhanden). Fontane selber hat im Schlußwort des vierten Bandes das Stichwort für eine solche Untersuchung gegeben, wenn er, sich vom Berufshistoriker distanzierend, die »Wanderungen« ausdrücklich als »Reisefeuilletons« bezeichnet.

Die bis in die Gegenwart reichende Wirkung von Fontanes »Wanderungen« hat gewiß auch außerliterarische Gründe. Mit dem Zusammenbruch der brandenburgisch-preußischen Welt nach 1945 wurde durch die Teilung Deutschlands der Schauplatz der »Wanderungen« den Blicken vieler entrückt und vielleicht gerade dadurch in Westdeutschland ein erneutes Interesse an den geographisch-historischen Aspekten dieser Reisefeuilletons wachgerufen. Umgekehrt erklärt sich die große Popularität der »Wanderungen« in Ostdeutschland daraus, daß die Mark Brandenburg in der ehemaligen DDR besonders als Land für Urlaub und Erholung eine wesentliche Rolle spielte, so daß, abgesehen von der allgemeinen Hochschätzung des Fontaneschen Gesamtwerks dort, der rein touristische Aspekt der »Wanderungen« – Bände wieder sein Recht behauptete, was jetzt nach der Wiedervereinigung auch auf Nord-, West- und Süd-Deutschland zutrifft. In einer Rezeptionsgeschichte werden die »Wanderungen« ein interessantes Kapitel abgeben.

*Literatur:*

*Hahn*, Anselm: Fs »Wanderungen durch die Mark Brandenburg« u. ihre Bedeutung für das Romanwerk des Dichters. 1935.
*Fricke*, Hermann: Das Auge der Landschaft. Mit Th. F. an märkische Seen. In: Brandenburg. Jbb. 3, 1936, S. 41–47.
*Riedler*, Hertha: F. u. die märkische Volksüberlieferung. Ebda 3, 1936, S. 191 ff.
*Fürstenau*, Jutta: Th. Fs »Ländchen Friesack«. In: ebda 9, 1938, S. 55–62.
*Fürstenau*, Jutta: F. u. die märkische Heimat. 1941. Nachdruck 1969.
*Lüdicke*, R.: Th. Fs Bericht über den Fähnrich von Arnstedt. Seine Quellen u. ihre Behandlung. In: Der Herold 2, 1941; H. 4/5.

*Howald*, Ernst: Fs »Wanderungen durch die Mark Brandenburg«. In: E. H.: Deutsch-französisches Mosaik, 1962, S. 269–289.

*Reuter*, Hans-Heinrich: Zwischen Neuruppin u. Berlin. Zur Entstehungsgeschichte von Fs »Wanderungen durch die Mark Brandenburg«. In: Jb. DSG 9, 1965, S. 511–540. (Vorabdr. v. Reuter, 1968, S. 340–367.)

*Mětšk*, Frido: Th. Fs Begegnungen 1859 im Spreewald. In: Th. Fs Werk in unserer Zeit. 1966, S. 67–80.

*Engelmann*, Gerhard: Th. F. u. Heinrich Berghaus. In: FBl. 1, 1968, H. 7, S. 331–341.

*Fricke*, Hermann: Th. F. als Begründer erwanderter Landesgeschichte in Brandenburg. In: Jb. f. Br. Lg. 20, 1969, S. 16–24.

*Mětšk*, Frido: Das Oderland in Fs Wendenkonzeption. In: FBl. 1, 1969, H. 8, S. 388–409.

Nürnberger, Helmuth: Th. F. u. Karl Friedrich von dem Knesebeck. In: Jb. f. Br. Lg. 20, 1969, S. 27–40.

Mangelsdorf, Günther: »Über Ring- und Burgwälle überhaupt und speziell im Havelland.« Zu unveröffentlichten Aufzeichnungen von Th. F. In: FBl. 2, 1970, H. 3, S. 195–201.

Kirchner, Horst: Urgeschichtliches bei Th. F. In: Jb. f. Br. Lg. 21, 1970, S. 7–36.

Wüsten, Sonja: Die histor. Denkmale im Schaffen Th. Fs. In: FBl. 2, 1970, H. 3, S. 187–194. – Schnitzaltäre in märkischen Kirchen. Ebda 2, 1971, H. 5, S. 307–326.

Mangelsdorf, Günther: Fs »Ländchen Friesack« als landesgeschichtliche Quelle. In: FBl. 2, 1973, H. 8, S. 575–589.

Gebhardt, Heinz: F. u. die Sage von Jarl Iron von Brandenburg. In: FBl. 3, 1974, H. 3, S. 200–205.

Stolzenberg, Ingeborg: Th. F., Sanct Nicolai zu Spandau. Ein wiederaufgetauchtes Manuskript zu den »Wanderungen durch die Mark Brandenburg« (mit 3 Abb.) In: Jb. f. Br. Lg. 25, 1974, S. 7–15.

Erler, Gotthard: Fs »Wanderungen« heute. In: FBl. 3, 1975, H. 5, S. 353–368. [Gek. Vorabdr. d. Einl. zu der Aufbau-Ausg. d. »Wanderungen«].

Reuter, Hans-Heinrich: F., »Glindow«; zugleich Anmerkungen zu besserem Verständnis einiger Aspekte der »Wanderungen durch die Mark Brandenburg«. In: Wissen aus Erfahrungen. Festschrift für Hermann Meyer, 1976, S. 512–540.

Ebell, Götz: Fs »Kloster Chorin«-Aufsatz (mit 1 Abb.). In: Jb. f. Br. Lg. 28, 1977, S. 16–:23.

Kögler, Heidemarie: Namen, Landschaft u. Geschichte in den »Wanderungen durch die Mark Brandenburg«. In: FBl. 4, 1978, H. 4, S. 262–282.

Schmidt, Leopold: Th. F. u. die Sagen der Mark Brandenburg. In: Fabula 20, 1979, S. 217–230.

Arlt, Klaus: Mit F. in Bornstedt – Anregungen für Denkmalpfleger. In: FBl. 5, 1983, H. 3, S. 315–324.

Mangelsdorf, Günter: »Plaue a. H.« – Anmerkungen zu einem Kapitel aus Th. Fs »Fünf Schlösser«. In: FBl. 5, 1983, H. 3, S. 324–330.

Höfele, Karl Heinrich: Mensch u. Menschenleben in Th. Fs »Wanderungen durch die Mark Brandenburg.« In: Der Bär v. Berlin 33, 1984, S. 61–65.

Fischer, Hubertus: Gegen-Wanderungen. Streifzüge durch die Landschaft Fs. 1986. (Siehe auch: Fischer, Hubertus: Selbstanzeige: Gegen-Wanderungen. In: FBl. 6, 1987, H. 5, S. 512–514. – Auch: Rez. v. Günter Mangelsdorf, ebda, S. 514–516.)

Kowalewski, Ursula: Von Wiedergefundenen Bildern der Familie von Rohr. In: FBl. 6, 1987, H. 5, S. 578–579. (Zu Kap. Triplatz. Bd. I der Wanderungen.)

Th. F.: Die Dörfer im Ruppinschen. Hrsg. v. Gotthard Erler. In: FBl. 52, 1991, S. 7–14. [Auszug aus: »Wanderungen« Bd. 6, der Aufbau-Ausgabe, 1991.]


## 3. Die Kriegsbücher

Neben den Reisefeuilletons der Wanderungsbände entstanden von 1864 bis 1876 folgende Werke, die von Rudolf von Decker verlegt wurden: *»Der Schleswig-Holsteinsche Krieg im Jahre 1864«* (mit Illustrationen von Ludwig Burger), 1866; *»Der deutsche Krieg von 1866«*, mit Illustrationen von Ludwig Burger, Bd. I: »Der Feldzug in Böhmen und Mähren«, 1870; Bd II: »Der Feldzug in West- und Mitteldeutschland«, 1871; *»Der Krieg gegen Frankreich 1870–71«*, Bd. I: *»Der Krieg gegen das Kaiserreich«*, 1873; Bd II: *»Der Krieg gegen die Republik«*, 1875 und 1876. *»Kriegsgefangen. Erlebtes 1870«*, 1871. *»Aus den Tagen der Okkupation«*, 2 Bde, 1871.

Auch diese Bücher erschienen zuerst in Vorabdrucken in Tageszeitungen und Zeitschriften (»Vossische Zeitung«, »Kreuzzeitung«, »Wochenblatt der Johanniter Ordens-Balley Brandenburg«, »Gartenlaube«, »Salon« u.a.). Im Zusammenhang mit den Vorarbeiten zu diesen Werken schrieb Fontane seine Reisebriefe 1864/65 aus Dänemark (NyA Bd 18) und 1866 die Böhmischen Reisebriefe (in Deckers »Fremdenblatt«), die erst kürzlich wieder aufgefunden und 1973 von *Christian Andree* herausgegeben wurden.

Auch die Kriegsbücher wollten nie Fachhistorik sein, jede Betrachtung vom rein militärgeschichtlichen Gesichtspunkt aus geht an ihrem Wesen vorbei. Sie sind eine Mischung aus Berichterstattung, Reisefeuilleton und Kompilation aus zeitgenössischen Quellen. Wandreys Verdikt war, daß die Resultate kompilatorisch und unoriginell seien. Fontanes eigene Aussage, daß er erst beim Siebziger Kriegsbuch und dann beim Schreiben seines ersten Romans zum Schrifsteller geworden sei, »d. h. ein Mann, der sein Metier als eine Kunst betreibt«, bedarf dringend der Untersuchung; die Berechtigung dieses Bekenntnisses erscheint zumindest fraglich in Hinsicht auf den kompilatorischen Charakter gerade des Siebziger Kriegsbuchs. Die beiden früheren, vor allem das Sechsundsechziger

Kriegsbuch, sind lebendiger und selbständiger. Doch hat sich Fontane immer wieder zu dem Problem ihrer Gestaltung geäußert, so wenn er sagt, daß die Darstellung des Kriegshistorischen zu sehr wesentlichen Teilen »Sache literarischer und nicht bloß militärischer Kritik« sei.

Die drei eigentlichen Kriegsbücher haben bei den Zeitgenossen wenig Widerhall und in der Forschung wenig Beachtung gefunden. Nur *Fricke* hat sich gründlicher mit der Entstehung des »Deutschen Kriegs von 1866« beschäftigt und ist zu einigen wichtigen Einsichten in die Methodik von Fontanes Kriegshistorik gelangt; er spricht von »schweren methodologischen Diskrepanzen«. Die gründlichste Behandlung, unter vielseitigen Aspekten, vor allem auch als Stoffreservoir für das spätere Romanwerk, finden wir bei *Reuter*. Die Verflechtung mit dem Romanwerk berücksichtigt auch die Auswahl in NyA Bd 19.

Die bisher schwer zugänglichen Bände liegen jetzt in photomechanischem Nachdruck mit Register in NyA vor. Die Ullstein-Bibliothek brachte den 64er und 66er Krieg und der Manesse Verlag, Zürich, den »Krieg gegen Frankreich 1870–71« wieder heraus.

»Aus den Tagen der Okkupation« hat einen völlig anderen Charakter; es ist ein französisches ›Wanderbuch‹, allerdings in enger Verbindung mit der kriegshistorischen Situation und daher auch mit dem Siebziger Kriegsbuch. »Kriegsgefangen« geht bereits zur Autobiographik über. Die Wirkung dieser beiden Werke war daher auch größer und nachhaltiger.

*Literatur:*

*Fricke*, Hermann: Th. Fs »Der deutsche Krieg 1866« u. seine militärgeschichtlichen Helfer. Mit unbekannten Briefen von u. an Th. F. In: Jb. f. d. Geschichte Mittel- u. Ostdtschls. 15, 1967, S. 203–224.

*Zopf*, Hans: Th. F. als Militärschriftsteller. In: Zs. f. Heereskunde 34, 1970, Nr. 227, S. 2–9. [Wissenschaftlich unergiebig].

*Jäckel*, Günter: F. u. der Deutsch-Französische Krieg 1870/71. In: FBl. 2, 1970, H. 2, S. 93–115. Vorabdruck der Einl. aus: Th. F. »Wanderungen durch Frankreich. Erlebtes 1870–71.« Berlin 1970. ²1971.

Th. F.: Reisebriefe vom Kriegsschauplatz Böhmen 1866. Hrsg. v. *Christian Andree*. 1973. [Wiederabdruck in: NyA Bd 24, S. 1071–1125.]

*Demetz*, Peter: Das Kriegsbuch eines Romantikers. Th. F. als Chronist der Feldzüge von 1866. F. A. Z. v. 2. 8. 1980.

*Sagave*, Pierre-Paul: Ein Berliner Kriegskorrespondent in Frankreich. Fontane 1870–71. In: Berlin und Frankreich 1685–1871. 1980, S. 219–241.

*Michel*, Erich: Th. F. 1866 in Böhmen und Mähren. In: Sudetenland, 1982, H. 4, S. 267–274.

*George*, E[dward] F[rank]: Fs Kriegsgefangen. Eine Interpretation. In: St. Neoph. 55, 1983, S. 181–186.

*Osborne*, John: Meyer or F.? German literature after the Franco-Prussian war. 1983. [Behandelt unter anderem Fs »Der Krieg gegen Frankreich«.]

*Osborne*, John: Th. F. und die Mobilmachung der Kultur: Der Krieg gegen Frankreich 1870–1871. In: FBl. 5, 1984, H. 5, S. 421–435.

*Craig*, Gordon A.: F. als Historiker. Vorwort zur Neuausgabe von »Der Krieg gegen Frankreich 1870–1871«. Bd. 1. Zürich 1985, S. XIII–XXXII.

*Grawe*, Christian: Von Krieg und Kriegsgeschrei: Fs Kriegsdarstellungen im Kontext. In: Th. F. im lit. Leben s. Zeit, 1987, S. 67–106.

*Bänsch*, Dieter: Preußens oder Dreysens Gloria. Zu Fs Kriegsbüchern. In: TuK Sonderbd Th. F. 1989, S. 30–54.

*Hettche*, Walter. Th. F.: ›Die 10 Husaren‹. Eine bisher unbekannte Rezension. In: FBl. 1989, H. 47, S. 49–52.

*Aust*, Hugo: Das ›wir‹ und das ›töten‹. Anmerkungen zur sprachlichen Gestaltung des Krieges in Th. Fs Kriegsbüchern. In: WW 41, 1991, S. 199–211.

*Lohmeier*, Dieter: Kampen om Slesvig mellem 1848 og 1864 set med slesvigholstenske prøjisike øjne: Theodor Storm og Th. F. In: Tysk Et Sprog. Hrsg. v. Sven-Aage Jørgensen. 1991, S. 124–141. [Teko Sonderreihe 27.]

## 4. Kritik (Theater, Literatur, Kunst)

Ein großes Gebiet der feuilletonistisch-essayistischen Tätigkeit Fontanes nimmt seine Theater-, Literatur- und Kunstkritik ein. Erst in den letzten Jahrzehnten hat die Forschung in reger editorischer Arbeit die unglaublich große Menge von Kritiken seit den frühesten Jahren seiner journalistischen Wirksamkeit bis zu seinem Tode zusammengetragen. Sie liegen jetzt ziemlich vollständig in sorgfältiger Kommentierung vor.

Die Theaterkritiken umfassen allein drei Bände der NyA (Bd 22, 1–3); die Kunstkritik zwei Bände (Bd 23, 1–2); die Literaturkritik (NyA Bd 21/1 u. 2) ist auch in Einzelausgaben vorgelegt worden *(Reuter, Weber)*. Auswahl: HA.

Fontanes Bedeutung als *Theaterkritiker* hat man verhältnismäßig früh erkannt. 1905 veröffentlichte *Paul Schlenther* eine erste Auswahl: »Causerien über Theater«. (Eine vermehrte Auswahl »Plaudereien über Theater. 20 Jahre Königliches Schauspielhaus«, hrsg. von den Söhnen *Theodor* und *Friedrich Fontane*, erschien 1925). So hat sich die Forschung schon bald mit diesem Aspekt von Fontanes Werk beschäftigt, und die Arbeiten von *Trebein* und *Knudsen* sind noch heute von Wert. Doch ist gerade die Neuerschließung der Theaterkritiken so umfangreich, daß eine Neueinschätzung erforderlich ist. Bei der Fülle des Materials, das die Ungleichheit und oft Seichtheit der dramatischen Produktion jener zwei Jahrzehnte widerspiegelt, treten gewisse soziologische Aspekte, auf die schon Trebein hingewiesen hat, stärker zutage und erfordern eine eingehendere Untersuchung.

Mit dem wachsenden Interesse am epischen Schaffen Fontanes begann die Forschung sich auch des Dichters eigenen Aussagen über das Geheimnis der künstlerischen Gestaltung zuzuwenden und darüber hinaus seiner *Literaturkritik*. Wertvoll sind die bereits erwähnten Textsammlungen *(Reuter, Weber)*, die sehr gründlich kommentiert sind. Die Zusammenstellungen beschränken sich nicht nur auf eigenständige Literaturkritiken, sondern schließen Literaturbetrachtungen aus Fontanes Briefen sowie aus anderen feuilletonistischen Arbeiten (»Wanderungen« u. a.) mit ein. Der zweite Band von Webers Ausgabe bringt in einem Abschnitt literaturkritische »Spiegelungen« im Romanwerk. Auch hier wird also die Verwobenheit des gesamten Fontaneschen Werkes sichtbar. Reuters und Webers Einleitungen enthalten wertvolle Einsichten in das Wesen von Fontanes Literaturkritik. Daneben gibt es zahlreiche Spezialarbeiten, die sich mit Fontanes Literaturkritik beschäftigen, seine ästhetischen Anschauungen *(Greter)* untersuchen sowie seine Auseinandersetzung mit bestimmten literarischen Strömungen, vor allem dem Naturalismus *(Bachmann)*, behandeln.

Ganz in den Anfängen steckt noch die Betrachtung von Fontanes *Kunstkritik*, da das meiste Material noch nicht lange zur Verfügung steht. Die von Fontane selber gesammelten und veröffentlichten Kunstkritiken aus England (Manchester-Ausstellung) sind lange flüchtig und negativ abgetan worden. Am gründlichsten hat sich zuerst *Reuter* mit ihnen auseinandergesetzt und Spiegelungen im Romanwerk aufgezeigt. 1972 hat dann *Jolles* auf ihre Bedeutung hingewiesen (»Fs Studien über England«). Nun aber besitzen wir eine aufschlußreiche Behandlung in P.-K. *Schusters* Effi Briest-Interpretation »Ein Leben nach christlichen Bildern« (1978), die von der Kunstgeschichte her begründet wird: »um Fontanes Romankunst in ihren gesellschaftskritischen Intentionen zu erkennen, bedarf es durchaus der Kenntnis der Denkmuster und Klischees der Zeit, die sich nicht nur, aber doch mit hervorragender Klarheit im Bereich der bildenden Kunst darstellen« (S. 182). Abschließend stellt *Schuster* fest, daß in all den zahlreichen Äußerungen, die sich in »Effi Briest« und den anderen Romanen Fontanes sowie in seinen Reisebüchern und »Wanderungen« finden, Fontane »als eine noch kaum hinreichend erkannte Quelle für die bildende Kunst und das Kunsturteil des 19. Jahrhunderts gelten« dürfe (S. 184). – Einige Arbeiten von Sonja *Wüsten* tragen schließlich zur Kenntnis und Beurteilung von Fontanes Kunstkritik bei.

*Literatur:*

*Aschaffenburg*, Hans: Der Kritiker Th. F. Ein Beitrag zur Frage des kritischen Wesens u. Wirkens. 1930.

*Theaterkritik:*

*Trebein*, Bertha E.: Th. F. as a critic of the drama. 1916; Neudruck: New York 1966.
*Knudsen*, Rüdiger R.: Der Theaterkritiker F. 1942.
*Knudsen*, Rüdiger R.: Profil eines Kritikers. In: Berliner Hefte 2, 1947, S. 597–603.
*Körner*, Marie Theresia: Zwei Formen des Wertens. Die Theaterkritiken Th. Fs u. Alfred Kerrs. Diss. Bonn 1952.
*Hering*, Gerhard F.: Der Kritiker Th. F. In: Der Ruf zur Leidenschaft. Improvisationen über das Theater. 1959, S. 281–292.
*Lincke*, Werner: Th. F. als Theaterkritiker. In: FBl. 1, 1967, H. 5, S. 204–215.
*Michelsen*, Peter: Th. F. als Kritiker englischer Shakespeare-Aufführungen. In: Dt. Shakespeare-Ges. West, Jb. 1967, S. 96–122.
*Leppla*, Rupprecht: Th. Fs Besprechungen der Theaterstücke Gustav Freytags. In: Freytag Bl. 20, 1976, S. 50–59.
*Schultze*, Christa: Th. F. als Kritiker der ersten deutschen Aufführung von L. N. Tolstojs »Macht der Finsternis« (1890). In: Zs. f. Slawistik 23, 1978, S. 54–62.
*Friedrich*, Gerhard: Th. Fs Kritik an Paul Heyse u. seinen Dramen. In: F. aus heutiger Sicht, 1980, S. 81–117.
*Berbig*, Roland G.: Zwischen Bühnenwirksamkeit und Wahrheitsdarstellung. Aspekte zu zwei Theaterkritikern Berlins nach 1871 – Paul Lindau und Th. F. In: FBl. 5, 1984, H. 6, S. 570–580.
*Grevel*, Lilo: F. und die Theaterkritik. In: FBl. 6, 1985, H. 2, S. 175–199: (Auszug aus Artikel »F. e la critica teatrale« (Pisa, Nistri Lischi 1984).
*Osborne*, John: Die Konvergenz von bildender Kunst und Theaterkunst im 19. Jahrhundert: F. als Vermittler. In: Th. F. im lit. Leben s. Zeit, 1987, S. 149–165.
*Thunecke*, Jörg: ›Das Geistreiche geht mir am leichtesten aus der Feder‹. Fs Theaterkritiken (1870–1889) im Kontext zeitgenössischer Rezensionen von Friedrich Adami u. Karl Frenzel. In: Th. F. im lit. Leben s. Zeit, 1987, S. 303–336.
*Kerekes*, Gábor: Der Weg durch die Wüste – Th. Fs Dramentheorie. In: Acta Litt. ASH 31, 1989 [1990)], S. 223–244.
s. auch: *Kiaulehn*, Walter: Das Theater der Kritiker 1958, S. 410–430.

*Literaturkritik und Romantheorie:*

*Klette*, E.: Th. F. als Kritiker deutscher erzählender Werke des 18. u. 19. Jhs. Diss. Greifswald 1923.
*Fricke*, Hermann: Fs Bild berlinisch-brandenburg. Dichtung. In: Jb. f. Br. Lg. 2, 1950, S. 4–17.

*Schmeisser*, I.: Th. Fs Auffassung von Kunst und Künstlertum unter besonderer Berücksichtigung der Dichtung. Diss. Tübingen 1955.

*Biener*, J.: F. als Literaturkritiker. 1956.

*Reuter*, Hans-Heinrich: Entwicklung u. Grundzüge der Literaturkritik
Th. Fs. In: WB 5, 1959, S. 183–223. (Vorabdruck der Einleitung zu. »Th. F.,
Schriften zur Literatur«, 1960, S. V–LXX.) Auch in: *Preisendanz*. 1973,
S. 111–168.

*Reuter*, Hans-Heinrich (Hrsg.): Th. F., Aufzeichnungen zur Literatur. Ungedrucktes u. Unbekanntes, 1969.

*Jørgensen*, Sven-Aage: Der Literaturkritiker Th. F. In: Neophilologus 48,
1964, S. 220–230.

*Weber*, Werner (Hrsg.): Th. F. Schriften u. Glossen zur europäischen Literatur Bd. 1: Außerdeutsches Sprachgebiet, Schauspielerporträts; Bd 2:
Berlin, Mark Brandenburg, Klassik und Romantik, Zeitgenossen.
1965–1967.

*Turner*, David: Marginalien u. Hss. zum Thema: F. u. Spielhagens Theorie der
»Objektivität«. In: FBl. 1, 1968, H. 6, S. 265–281.

*Mittenzwei*, Ingrid: Theorie u. Roman bei Th. F. In: Dt. Romantheorien,
hrsg. v. Reinhold Grimm, 1968, S. 233–250.

*Th. F.*: Drei literaturtheoretische Entwürfe. Hrsg. u. erl. v. Joachim *Krueger*.
In: FBl. 2, 1972, H. 6, S. 377–393.

*Greter*, Heinz: Fs Poetik. 1973.

*Lindemann*, Klaus: Realismus als ästhetisierte Wirklichkeit. Fs frühes Rea-
lismusprogramm in seiner Schrift »Unsere lyrische und epische Poesie seit
1848«. In: Aurora 36, 1976, S. 151–164.

*Berman*, Russell Alexander: The development of literary criticism in Germany: 1871–1914. Diss. Washington Univ. 1979. (Ann Arbor; London:
Univ. Microfilms, 1979). Darin: Ch. 3: The structure of F's criticism,
S. 93–130; Ch. 4: The reception of F's criticism, S. 131–163. Ch. 5: Exam-
ples of F's criticism, S. 164–193.

*Keiler*, Otfried: Zu Stellung u. Reichweite des Realismus-Gedankens in den
theoretischen Schriften Th. Fs. Arbeitsthesen. In: FBl. 4, 1980, H. 7,
S. 585–615.

*Berman*, Russell A.: Between F. and Tucholsky: literary criticism and the public sphere in Imperial Germany. 1983.

*Jung*, Wolfgang: Das ›Menschliche‹ im ›Alltäglichen‹: Th. Fs Literaturtheo-
rie in ihrer Beziehung zur klassischen. Ästhetik u. seine Rezeption der
Dichtung *Goethes* u. *Schillers*, 1985.

*Masanetz*, Michael: Genese u. Struktur der Poetik Th. Fs. Diss. Lpz. 1988.

*F. und der Naturalismus:*

*Geffcken*, Hanna: Ästhetische Probleme bei Th. F. u. im Naturalismus. In:
GRM 8, 1920, S. 345–353.

*Aegerter*, E.: F. u. der französische Naturalismus. 1922.

*Bange*, Pierre: F. et le naturalisme. Une critique inédite des Rougon-Mac-
quart. In: EG 19, 1964, S. 142–164.

*Bachmann*, Rainer: Th. F. u. die deutschen Naturalisten. Vergleichende Studien zur Zeit- u. Kunstkritik. Diss. Druck München 1968.

*Mahal*, Günther: »Echter« und »konsequenter« Realismus. F. u. der Naturalismus. In: Prismata. Dank an Bernhard Hanssler. 1974, S. 194–204.

*Kunstkritik:*

*Fricke*, Hermann: Th. F. als Kunstbetrachter. In: Zs. d. Vereins f. d. Gesch. Berlins 59, 1942, S. 82–89.

*Vogt*, Wilhelm: Th. F. u. die bildende Kunst. In: Sammlung 4, 1949, S. 154–163; 5, 1950, S. 275–284.

*Haufe*, Heinz: Fs »Blechen«-Bild. Skizzen zu einer Biographie des großen Landschaftsmalers. In: FBl. 1, 1967, H. 5, S. 192–203.

*Wüsten*, Sonja: Th. Fs Gedanken zur historischen Architektur und bildenden Kunst und sein Verhältnis zu Franz Kugler. In: FBl. 3, 1975, H. 5, S. 323–352.

*Wüsten*, Sonja: Th. Fs Verhältnis zu den historischen Denkmälern. Diss. Halle 1975 Masch.

*Fricke*, Hermann: Nicht auf Kosten des Lebens: Th. F. als passionierter Kunstschriftsteller. In: Der Bär von Berlin 25, 1976, S. 53–70.

*Wüsten*, Sonja: Zu kunstkritischen Schriften Fs. In: FBl. 4, 1978, H. 3, S. 174–200.

*Bittrich*, Burkhard: Th. F. u. die bildende Kunst der Kaiserzeit. In: Ideengeschichte u. Kunstwissenschaft, Philosophie u. bildende Kunst im Kaiserreich. Hrsg. von Ekkehard Mai u. a. 1983, S. 171–179.

*Riechel*, Donald C: Th. F. and the fine arts: a survey and evaluation. In: GSR 7, 1984, S. 39–64.

Immer wieder glaubt man bei den märkischen und historischen Arbeiten sowie den Kriegsbüchern feststellen zu müssen, daß Fontanes historiographische Versuche nicht als »Geschichtsschreibung im strengsten Sinne« gewertet werden können *(Ribbe)*, obwohl Fontane selber ausdrücklich darauf hingewiesen hat, daß er seine Arbeiten nicht als solche gewertet wissen wollte. Ebenso gehen Untersuchungen, die mit einem rein akademisch fachwissenschaftlichen Maßstab an Fontanes kritische Arbeiten herantreten und eine zusammenhängende Systematik vermissen, am Wesen seiner Kritiken vorbei.

Es scheint daher geboten, diejenigen Kriterien zu finden, die zu einer gerechteren Bewertung des journalistischen Werks führen, indem man nicht an erster Stelle vom Stofflichen, sondern von der Form, vom Genre ausgeht. Alle diese Arbeiten haben feuilletonistischen oder essayistischen Charakter. Einige sind ephemerer Natur, andere sind Glanzstücke.

In der deutschen Literaturwissenschaft steht die Feuilleton- und

Essayforschung noch in den Anfängen, und es mag damit zusammenhängen, daß es noch keine gründliche Spezialuntersuchung über Fontane als Feuilletonisten oder Essayisten gibt, obwohl *Rohner* in seinem Buch über den deutschen Essay feststellt, daß Fontane neben Heine wohl Deutschlands bedeutendster Feuilletonist sei. Bei Rohner sind wertvolle Ansätze zu einer solchen Untersuchung des Feuilletonisten und Essayisten Fontane zu finden, da er häufig auf ihn zurückgreift. Auch seine Beobachtungen zu der sehr problematischen Unterscheidung von Feuilleton und Essay, der Verflechtung von Essay und Kritik und den soziologischen Bedingungen des Essayisten oder Feuilletonisten geben wertvolle Anhaltspunkte. Der Hinweis auf den Anteil des Essayistischen im modernen Roman ist auch für das Romanwerk Fontanes nicht ohne Relevanz. Es gibt auf diesem Gebiet noch viel zu tun.

Einige wesentliche Punkte hat *Charlotte Jolles* (1975) herausgearbeitet.

Eine Sonderstellung nehmen Fontanes Texte zu W. Camphausens »Vaterländische Reiterbilder«, 1880, ein, ebenso wie andere historisch-märkische Essays. (Jetzt wieder abgedr. in NyA Bd 19 (1969) u. in Bd. 6 der »*Wanderungen*« in der Aufbau-Ausg. (1991)).

*Literatur:*

*F. als Historiker:*

*Reich*, Ernst-Lothar: Th. F. als Historiker. (Biographische Grundlagen, Weltanschauung u. Geschichtsauffassung.) Diss. Innsbruck 1948.
*Fricke*, Hermann: Fs Historik. In: Jb. f. Br. Lg. 6, 1954, S. 13–22.
*Ribbe*, Wolfgang: Zeitverständnis u. Geschichtsschreibung bei Th. F. In: ebda 20, 1969, S. 58–70.
*Zande*, Johan van der: Th. F. and the study of history. In: Clio 16, 1986/87, S. 221–333.
*Gebauer*, Fritz: Eine unbekannte Quelle. Die »vaterländischen Reiterbilder« und die Bismarck-Biographie Fs. In: FBl. 1991, H. 51, S. 77–95.

*F. als Feuilletonist:*

*Haacke*, Wilmont: Th. F. In: Handbuch der Zeitungswissenschaft. Leipzig 1940/41, Bd 1, Sp. 1052–1057.
*Haacke*, Wilmont: Die persönliche Note. F. als Feuilletonist. In: Dank u. Erkenntnis. Paul Fechter zum 75. Geb., 1955, S. 60–67.
*Kieslich*, Günther: Journalistisches u. Literarisches bei Th. F. In: Publizistik 5, 1960, S. 452–462.
s. auch: *Haacke*, Wilmont: Handbuch des Feuilletons Bd. 1–3, 1951–1953 (vor allem Bd 1 u. 2).
*Berger*, Bruno: Der Essay, 1964.

*Rohner*, Ludwig: Der deutsche Essay, 1966.
*Haas*, Gerhard: Essay, 1970. (Slg Metzler 83).
*Jolles*, Charlotte: Th. F. als Essayist u. Journalist. JIG VII, 1975, H. 2, S. 98–119.
*Bender*, Hans: Über Th. F. In: Journalisten über Journalisten, hrsg. v. Hans Jürgen Schultz, 1982, S. 75–86.

## c) *Romane und Novellen*

Die Romane und Novellen werden hier in chronologischer Ordnung behandelt, d. h. nach dem Erscheinungsdatum des Vorabdrucks in Zeitungen und Zeitschriften. Fontane arbeitete oft an mehreren Werken zu gleicher Zeit, ließ dann aber den einen oder anderen Entwurf kürzere oder längere Zeit wieder liegen. In den Tagebuchaufzeichnungen und in Briefen spricht er oft von Novellen, auch wenn das Werk dann als Roman erschien. Er hat es mit der Definition wohl nicht genau genommen. Da die Verleger die Buchausgabe oft vorausdatierten, werden Auslieferungsdatum und Impressum angeführt.

»*Vor dem Sturm*. Roman aus dem Winter 1812 auf 13.«

Entstehung: Erste Niederschriften Winter 1863/64. Abschluß April 1878. Hs.: Märkisches Museum, Berlin.
Vorabdruck: »Daheim«. Jg 14, Jan.–Sept. 1878, Nr. 14–51. Titel: »Vor dem Sturm. Historischer Roman.« Stark gekürzt, 65 fortlaufende Kapitel.
Erste Buchausgabe: Ende Okt./Anfang Nov. 1878 bei Wilhelm Hertz (Bessersche Buchhandlung), Berlin. Insgesamt 82 Kapitel, in 4 Bde aufgeteilt (gebunden in 2 Bdn).

Die Entstehung dieses Romans erstreckte sich über eine sehr lange Zeit. Die Anfänge sind schwer zu bestimmen. Nach zwei brieflichen Äußerungen des Dichters (an W. Hertz vom 11. Aug. 1866 und an Emilie F. vom 22. Aug. 1874) könnte die Konzeption schon in die fünfziger Jahre fallen (1854/56); diese Vermutung wird unterstützt durch den brieflich belegten Plan einer thematisch verwandten Arbeit über Schill (Brief an Theodor Storm vom 12. Sept. 1854). Doch erst die Arbeit an den »Wanderungen«-Kapiteln »Gusow« und »Schloß Friedersdorf« (dem Besitz der Familie von der Marwitz) während der Monate Juni bis Dez. 1860 läßt vermuten, daß der Roman damals festere Umrisse bekam. Der erste deutliche Hinweis »Vorarbeiten zum Roman« befand sich in dem heute verschollenen Tagebuch unter dem 25. Jan. 1862. Die ersten Niederschriften fielen nach einer späteren Aussage Fontanes in den Winter 1863/64 (Brief vom 11. Febr. 1896 an Ernst Gründler).

Am 4. Nov. 1865 wurde ein Vertrag mit Hertz über den Druck des Romans (»Lewin von Vitzewitz«) geschlossen. Die Kriege von 1864, 1866 und 1870/71 und das Unternehmen der Kriegsbücher unterbrachen zwar die Arbeit an dem Roman immer wieder, doch beweisen Tagebucheintragungen und Briefwechsel, daß seine Beschäftigung mit »Vor dem Sturm« nie ganz abriß.

Über die verschiedenen Arbeitsperioden berichtet Aufbau-Ausg. Bd. 1, 349 ff.

Die intensive Arbeit an dem Roman begann im Spätherbst 1876; im Sept. 1877 gingen die ersten drei Bände an die »Daheim«-Redaktion ab. Der Schlußband entstand zwischen Okt. 1877 und April 1878. Die vom Dichter überwachte Buchausgabe ist textkritisch als maßgebend anzusehen.

Auf diesem Text fußt die Aufbau-Ausgabe. Einige Varianten von Vorabdruck und Erstausgabe sind in der HA (2. Aufl.) verzeichnet.

Die handschriftlich vorhandenen Kapitel der vier Bände zeigen oft mehrere Fassungen und stellen verschiedene Entwicklungsstufen dar. Weitere Aufschlüsse über die Entwicklung des Textes geben zahlreiche Skizzen, Vorarbeiten und Notizen auf Rückseiten, eingelegten und eingeklebten Zetteln. Dazu kommen weitere Entwürfe und Manuskripte auf Rückseiten anderer Handschriften sowie die Notizbücher. (Dieses Material liegt verstreut in verschiedenen Archiven).

Eine Stichwortsammlung aus Notizbüchern (FAP) ist abgedruckt in Aufbau-Ausg. Bd 1, S. 339 f.; eine Stoff- und Handlungsskizze aus dem Notizbuch A 12 (FAP) ebda auf S. 341 ff. *Hans-Friedrich Rosenfeld* sowie *W. E. Rost* haben in ihren Arbeiten das handschriftliche Material benutzt, wovon heute möglicherweise einiges verschollen ist; andererseits ist gerade für diesen Roman noch eine große Fülle von Material vorhanden, das auf wissenschaftliche Auswertung wartet.

Fontanes erster Roman ist ein Markstein in der Entwicklung des Dichters: »Theodor Fontane, der Balladendichter, der Wanderer und Kriegsberichterstatter, hatte im Roman sein eigentliches literarisches Medium gefunden. Der Reifeprozeß von ›Vor dem Sturm‹ war der Werdeprozeß des Erzählers Fontane« (Aufbau-Ausg. Bd 1, S. 325). Der Roman »dokumentiert in seinen vielfältigen Verknüpfungen mit den ›Wanderungen‹ und in seinen ebenso reichhaltigen Ansätzen zur realistischen Epik der achtziger und neunziger Jahre die organische Entwicklung, den durchaus kontinuierlichen Übergang von der Früh- zur Spätphase des Dichters« (ebda, S. 327). Diese organische Entwicklung, die besonders deutlich durch die enge Verflechtung des Romans mit dem Band »Oberland« wird, ist von der frühen Forschung gründlich herausgearbeitet worden (*Rosenfeld, Hahn* u. a.).

Die zeitgenössische Bewertung dieses ersten Romans behandelt G. *Herding* nur sehr kurz und stellt Gleichgültigkeit bei Kritik und Publikum fest. Ausführlicher ist die erste Wirkung in Aufbau-Ausg. Bd 1 dargestellt (jetzt auch von *Betz*), sowie Fontanes Stellungnahme zur Kritik. Fontanes Äußerungen erweisen sich dabei für das Verständnis des Romans sowie das Wesen seiner Romankunst im allgemeinen bedeutsamer als die Kritiken. Grundlegend bleibt seine Verteidigung des »Vielheitsromans« gegenüber dem »Einheitsroman« (mit *einem* Helden) in seinem Brief vom 9. Dez. 1878 an Paul Heyse, der die Komposition des Romans beanstandet hatte.

Die frühe Forschung hat sich vor allem mit der Entstehung des Romans, dem Zusammenhang mit den »Wanderungen«, den historischen und literarischen Vorbildern (Scott, Alexis) und den Quellen beschäftigt (*Rosenfeld, Rost, Hahn, Sieper*). Eine sehr viel spätere Arbeit über Fontanes historische Romane (*Adelheid Bosshart*) unternimmt eine einfühlende Analyse des Romans, ohne »einen Versuch der Zuordnung zum Formenkomplex des historischen Erzählens im Realismus der zweiten Jahrhunderthälfte zu wagen« (*Martini*, Forschungsbericht).

Man hat diesem ersten Romanwerk lange wenig Beachtung geschenkt, und es wurde wenig günstig beurteilt. Vor allem wurde die Kompositionslosigkeit beanstandet, die *Wandrey* aus der nahen Beziehung zum Stilprinzip der »Wanderungen« erklärt, während *Lukács* (in seinem Werk über den historischen Roman und in »Der alte Fontane«) die Ursache der losen Komposition darin sieht, daß Fontane von einer falschen geschichtlichen Grundlage ausgehe, indem er die Vorbereitungsperiode der Befreiungskriege um die »exzentrisch-eigenwillige Figur des junkerlichen Reaktionärs Marwitz« gruppiere und nicht um »das wesentlichste Moment dieser Zeit, die Richtung Scharnhorst-Gneisenau«; dadurch schaffe er ein »atmosphäreloses Bild, in welchem die wichtigsten Einzelschicksale nur lose und oft zufällig mit jenem historischen Hintergrund zusammenhängen, den sie eigentlich verlebendigen sollten« (*Lukács* »Deutsche Realisten«, S. 296). Diese Kritik betrifft also sowohl die Komposition wie den weltanschaulich-politischen Gehalt des Romans; beide Komponenten bleiben im Brennpunkt der grundsätzlichen kritischen Auseinandersetzung mit dem Werk.

Die Identifizierung Berndt von Vitzewitz' mit dem historischen Vorbild des Friedrich August Ludwig von der Marwitz, die zu einer einseitigen Auslegung des weltanschaulichen Gehalts des Romans verführte, ergab sich aus der intensiven Beschäftigung der frühen Forschung mit den Quellen, obwohl bereits *Rosenfeld* auf die Entfernung von dem geschichtlichen Urbild hingewiesen hat. Ebenso weist *Kuhlmann* auf die »Umbiegung ins Fontanesche«, ins Rein-Menschliche hin, die allerdings nicht ohne Brüche im Charakter Berndts abgegangen seien. *Erich Behrend* (in seiner »Stechlin«-Arbeit, 1929) sieht auch in »Vor dem Sturm« den eigenen »Kampf um die Lebensform« am Beispiel des märkischen Junkers symbolhaft gestaltet; die Frage nach der Wirklichkeitsnähe des Fontaneschen Bildes vom märkischen Junker ist für ihn eine Frage zweiten Ranges. *Hans-Gerhard Wegner* betont, daß Fontane »nicht gebunden durch die Zufälligkeit historischer Individualitäten« in diesem Roman sowie in den späteren Werken ›seinen‹ Typus des Junkers gestaltet habe, und betont Fontanes dialektische Auffassung des preußischen Adels. *Reuter* schließlich stellt die Umwandlung des Urbilds, die auf eine so umfassende Revision hinauslaufe, daß die Dichtung von 1878 im Grunde genommen zu einer Zurücknahme des Marwitz-Aufsatzes von 1861 führe, in den Zusammenhang mit Fontanes eigener weltanschaulich-politischer Gesamtentwicklung während der langjährigen Arbeit an dem Roman (Reuter, S. 582 f.). Die Erschließung der so zahlreichen Notizen und Vorarbeiten zu diesem Roman könnte diese These möglicherweise noch erhellen.

Erst *Peter Demetz* (1964) ist aufgrund moderner literaturwissenschaftlicher Methoden zu einem tieferen Verständnis und einer neuen Wertung des Romans gelangt. Die früheren Untersuchungen, die sich auf Einzelvergleiche, Abhängigkeiten oder Einflüsse beschränkten, sind überholt durch Demetz' umfassende Zuordnung von »Vor dem Sturm« zum europäischen historischen Roman. Mit dieser Zuordnung ist »ein Horizont angedeutet, innerhalb dessen Fontanes ›Vor dem Sturm‹ kritische Gerechtigkeit widerfahren darf«. Erst nach Vergegenwärtigung, wie Fontane an der Entfaltung der kosmopolitischen Form teilnimmt, fragt Demetz nach Konstruktion, Botschaft und nach dem artistischen Rang von Fontanes Werk und kommt im Gegensatz zur bisherigen Forschung zu einer durchaus positiven Einschätzung. Wichtig sind seine Beobachtungen zur Struktur, die notwendigerweise auf Fontanes eigene Schlüsselworte »Lebenskreise«, »Vielheitsroman«, zurückgehen und in moderner Terminologie als »Pluralität der Lebenskreise« bezeichnet werden. Nach einem Hinweis auf die Strukturelemente des Gesellschaftsromans in »Vor dem Sturm« gelangt Demetz zu der wichtigen Feststellung, daß »Vor dem Sturm« (wie auch Tolstois »Krieg und Frieden«, 1864/69) bereits zum Gesellschaftsroman tendiere (von der Fontane-Forschung wurde im allgemeinen diese Tendenz erst für »Schach von Wuthenow« zugestanden). Es sei daher falsch, »dieses Werk dogmatisch einen historischen Roman nennen zu wollen, ohne sogleich hinzuzufügen, wie ungeduldig er zu den Erzählformen des Romans der guten Gesellschaft hindrängt«. Auch der weltanschauliche Gehalt wird sehr wesentlich aus der Struktur erschlossen: »Offenbar steht der Erzähler dem einen Kreis näher, dem andern ferner; man könnte die Nuancen politischer und moralischer Urteile aus der wechselnden Tonart des Erzählers selbst herleiten.« Eine gründliche Untersuchung der Erzählhaltung in diesem Werk, die manches zur Erhellung beitragen würde, steht noch aus. Ein entscheidendes Problem der Fontane-Forschung wird berührt, wenn Demetz andererseits feststellt, daß es irreführend sei zu glauben, daß im Hin und Her der Meinungen Fontanes Neigung ganz dem einen oder anderen Dialogpartner gehöre: »Ohne sich einem seiner Charaktere ganz verschreiben zu können, schwebt Fontane, im Sinne Flauberts, als dramatischer Gott über dem Streitgespräche, das Mensch und Gesellschaft in der bewegten Substanz erfaßt.« Gegenüber der älteren Forschung, die die preußisch-patriotische Welthaltung in diesem Roman betonte, erarbeitet Demetz aus der Dialektik des Romans (bezeichnend die Titel der betreffenden Kapitel: »Berndt von Vitzewitz: Völkerhaß und Humanität«; Othegraven: Heldentum und Liberalität«) den weltanschaulichen Gehalt und stellt die Liberalität dieses »von skeptischem Geiste befeuerten Geschichtsromans« fest.

Demetz' komprimierter Behandlung von Form und Gehalt folgte bald *Walter Wagners* detaillierte Herausarbeitung eines wesentlichen Gestaltungsmittels dieses Romans, die bisher einzig gründliche formanalytische Untersuchung von »Vor dem Sturm«, die auf erzähltechnischen Kategorien basiert, die den Forschungen Eberhard Lämmerts entstammen (»Bauformen des Erzählens«). Sie konzentriert sich dabei vor allem auf eine Erzählkategorie, nämlich die ›Bauform‹ verschiedener Arten der Vorausdeutung. Nach einer Darstellung der Erzählphasen und Handlungsstränge kommt auch Wagner anfangs zur Bestätigung der lockeren Struktur des Werkes, der additiven Fügung des Erzählten, die den Eindruck einer ungeordneten Fülle entstehen lasse, revidiert aber dann diese Ergebnisse der bisherigen Forschung, indem er in der Bauform der Vorausdeutung das Mittel erkennt, womit es dem Erzähler Fontane gelingt, »die Masse des erzählten Stoffes zu formen und in den Zusammenhang der Dichtung einzugliedern« (S. 31); Wagner meint, daß dieser erste Roman zwar nicht bis ins letzte durchgebildet, aber auch keinesfalls das zufällige Produkt willkürlichen Erzählens sei: »Er ist als ›Vielheitsroman‹ ungewöhnlich locker gebaut, besitzt trotzdem aber genug Formkraft, die den Zusammenhalt des epischen Werkes garantiert« (S. 135).

Behandelt Wagner das Gestaltungsmittel der Vorausdeutung, mit dem Fontane »gleichsam noch tastend die Möglichkeiten seiner erzählerischen Kunst« erprobt und das auch für seine späteren Romane von Bedeutung wurde, so geht *Hubert Ohl* über eine bloße Untersuchung der Erzählstruktur hinaus, indem er den ›»Überbau‹ ihrer sinnlich geistigen Bildersprache« zu erkennen versucht. Durch eine Synopsis von Erzählstruktur und Symbolik kommt Ohl gerade für »Vor dem Sturm« und den »Stechlin« zum Ergebnis, daß Fontane in diesen beiden Romanen, im Gegensatz zu den Romanen der achtziger und frühen neunziger Jahre, eine Symbolik gelungen sei, die »das jeweilige Geschehen transzendiert, jedenfalls aber innerhalb der Romanwelt Bezüge eröffnet, die das individuelle Geschick der Romanpersonen auf ein Allgemeines hin übersteigt« (S. 222). Es handelt sich um die Symbolik der Gestalt Marie Kniehases, von der aus er auch zu einer Deutung des weltanschaulichen Gehalts des Romans gelangt: Aussöhnung individueller Schicksale mit dem Allgemeinen einer göttlichen Ordnung.

Ohl ist nicht der erste, der auf die Gemeinsamkeit des ersten und letzten Romans Fontanes hinweist, Kuhlmann vor allem, aber auch andere, haben dies früher schon getan. Wichtig ist, daß Ohl durch seine Untersuchung die frühere Kritik an dem künstlerischen Rang beider Romane revidiert.

Eine weitere strukturanalytische Untersuchung *(Heide Buscher)*, die die Funktion der Nebenfiguren in Fontanes Romanen herausarbeitet, basiert ebenfalls auf »Vor dem Sturm« und »Der Stechlin«, da diese beiden Romane wegen ihres Reichtums an sekundären Figuren die vielfältige Funktion von Nebenfiguren besonders gut aufzeigen und Anfangs- und Endpunkt des Romanschaffens die Gestaltungsprinzipien, die Fontane in diesen zwanzig Jahren entwickelt hat, deutlich erkennen lassen.

*Literatur:*

*Walter*, Fritz: Th. Fs »Vor dem Sturm« u. seine Stellung zur Romantik. Diss. Münster 1924.

*Wirth*, G. A.: Das Urbild zu Fs Hoppemarieken. In: Brandenburgische Zs. f. Heimatkunde u. Heimatpflege, 4, 1926, H. 24, S. 374 ff.

*Behrend*, Fritz: Zu Fs »Kajarnak der Grönländer«. In: Euph. 30, 1929, S. 249–254.

*Faure*, Alexander: Eine Predigt Schleiermachers in Fs »Vor dem Sturm«. In: Zs. f. systemat. Theologie 17, 1940, S. 221–279; 19, 1942, S. 385–413.

*Zerner*, Marianne: Zu Fs »Vor dem Sturm«. In: GQ 13, 1940, S: 201–206.

*Putzenius*, Charlotte: Th. Fs erster Roman »Vor dem Sturm« als Spiegel der Welthaltung des Dichters. Diss. Hamburg 1947.

*Hoffmann*, Paul: Zu Th. Fs »Vor dem Sturm«. In ASNS 185, 1948, S. 107–117.

*Schmidt*, Arno: F. u. der Eskimo. Ein Beitrag zur Technik u. Geschichte der literarischen Restauration. In: Augenblick 1, 1955, H. 2, S. 55–58.

*Wruck*, Peter: Zum Zeitgeschichtsverständnis in Th. Fs Roman »Vor dem Sturm«. In: FBl. 1, 1965, H. 1, S. 1–9.

*Baigue*, H.: Th. F.: »Vor dem Sturm«. Les Sources, les Influences, l'Accueil dans la Presse. Diplome d'études supérieure. Nanterre 1966.

*Wagner*, Walter: Die Technik der Vorausdeutung in Fs »Vor dem Sturm« u. ihre Bedeutung im Zusammenhang des Werkes. 1966.

*Buscher*, Heide: Die Funktion der Nebenfiguren in Fs Romanen unter besonderer Berücksichtigung von »Vor dem Sturm« u. »Der Stechlin«. Diss. Bonn 1969. [s. auch: Heide Streiter-Buscher: Die Konzeption von Nebenfiguren bei F. In: FBl. 2, 1972, H. 6, S. 407–425. = Gekürztes u. revid. Kap. d. Diss.].

*Richert*, Hans-Georg: E.M. Arndt als Quelle in »Vor dem Sturm«. In: Euph. 65, 1971, S. 206–208.

*Biehahn*, Erich: Fs »Vor dem Sturm«. Die Genesis des Romans u. seine Urbilder. In: FBl. 2, 1971, H. 5, S. 339–354. (Zuerst erschienen in »Frankfurter Oderzeitung«, 1938).

s. auch *Kuhlmann*, Carl: Über Ursprung u. Entwicklung des Dubslav-Charakters in Th. Fs Roman »Der Stechlin«. In: ZfdU 32, 1918, H. 6, S. 219–231. (Auch über Berndt von Vitzewitz.)

*Sieper*, Clara: Der historische Roman u. die historische Novelle bei Raabe u. F. 1930. Nachdruck 1977.

*Hahn*, Anselm: Th. Fs »Wanderungen durch die Mark Brandenburg« u. ihre Bedeutung für das Romanwerk des Dichters. 1935.

*Bosshart*, Adelheid: Th. Fs historische Romane. 1957.

*Fricke*, Hermann: Th. Fs »Wanderungen durch die Mark Brandenburg« als Vorstufe seiner epischen Dichtung. In: Jb. f. Br. Lg. 1962, S. 119–135.

*Sommer*, Dietrich: Prädestination u . soziale Determination im Werk Th. Fs. In: Th. Fs Werk in unserer Zeit, 1966, S. 37–51.

*Paterson*, Sandra G.: The Treatment of the Napoleonic Wars in German Historical Fiction. Diss. Vanderbilt Univ. 1971. (DA 32, 1972, S. 4014A) [Untersuchungen z. »Vor dem Sturm« u. »Schach von Wuthenow« u. z. Romanen anderer Autoren.]

*Betz*, Frederick: Th. F's »Vor dem Sturm« in the ›Augsburger Allgemeine Zeitung‹: Karl Gutzkow or Otto Roquette? In: MLN 87, No 5, Oct. 1972, S. 768–776.

*Betz*, Frederick: the Contemporary Critical Reception of Th. F's Novels »Vor dem Sturm« and »Der Stechlin«. Diss. Indiana Univ. 1973. (DA 34/09A, S. 5956 DCJ 74-04660) – JIG B 3, 1976, S. 150–158.

*Eberhardt*, Wolfgang: F. u. Thackeray. 1975. (Behandelt vor allem »Vor dem Sturm«).

*Hajek*, Siegfried: Anekdoten in Th. Fs Roman »Vor dem Sturm«. In: Jb. der Raabe-Ges., 1979, S. 72–93.

*Kniehase*, Hans-Friedrich: Das Urbild des Schulzen Kniehase in Fs »Vor dem Sturm«. In: FBl. 4, 1979, H. 6, S. 493–497.

*Robinson*, A. R.: ›Bei Frau Hulen‹. An examination of chapter 40 in F's novel »Vor dem Sturm«. In: Formen realistischer Erzählkunst, 1979, S. 471–477.

*Fricke*, Hermann: Fs Studien zum Roman »Vor dem Sturm« am Werk des sächsischen Poeten und Persien-Reisenden Paul Fleming (mit 2 Abb.). In: Jb. f. Br. Lg. 31, 1980, S. 141–152.

*Rosen*, Edgar R.: Aus der Werkstatt Th. Fs. Zur Quellenlage u. Entstehung des Kapitels »Durch zwei Tore« in dem Erstlingsroman »Vor dem Sturm«. In: Mitteilungen der Techn. Univ. Carolo-Wilhelmina zu Braunschweig 16, 1981, H. 1.

*Horstmann-Guthrie*, Ulrike: The theme of loyalty in »Henry Esmond« and »Vor dem Sturm«. In: Journal of European Studies 14, 1984, S. 173–186.

*Hettche*, Walter: F. u. Karl Immermann. Zu einem Kapitel aus »Vor dem Sturm«. In: FBl. 6, 1986, H. 4, S. 440–446.

*Remenkova*, Vesselina: Die Darstellung der napoleonischen Kriege in »Krieg und Frieden« von Lew Tolstoj und »Vor dem Sturm« von Th. F. 1987.

*Hettche*, Walter: Berlin, die Mark und die Welt. Zu einigen Orten in »Vor dem Sturm«. In: FBl. 1990, H. 49, S. 24–32.

*Niemirowski*, Wieńczysław A.: Zum Polenthema in Th. Fs »Vor dem Sturm«. In: FBl. 1990, H. 50, S. 96–102.

*Keiler*, Otfried: »Vor dem Sturm«. Das große Gefühl der Befreiung und die kleinen Zwecke der Opposition. In: Interpretationen. Fs Novellen u. Romane, 1991, S. 13–43. [Auch in: FBl. 1991, H. 51, S. 95–115.]

Ferner: *Wandrey*, 1919, S. 104–136; *Hayens*, 1920, S. 9–30; *Martini*, 1962, S. 757–761; *Demetz*, 1964, S. 51–76; *Günther*, 1967, S. 27–32; *Ohl*, 1968, S. 222–232; *Reuter*, 1968, S. 529–601; *Aust*, 1974, S. 25–124; *Müller-Seidel*, 1975, S. 111–132; *Garland*, 1980, S. 5–28; *Voss*, 1985, S. 144–152.

»*Grete Minde*. Nach einer altmärkischen Chronik«
Entstehung: April 1878–Jan. 1879.
Hs.: Verschollen. (Den einzigen, allerdings negativen Hinweis auf das Ms. findet man bei Spiero. S. 306, wonach es sich nie unter den Romanmanuskripten im Märkischen Museum befunden hat.)
Vorabdruck: »Nord und Süd«, Mai/Juni 1879, Heft 26 u. 27.
Erste Buchausgabe: Anfang Nov. 1880. bei Wilhelm Hertz (Bessersche Buchhandlung), Berlin. (1884 aufgenommen in Paul Heyses und Ludwig Laistners »Neuer Deutscher Novellenschatz«, Bd. 5.)

»Grete Minde« entstand in intensiver Arbeit bald nach Fertigstellung von »Vor dem Sturm«. Fricke (Chronik S. 58) registriert Ende April 1878 eine Reise Fontanes nach Tangermünde für Ortsstudien. Im Juli 1878 (Brief an Theo Fontane vom 11. Juli 1878) macht Fontane von Wernigerode aus noch einmal eine kurze Reise dorthin. Gleich nach der Rückkehr aus den Ferien beginnt er mit der Niederschrift (August 1878).

Die in Tangermünde im Juli gemachten Aufzeichnungen im Notizbuch E 5 (mit der Aufschrift »1879«) sind im FAP erhalten; im Notizbuch steht bereits ein Teil eines ersten Entwurfs, abgedr. Aufbau-Ausg. Bd 3, S. 517f., wo S. 518ff weitere auf Rückseiten anderer Manuskripte befindliche Entwürfe abgedruckt sind. Ebenso befanden sich Notizen auf der Rückseite einer heute verschollenen Hs. von »Ellernklipp«, die bei *Wolfgang Rost* verzeichnet sind.

Die Entstehungsgeschichte von »Grete Minde« ist insofern interessant, als Fontane erst den Erfolg seines eben beendeten ersten großen Romans abwarten wollte, bevor er an die Ausführung des geplanten zweiten Romans (»Allerlei Glück«) ging. So nahm er sich Novellenstoffe vor, da Journale kurze Novellen, wenn möglich ohne Fortsetzung, lieber veröffentlichten und besser bezahlten. *Adelheid Bossharts* soziologische Betrachtungen in ihrer Einführung zu den Kapiteln über »Grete Minde« und »Ellernklipp« sind bemerkenswert. Rücksichtnahme auf Publikumsgeschmack und Journale beeinflußten auch die Gestaltung des Stoffes, da Fontane der Novelle gern größere Ausdehnung gegeben hätte. Der Erfolg gab seiner Entscheidung recht. *Herding* verzeichnet eine viel bereitwilligere Aufnahme, als »Vor dem Sturm« erfahren hatte. Heyse nannte die Novelle eine »Dichtung von erschütternder Kraft und hoher poetischer Schönheit«. Doch konnte sich das positive zeitgenössische Urteil nicht halten. Die literarische Kritik von *Wandrey* bis *Demetz* und *Reuter*, mit Ausnahme von *Bosshart*, beurteilt das Werk ungünstig, trotz Anerkennung einzelner Vorzüge der Fontaneschen Erzählkunst, die sich auch hier zeigt. Gerügt wird im allgemeinen die Mischung von Balladeskem, Chronikstil und moderner Psychologie sowie die Anzahl unerfreulicher, ganz ›unfontanescher‹ Charaktere. Selbst die Bezeichnung ›Novelle‹ wird diesem Werk abgesprochen. Demetz nennt es eine »biographisch angelegte Kriminalgeschichte von reichentfalteter Motivik« (S. 93).

Einen neuen Ansatz zur Interpretation bietet *Müller-Seidel*. Er sieht im Historismus dieser Erzählung lediglich einen Stimmungswert und arbeitet die gesellschaftliche und soziale Bedeutung heraus. Neben dem Gesellschaftlichen der Erzählung aber handelt es sich auch um ein Charakterbild einer Individualität. Gesellschaftsnovelle und Charakternovelle bleiben, nach Müller-Seidel, ein Nebeneinander und sind nicht zur Einheit verschmolzen.

Die Forschung hat sich ausgiebig mit der Beziehung des Werks zu den historischen Quellen beschäftigt. Diese sind in Aufbau-Ausg. Bd. 3, S. 515, und HA Abt. 1, 1 (2. Aufl.), S. 875 verzeichnet. Aus der frühsten gründlichen Quellenforschung *Otto Pniowers* ergibt sich, daß die Quellen nur das Lokal- und Zeitkolorit lieferten, daß aber Fontanes Grete Minde mit der in den

Quellen geschilderten nichts gemein hat. Sie ist eine rein dichterische Konzeption.

*Literatur:*

*Pniower*, Otto: »Grete Minde.« In: Dichtungen u. Dichter. 1912, S. 295–331; zuerst erschienen in: Brandenburgia 1901.

*Delp*, W. E.: Around F's »Grete Minde«. In: ML 40, 1959, S. 18–19.

*Hertling*, Gunter H.: Kleists »Michael Kohlhaas« und Fs »Grete Minde«. Freiheit u. Fügung. In: GQ 40, 1967, S. 24–40.

*Pastor*, Eckart: ›Das Hänflingsnest‹. Zu Th. Fs »Grete Minde«. In: RLV 44, 1978, S. 99–110.

*Globig*, Klaus: Th. Fs »Grete Minde«: Psychologische Studie, Ausdruck des Historismus oder sozialpolitischer Appell? In: FBl. 4, 1981, H. 8, S. 706–713. – Diskussion dazu: [Mit Beitr. von] Volker *Giel*, Hans *Ester*, Jörg *Thunecke*, Joachim *Biener*. In: FBl. 5, 1982, H. 1, S. 67–82.

*Ohl*, Hubert: Th. F. [Zur Kriminalgeschichte.] In: Handbuch der deutschen Erzählung, hrsg. v. K. *Polheim*, 1981, S. 339–355. (Zu »Grete Minde« u. »Ellernklipp« S. 342–348).

*Osborne*, John: Wie lösen sich die Rätsel? Motivation in Fs »Grete Minde«. In: ML 64, 1983, S. 245–251.

*Cottone*, Margherita: Note a »Grete Minde« e »Ellernklipp« di Th. F. In: QLLS Palermo 8/9, 1984/85, S. 231–241.

Th. F. »Grete Minde«. Erläuterungen u. Dokumente. Hrsg. v. Frederick *Betz*. 1986.

*Horstmann-Guthrie*, Ulrike: Thackerays »Catherine« und Fs »Grete Minde«. In FBl. 1989, H. 48, S. 82–92.

*Linckens*, M(arcel): Hans Memlings »Das jüngste Gericht«. Eine Vorlage zu Th. Fs »Grete Minde«. In: Zeit-Schrift 3, 1989, H. 6, S. 29–38.

*Ester*, Hans: »Grete Minde. Die Suche nach dem erlösenden Wort. In: Interpretationen. Fs Novellen u. Romane. 1991, S. 44–64.

Ferner: *Wandrey*, 1919, S. 138–145; *Hayens*, 1920, S. 63–75; *Sieper*, 1930, S. 44–47; *Bosshart*, 1957, S. 42–66; *Demetz*, 1964, S. 91–99; *Kahrmann*, 1973, S. 77–84; *Müller-Seidel*, 1975, S. 72–81; *Voss*, 1985, S. 152–154.

*»l'Adultera«* Novelle.
Entstehung: Dez. 1879–April 1880.
Hs.: Märkisches Museum, Berlin.
Vorabdruck: »Nord und Süd« 1880, Bd 13 u. 14, Heft 39 u. 40.
Erste Buchausgabe: März 1882 bei Salo Schottländer, Breslau.

Bei dem stark durchkorrigierten vollständigen Ms. im Märkischen Museum liegen einige Kapitel in Reinschrift von der Hand des Autors und Emilies. Einige im Handschriftenkonvolut befindliche Entwürfe u. Notizen sind abgedruckt in Aufbau-Ausg. Bd 3, S. 542–553. Wichtige Korrekturen des Vorabdrucks für die Buchausgabe sind ebda, S. 555–558, verzeichnet.

Fontane hatte ursprünglich als Titel »Melanie van der Straaten« vorgesehen. Er ließ sich dann zu »L'Adultera« bestimmen, und trotz einiger Bedenken wurde der Titel auch für die Buchausgabe beibehalten (Brief an Salo Schottländer vom 11. September 1881).

»L'Adultera« ging kein langes Quellenstudium voran, denn als Vorwurf diente ein aktuelles Ereignis, ein Skandal in der Berlin Gesellschaft. Therese Ravené, geb. von Kusserow, hatte Ende 1874 ihren Mann, den Großindustriellen Louis Ravené jun., und ihre drei Kinder verlassen und war mit ihrem Geliebten, dem Kaufmann Gustav Simon, nach Rom geflohen. Kurz nach dem Tode Louis Ravenés lernte Fontane aus einem Artikel von Emil Dominik in der »Vossischen Zeitung« vom 1. Juni 1879 die Geschichte des Hauses Ravené kennen. Hinzu kam eine mündliche Quelle, die Frau des Ravenéschen Prokuristen Paul Harder, in dessen Haus der Sohn Ravenés später erzogen wurde; Frau Harder war eine Bekannte Emilies.

Dieser Ehebruchsroman erregte in der zeitgenössischen Kritik einen Sturm der Entrüstung, weil man darin eine laxe Behandlung sittlicher Fragen erblickte. Die Naturalisten dagegen und vorurteilslose Kritiker zeigten ein warmes Interesse an der lebenswahren Darstellung der Berliner Gesellschaft.

»L'Adultera« ist Fontanes erster Berliner Gesellschaftsroman; darin liegt seine literarhistorische Bedeutung. Der Roman wurde lange nur als Vorstufe zu den späteren Werken dieser Gattung angesehen und Unsicherheit in der Gestaltung bemängelt. *Helene Herrmann* betrachtete ihn als bloße Vorübung zu »Effi Briest«. Im einzelnen geht das Urteil stark auseinander. *Pascal* und *Demetz* stehen mit ihrer völlig negativen Kritik am extremen Ende. Seit *Wandrey* richtet sich der Einwand gegen den »leitmotivischen Mißbrauch« und eine forcierte Symbolik (zu anderen Ergebnissen kommt *Ohl* in seiner Untersuchung von Fontanes Symbolsprache). Doch gesteht Wandrey in seiner feinfühligen Interpretation dem Werk künstlerische Meisterschaft in gewissen Szenen zu, z. B. dem Abschied zwischen Melanie und van der Straaten. Auch *Herman Meyer* bewundert die Gesprächskunst in dem Kapitel »Abschied« und geht so weit zu behaupten, daß die Kunst einiger Gespräche in »L'Adultera« in den späteren Romanen nicht mehr überboten wurde. Wichtig ist, daß hier zum erstenmal der Dialog in den Vordergrund tritt. So wählte Meyer dieses Werk (und den »Stechlin«) als Grundlage für seine Untersuchung der Funktion des Zitats, das in Fontanes Gesellschaftsromanen im wesentlichen »Konversationszitat« sei (S. 159). Er zeigt die subtile Verwendung des Zitats z. B. im Palmenhaus-Kapitel auf und kommt in seiner durchdringenden Analyse dieses oft kritisierten Kapitels zu einer viel positiveren Bewertung.

Bisher schien sich die Forschung darin einig, daß die Hauptgestalt des Romans nicht die Titelheldin sei, die im Individuellen bleibe, sondern Kommerzienrat van der Straaten, »die typische Figur«, »der erste klassische Berliner« (Wandrey), die »unsterbliche Figur dieses Romans« (Meyer). Dieser Auffassung widerspricht *Gerhard Friedrich*: »Zu keiner Zeit war van der Straaten Zentralfigur für Fontane. Der Roman hat seinen Titel nach der Frau. Um ihr Geschick und um ihr Glück geht es – und nicht nur um van der Straatens Charakter und um seinen Anteil an Schuld und Unrecht« (S. 360). Von dieser Prämisse aus und unter Betonung der zeitlich und gehaltlich engen Nachbarschaft zu »Allerlei Glück« unternimmt Friedrich seine Analyse und rückt gewisse Einwände der bisherigen Forschung in ein anderes Licht. *Ingrid Mittenzwei* behandelt »L'Adultera« ausführlich im Rahmen ihrer Arbeit und kommt, im Einverständnis mit Meyer, zu dem Schluß, daß das Niveau der Gespräche hoch sei und über dem der Handlung stehe.

*Literatur:*

*Meyer*, Herman: Th. F. »L'Adultera« u. »Der Stechlin«. In: H. M.: Das Zitat in der Erzählkunst. 1961, S. 155–185; ²1967; auch in: *Preisendanz*. 1973, S. 201–232.

*Seidlin*, Oskar: Der junge Joseph u. der alte F. In: Festschrift für Richard Alewyn. 1967. S. 384–391. (Über eine Berührungsstelle in Th. Manns Joseph-Roman u. F.s »L'Adultera«.)

*Friedrich*, Gerhard: Das Glück der Melanie van der Straaten. Zur Interpretation von Th. Fs »L'Adultera«. In: Jb. DSG 12, 1968, S. 359–382.

*Wagner-Simon*, Therese: »Allwieder det lila!« Zum Urbild von Th. Fs L'Adultera. NZZ 3. Sept. 1972.

*Wessels*, Peter: Konvention und Konversation: Zu Fs »L'Adultera«. In: *Dichter und Leser*. Groningen, 1972, S. 163–176.

*Kaiser*, Gerhard R.: »Das Leben wie es liegt«. Fs »L'Adultera«. Realismuspostulate, Aufklärung u. Publikumserwartung. In: Text – Leser – Bedeutung. 1977, S. 99–119.

*Eilert*, Heide: Im Treibhaus. Motive der europäischen Décadence in Th. Fs Roman »L'Adultera«. In: Jb. DSG 22, 1978, S. 496–517.

*Mende*, Dirk: Frauenleben. Bemerkungen zu Fs »L'Adultera« nebst Exkursen zu »Cécile« u. »Effi Briest«. In: F. aus heutiger Sicht, 1980, S. 183–213.

*Caviola*, Hugo: Zur Ästhetik des Glücks: Th. Fs Roman »L'Adultera«. In: Seminar 26, 1990, S. 309–326.

*Konrad*, Susanne: Die Unerreichbarkeit von Erfüllung in Th. Fs »Irrungen, Wirrungen« und »L'Adultera«. Strukturwandel in der Darstellung und Deutung intersubjektiver Muster. 1991.

*Plett*, Bettina: »L'Adultera«. ›... kunstgemäß (Pardon)...‹ – Typisierung u. Individualität. In: Interpretationen. Fs Novellen u. Romane. 1991, S. 65–91.

*Jung*, Winfried: Bildergespräche: Zur Funktion von Kunst und Kultur in Th. Fs. »L'Adultera«. 1991.

*Wagner-Simon*, Therese: Das Urbild von Th. Fs »L'Adultera«. 1992.

Ferner: *Wandrey*, 1919, S. 169–189; *Hayens*, 1920, S. 121–151; *Günther*, 1967, S. 38–42; *Mittenzwei*, 1970, S. 28–49; *Kahrmann*, 1973, S. 103–109; *Müller-Seidel*, 1975, S. 166–181; *Garland*, 1980, S. 45–72; *Voss*, 1985, S. 154–163.

»*Ellernklipp*. Nach einem Harzer Kirchenbuch«

Entstehung: Konzeption Aug. 1878. Niederschrift Sept. 1879–Sept. 1880.

Hs.: Abschrift von Emilie Fontane mit Korrekturen Fontanes, im Georg Westermann Verlag, Braunschweig, Werksarchiv. Die bis 1945 im Märkischen Museum aufbewahrte Hs. ist verschollen. Nur wenige Blätter sind dahin zurückgekehrt.

Vorabdruck: »Westermanns Illustrierte Deutsche Monatshefte«, Mai u. Juni 1881, 4. Folge, Bd 6, Heft 32 u. 33.

Erste Buchausgabe: Okt. 1881 bei Wilhelm Hertz (Bessersche Buchhandlung), Berlin.

Die Anregung zu »Ellernklipp« erhielt Fontane durch seine Nichte Anna von Below, die ihm während eines Harzaufenthaltes auf dem Weg über die Bäumlers-Klippe bei Ilsenburg eine Mordgeschichte erzählte (*Rost*, S. 107); siehe auch die darauf bezügliche Eintragung in Notizbuch E. 4 (FAP), angelegt im August 1878 in Wernigerode (abgedr. Aufbau-Ausg. Bd 3, S. 578). Im Ilsenburger Kirchenbuch von 1752 findet man eine Eintragung über den von seinem Vater ermordeten Johann Michael Bäumler. Weitere Quellen sind nicht bekannt. Das Notizbuch E 4 (FAP) enthält einige Skizzen, Vorarbeiten und Entwürfe. Aufbau-Ausg. (Bd. 3, S. 580) bringt Abdruck vom Entwurf des 3. Kapitels; ebendort abgedruckt einige Notizen aus Heinrich Pröhles »Deutsche Sagen« auf Rückseite des Ms. von »L'Adultera«.

Aufbau-Ausg. Bd. 3, S. 588 ff., bringt eine ungewöhnlich große Auswahl von zeitgenössischen Kritiken, die weniger positiv sind als die über »Grete Minde«. Ellernklipp forderte einen Vergleich mit Storms Novellenkunst heraus.

Auch diese zweite »balladeske« Novelle wird seit *Wandrey* von der Forschung ungünstig beurteilt, aus sehr ähnlichen Gründen wie »Grete Minde« wegen Vermengung von unterschiedlichen Stilelementen, in diesem Fall wegen der Mischung von »Mystisch-Spukhaft-Irrationalem und milieuhaft-psychologischer Kausalität« (*Martini*, S. 763). Die Novelle ist noch weniger historisch als »Grete Minde«, schon *Sieper* bezeichnete sie als »eigentlich unhistorisch«; trotzdem wird »Ellernklipp« immer im Rahmen von Fontanes historischen Romanen und Novellen behandelt. *Bosshart* gibt eine kurze Analyse. In den meisten kritischen Studien wird das Werk ignoriert. *Demetz* behandelt es kurz im Kapitel »Fontanes Pitaval« unter dem Aspekt der Kriminalgeschichte, zu der er neben »Grete Minde« noch »Unterm Birnbaum« und »Quitt« rechnet. Diese

Klassifikation erscheint gerechtfertigter als die frühere Zuordnung zur historischen Novelle. – Eine literarkritische Untersuchung dieser Erzählung hat kürzlich Alan *Bance* unternommen, indem er eine Linie von »Ellerklipp« zu »Effi Briest« zieht, und Gemeinsamkeiten und Unterschiede dieser beiden Werke aufzeigt, an denen er die Entwicklung von Fs Romankunst darlegt.

*Literatur:*

*Gynz-Rekowski*, Georg von: »Ellernklipp« und der Bäumler-Prozeß. In: FBl. 4, 1978, H. 4, S. 299–315.

*Ohl*, Hubert: Th. F. [Zur Kriminalgeschichte]. In: Handbuch der deutschen Erzählung, hrsg. v. K. *Polheim*, 1981, S. 339–355. (Zu »Grete Minde« u. »Ellernklipp« S. 342–348.)

*Bance*, Alan: Th. F. The major novels, 1982, Kap. 3: »Ellernklipp and Effi Briest«, S. 38–77.

*Howe*, Patricia: Fs »Ellernklipp« and the theme of adoption. In: MLR 79, 1984, S. 114–130.

*Cottone*, Margherita: Note a »Grete Minde« e »Ellernklipp« di Th. F. In: QLLS Palermo 8/9, 1984/85, S. 231–241.

*Friedrich*, Gerhard: »Ellernklipp«. Literarische Anlehnungen Fs. In: FBl. 1991, H. 51, S. 58–77.

*Peters*, Peter: Sozialisation als Denaturierung. Anmerkungen zum zivilisationskritischen Potential in Th. Fs »Ellernklipp«. In: LfL 1, 1991, S. 31–45.

*Winkler*, Markus: Mythisches Denken im poetischen Realismus. Dämonische Frauenfiguren bei Keller, F. u. Storm. [Behandelt »Ellernklipp«.] In: Begegnung mit dem ›Fremden‹. Akten des VIII Intern. Germ. Kongr. Tokyo 1990. Bd. 11, 1991, S. 147–159.

Ferner *Wandrey*, 1919, S. 145–54; *Hayens*, 1920, S. 75–83; *Bosshart*, 1957, S. 42–66; *Demetz*, 1964, S. 79 ff.; *Günther*, 1967, S. 44 ff.; *Kahrmann*, 1973, S. 68–77; *Müller-Seidel*, 1975, S. 81–88.

»*Schach von Wuthenow*. Erzählung aus der Zeit des Regiments Gensdarmes«
Entstehung: 1878–1882.
Hs.: verschollen (bis 1945 im Märkischen Museum, Berlin); einige wenige Kapitel sind dahin zurückgekehrt.
Vorabdruck: »Vossische Zeitung« vom 29. Juli–20. August 1882 (in den ungeraden Nummern von 349–387).
Erste Buchausgabe: Nov. 1882 (Impressung 1883) bei Wilhelm Friedrich, Leipzig (in zwei vorher vereinbarten hintereinander folgenden Auflagen).

Die Entstehungsgeschichte erstreckt sich über eine sehr lange Zeit, wenn man die Jahre 1860 oder 1862, als Fontane der Stoff durch Mathilde von Rohr zuerst zugetragen wurde, als Beginn ansetzt. Damals trug Fontane eine Stoffskizze »Fräulein von Crayn, nach Mittheilungen von Frl. v. R.« in ein Merkheft (FAP A 12) ein, abgedruckt in der Aufbau-Ausg. Bd 3, S. 599 ff., und vom Herausgeber auf das

Jahr 1862 datiert. Der Stoff muß Fontane von Anfang an fasziniert haben. Schon früh, in einem undatierten Brief an Mathilde von Rohr vom 18. Febr. (1860?), suchte er eine Begegnung mit Frl. v. Crayn, dem Urbild der Victoire Carayon, und in einem Schreiben vom 29. Januar 1862 an Mathilde von Rohr spricht er von einem Brief, den er Frl. v. Crayn schreiben wolle. (Zuerst abgedr. in: Prop. Briefe III, 1971, S. 8 und 24.) Weitere Erwähnungen aus jenen Jahren fehlen, doch weist der Briefwechsel mit Mathilde von Rohr Lücken auf. Der Name Frl. v. Crayn und der Name Schack erscheinen erst wieder in einem Brief an Mathilde von Rohr vom 18. Dez. 1872.

Von Mai 1878 ab beginnt Fontane sich dann ernsthaft mit dem Schack-Crayn-Stoff als Novellenstoff zu beschäftigen (Brief vom 15. Mai 1878 an Mathilde von Rohr und Briefwechsel mit F. W. Holtze); am 11. August 1878 schreibt er seiner Frau von dem Plan einer »zweiten Novelle« nach »Grete Minde«. Zwei Hauptarbeitsstadien sind belegt: Sommer 1879 in Wernigerode (Brouillon); dann Korrektur des Brouillons von Mai bis August 1882.

Arbeitsnotizen und erste Niederschrift sind auf Rückseiten anderer Entwürfe und in Notizbüchern erhalten. Einige davon sind in der Aufbau-Ausg. Bd. 3, S. 607–612, abgedruckt. Während Fontane noch mit den Korrekturen einiger Kapitelüberschriften beschäftigt war, erschien der Vorabdruck in der »Vossischen Zeitung« vom Sonnabend, dem 29. Juli 1882, bis Sonntag, den 20. August 1882. Es blieb bei der ursprünglichen Titelwahl »Schach von Wuthenow«, mit dem Untertitel »Erzählung aus den Tagen des Regiments Gensdarmes«.

Die anderen in Erwägung gezogenen Titel, deren Kenntnis für die Interpretation von Nutzen ist, waren: »1806«; »Vor Jena«; »Et dissipati sunt«; »Gezählt, gewogen und hinweggethan«; »Vor dem Niedergang (Fall, Sturz)«; ferner »Vanitas Vanitatum« (Brief vom 5. Nov. 1882 und Karte vom 8. Nov. an den Verleger Friedrich).

Die Aufbau-Ausg. hat in Bd 3, S. 620 ff., die wichtigsten Abweichungen vom Vorabdruck und der ersten Buchausgabe verzeichnet.

Die Entstehungsgeschichte und historische Grundlage der Erzählung sind sehr gründlich behandelt worden, zuerst in *Eduard Berends* Arbeiten »Die historische Grundlage von Th. Fs Erzählung ›Schach von Wuthenow‹« und »Zur Entstehungsgeschichte von Th. Fs ›Schach von Wuthenow‹« und schließlich in der Untersuchung und Dokumentation der geschichtlichen Studien und Quellen in der Edition des Werks von *Pierre-Paul Sagave*.

Die literarische Kritik stand dem Werk anfangs ziemlich verständnislos gegenüber und sah in dem historischen und geographischen Kolorit nur die Nachbarschaft zu den »Wanderungen«. *Wandrey* sieht zwar in der Novelle den Übergang zu Fontanes »eigentlicher« Welt der Gesellschaftsromane, aber gerade als Übergangsprodukt erscheint sie ihm zwiespältig. Für Wandrey ist die seelische Analyse Schachs der Inhalt der Novelle, die Fontane aus Mangel an dichterischer Intuition nicht gelungen sei, da das Problematische und Zwiespältige in Schachs Charakter und Handlungsweise am Ende keine klare Auflösung finde: »Das ist die Kapitulation des Dichters vor dem aufgeworfenen Problem«. Wenn Wandrey von einer merkwürdigen Unbestimmtheit spricht, die die ganze Novelle beherrscht, so berührt er damit das spezifische Problem von Fontanes Erzählkunst, um das sich die Fontane-Forschung noch heute bemüht. Kommt Wandrey zu dem Schluß, daß man »auch diese Novelle nicht zu den bleibenden Werken der deutschen Prosakunst [werde] rechnen dürfen«, so steht demgegenüber *Georg Lukács'* Urteil, daß Fontanes »Schach von Wuthenow« ein Meisterwerk in der Kritik des historischen Preußen, »ein noch lange nicht in seiner vollen Bedeutung erkannter einsamer Gipfel der deutschen historischen Erzählkunst« sei (S. 298). Er sieht die künstlerische Vollendung dieses Werks darin, daß sein konkreter Inhalt, die Liebesgeschichte, die typische Erscheinungsweise der gesellschaftlich-geschichtlichen Struktur Preußens zum Ausdruck bringe. Ähnlich urteilt *Sagave*, wenn er schreibt, daß die Erfassung des geschichtlichen Augenblicks kein Nebenprodukt der eigentlich literarischen Schöpfung sei, sondern daß der Roman, in dessen Vordergrund eine Liebesgeschichte (»die keine ist«) stände, seinen Sinn erst durch die Darstellung des Hintergrundes erhalte. Die besondere Zeitwahl 1805/6 wird in allen Arbeiten über das Werk eingehend behandelt.

Auch Sagave betont, ohne aber eine negative Wertung wie Wandrey daran zu knüpfen, daß eine klare Überzeugung Fontanes in dem Werk nicht zum Ausdruck käme, »weder in einer Auslegung der Ideen und Ereignisse noch in einer bündigen Erklärung des tragischen Einzelfalles«. *W. Müller-Seidel* in »Der Fall des Schach von Wuthenow« weigert sich, die »doppelte Optik« in diesem Werk als Fontanesche Unentschiedenheit zu interpretieren; vielmehr sieht er darin die dichterische Absicht des poetischen Realisten. *B. von Wiese* hebt in seiner eingehenden Interpretation den novellistischen Fall in der pointierten Zuspitzung hervor und reiht »Schach von Wuthenow« somit in die Betrachtung der deutschen Novelle ein. *Demetz* bringt einige wertvolle Beobachtungen zur epischen Technik, insbesondere zum Zurücktreten des Erzählers und der Annäherung an den inneren Monolog, was in die Richtung der modernen Romantechnik weist. Auch für die neuere Forschung stellt diese Erzählung den Übergang dar von dem historischen Roman (»Vor dem Sturm«) zu den Berliner Zeitromanen; nach Sagave fällt die Erzählung zu-

gleich in die Kategorie des historischen Romans und des Gesellschaftsromans.

*Literatur:*

*Berend*, Eduard: Die historische Grundlage von Th. Fs Erzählung »Schach
von Wuthenow«. In: DR 50, 1924, S. 168–182.

*Berend*, Eduard: Zur Entstehungsgeschichte von Th. Fs »Schach von Wuthenow«. In: Willibald-Alexis-Bund-Jb. 1928, S. 46–50.

*Kuczynski*, Jürgen: Fs »Schach von Wuthenow« u. die Wandlung der deutschen Gesellschaft um die Wende der 70er Jahre. In: J. K.: Studien über
schöne Literatur u. politische Ökonomie. 1954, S. 84–96; auch in: NDL 2,
1954, H. 7, S. 99–110.

*Sagave*, Pierre-Paul: Un roman berlinois de F.: Schach von Wuthenow. In:
P.P.S., Recherches sur le Roman social en Allemagne. Paris 1960,
S. 87–108.

*Wruck*, Peter: »Schach von Wuthenow« u. die ›Preußische Legende‹. In: Frieden, Krieg, Militarismus im kritischen u. sozialistischen Realismus. 1961,
S. 55–83.

*Wiese*, Benno von: Th. F. »Schach von Wuthenow«. In: B. v. W.: Die deutsche
Novelle von Goethe bis Kafka. Bd 2, 1962, S. 236–260.

*Müller-Seidel*, Walter: »Der Fall des Schachs von Wuthenow«. In: Th. Fs
Werk in unserer Zeit. 1966, S. 53–66.

*Sagave*, Pierre-Paul: Th. F. »Schach von Wuthenow«. Vollständ. Text, Dokumentation, 1966.

*Reuter*, Hans-Heinrich: »Die Weihe der Kraft«. Ein Dialog zwischen Goethe
u. Zelter u. seine Wiederaufnahme bei F. In: Studien z. Goethezeit. Festschr. f. Lieselotte Blumenthal. 1968, S. 357–375.

*Vaget*, H. R.: Schach in Wuthenow: »Psychographie« und »Spiegelung« im
14. Kapitel von Fs »Schach von Wuthenow«. In: Mh. (Wisconsin) 61, 1969,
S. 1–14.

*Lange*, I. M.: Georg Heinrich von Berenhorst u. Dietrich Heinrich von
Bülow – Paralipomena zu Fs »Schach von Wuthenow«. In: FBl. 2, 1971, H.
4, S. 252–259.

*Paterson*, Sandra G.: The Treatment of the Napoleonic Wars in German Hi-
storical Fiction. Diss. Vanderbilt Univ. 1971. (DA 32, 1972, S. 4014 A.)
[Untersuchungen z. »Vor dem Sturm« u. »Schach von Wuthenow« u. z.
Romanen anderer Autoren.]

*Kühn*, Joachim: Die schöne Frau von Crayen u. die Ihren. Ein Nachwort zu
Fs »Schach von Wuthenow«. In: Der Bär von Berlin 21, 1972, S. 89–108.

*Sagave*, Pierre-Paul: »Schach von Wuthenow« als politischer Roman. In: Fs
Realismus, 1972, S. 87–94.

*Milfull*, John: ›Preussens Gloria?‹ The old and new in F's »Schach von Wuthenow«. In: Festschrift for Ralph Farrell, ed. by Anthony *Stephens* [u. a.],
1977, S. 97–103.

*Szemiot*, Hanna: Der »preußische Geist« in Th. Fs Novelle »Schach von
Wuthenow« und im Roman »Effi Briest«. In: Acta Univ. Lodziensis 1978,
Serie I, Nr. 22, S. 27–37.

*Kaiser*, Gerhard: »Schach von Wuthenow« oder die Weihe der Kraft: Variationen über ein Thema von Walter Müller-Seidel, zu seinem 60. Geburtstag. In: Jb. DSG 22, 1978, S. 474–495.

*Grawe*, Christian: Wuthenow oder Venedig. Analyse von Schachs Reisefantasie im Fontaneschen Kontext. In: WW 30, 1980, S. 258–267.

*Schmitt*, Rudolf: Th. F.: »Schach von Wuthenow«. In: Deutsche Novellen von Goethe bis Walser, hrsg. v. Jakob Lehmann, 1980, Bd. 2, S. 11–28.

Th. F. »Schach von Wuthenow«, Erläuterungen u. Dokumente. Hrsg. v. Walter *Wagner*, 1980.

*Guenther*, Walter Paul: Th. Fs »Schach von Wuthenow«: Wirklichkeit und Verklärung. Diss. State Univ. of New York, Albany 1980. (DA 41 / 02A, S. 685 DEM 80–18421).

*Guenther*, Walter P[aul]: Preußischer Gehorsam: Th. Fs Novelle »Schach von Wuthenow«. Text u. Deutung. 1981.

*Mugnolo*, Domenico: »Schach von Wuthenow«: Storia di un ufficiale Prussiano. In: Annali della Facoltà di Lingue e Letterature Straniere n. 6, 1975.

*Kieffer*, Bruce: F. and Nietzsche: the use and abuse of history in »Schach von Wuthenow«. In: GR 61, 1986, S. 29–35.

*Dutschke*, Manfred: Geselliger Spießrutenlauf. Die Tragödie des lächerlichen Junkers Schach von Wuthenow. In: TuK Sonderbd. Th. F., 1989, S. 103–116.

*Manthey*, Jürgen: Die zwei Geschichten in einer. Über eine andere Lesart der Erzählung »Schach von Wuthenow«. In: TuK Sonderbd. Th. F., 1989, S. 117–130.

*Osborne*, John: »Schach von Wuthenow«. ›das rein Äußerliche bedeutet immer viel...‹ In: Interpretationen. Fs Novellen u. Romane, 1991, S. 92–112.

Ferner: *Wandrey*, 1919, S. 155–168; *Hayens*, 1920, S. 30–62; *Lukács*, 1951, S. 298 ff.; *Pascal*, 1956, S. 185–189; *Martini*, 1962, S. 765–767; *Demetz*, 1964, S. 153–164; *Ohl*, 1968, S. 162–165; *Reuter*, 1968, S. 595–610; *Mittenzwei*, 1970, S. 50–64; *Kahrmann*, 1973, S. 109–116; *Aust*, 1974, S. 125–160; *Müller-Seidel*, 1975, S. 132–151; *Garland*, 1980, S. 29–44.


*»Graf Petöfy«*. Roman.

Entstehung: Sommer 1880–Nov. 1883.

Hs.: Verschollen (bis 1945 im Märkischen Museum, Berlin); einige wenige Blätter und Kapitel sind dahin zurückgekehrt.

Vorabdruck: »Detusche Romanbibliothek zu Über Land und Meer« Jg 12, 1884, Bd 2, Nr. 28–34 (Juli–August).

Erste Buchausgabe: Okt. 1884 im Verl. v. F. W. Steffens, Dresden o. J.


Fontane hatte noch nach dem Vordruck Änderungen für die Buchausgabe vorgenommen, und es ist wegen der unbefriedigenden Qualität der Buchausgabe (s. dazu ausführlich Aufbau-Ausg. Bd 4, S. 511) besonders bedauerlich, daß kein vollständiges Manuskript dieses Romans, weder in Fontanes Handschrift noch in Emilies Reinschrift vorhanden ist.

Anregung zu dem Roman hatte wohl die Heirat der zweiunddreißigjährigen Schauspielerin Johanna Buska (die Fontane von seiner Theaterreferententätigkeit her kannte) mit dem österreichisch-ungarischen achtundsechzigjährigen Grafen Nikolaus Casimir Török von Szendrö in Wien im Mai 1880 gegeben. Als vier Jahre später, nachdem Fontane den Roman bereits beendet hatte, die »National-Zeitung« die Mitteilung von dem Tod des Grafen brachte, schickte Fontane den Ausschnitt aus seinen Ferien in Thale an seine Frau (Brief vom 11. Juni 1884, s. Prop. Briefe I, 1968, S. 259 f.) mit den Worten: »Török ist Petöfy und die Buska ist Franziska – sie wird aber wohl weniger geistreich sein und gewiß irgendeinen Egon heirathen.« Im August 1880 hatte er in Wernigerode bereits an der »neuen Novelle« zu arbeiten angefangen und sich »in Wien hineingelebt« (über die Lokalitäten s. *Rost*, S. 118). Aufbau-Ausg. Bd 4, S. 504 f., bringt einige kurze Auszüge aus Fontanes Notizbüchern von seiner Durchreise durch Wien im Sept. 1875, die sich in dem Roman widerspiegeln. Auch auf Fontanes frühere Beziehungen zu Ungarn ist hinzuweisen (s. *Gragger*).

Gerade über dieses Werk sind viele aufschlußreiche Äußerungen Fontanes in Briefen an seine Familie zu finden. Die zeitgenössische Kritik stand dem Roman durchaus wohlwollend gegenüber, aber angesichts der späteren Meisterwerke konnte sich diese Anerkennung nicht halten. Zwei Jahre nach »L'Adultera« erschienen, gehört »Graf Petöfy« zu den Werken, die die Wendung zum Gesellschaftsroman vollziehen, in dessen Mittelpunkt das Thema des Ehekonflikts oder Ehebruchs steht, aber gegenüber der Darstellung der Berliner Gesellschaft wurde die fremde Atmosphäre als leblos empfunden. *Wandreys* negatives Urteil scheint sich im Falle von »Graf Petöfy« bis in die Einzelheiten der Begründung fast bis heute gehalten zu haben: »Zweierlei läßt den ›Petöfy‹, der nur des gepflegten Stiles willen zu rühmen wäre, mißlingen: der Mangel der ethnographischen Basis und der Ausgang vom Problem, statt vom erlebten Menschen« (S. 313). Die Forschung ist über den Roman lange völlig hinweggeschritten, und erst 1974 wurde eine Einzeluntersuchung unternommen (amerikanische Diss.); auch Fontane-Studien über allgemeine Aspekte haben ihm wenig Beachtung geschenkt. Eine ernsthafte Auseinandersetzung mit »Graf Petöfy« findet man erst in *Ingrid Mittenzweis* Arbeit über »Die Sprache als Thema« unter der Überschrift: »Worttheater und Reflexion: ›Graf Petöfy‹«. Was bisher als eine der Ursachen für das ›Mißlingen‹ des Romans bezeichnet wurde, der »Ausgang vom Problem«, das sieht Ingrid Mittenzwei angesichts der literarhistorischen Entwicklung keineswegs mehr negativ: »*nach* Thomas Mann vermag der Hinweis auf das ›rationale Element‹ des Erzählens nicht mehr ohne weiteres die Behauptung eines Mißglückens zu motivieren; und so fragt es sich weiter, ob sich darin, daß Probleme beredet werden, nicht schon jene ›kühne Einsicht‹

verrät, die über die Konvention hinausführt« (S. 65). Mittenzweis Untersuchung von »Graf Petöfy«, die Beachtung verdient, kommt zu dem Schluß, daß dieser Roman »einen entscheidenden Schritt in Richtung auf eine ganz vom gesprochenen Wort abhängige Romanstruktur« vollzieht, also bereits auf den »Stechlin« hinführt. Daraus ergeben sich neue Ansatzpunkte für die Einschätzung des Romans. Eine solche neue Einschätzung findet der Roman bei *Katharina Mommsen*, die ihn zu Fontanes besten Leistungen zählt. Sie hat über die Einwirkungen Fontanescher Romane, vor allem des »Graf Petöfy«, auf Hofmannsthal zwei Arbeiten vorgelegt und auf Züge der Verwandtschaft zwischen beiden Dichtern hingewiesen, die vor allem Hofmannsthal und Fontane als Finder einer geselligen Sprache betreffen. Zur neuesten Analyse s. Karla *Müller*: Schloßgeschichten.

*Literatur:*

*Gragger*, Robert: Ungarische Einflüsse auf Th. F. In: Ungarische Rundschau f. historische u. soziale Wissenschaften 1, 1912, H. 1, S. 220 ff. Dazu: *Kerekes*, Gábor: Gragger, F. u. die Fakten. In: FBl. 52, 1991, S. 91–106.
*Chapa*, Cynthia M.: Th. F's »Graf Petöfy«: A Revaluation. Diss. Univ. of Chicago, 1974. (DA 36/OIA, S. 305).
*Mommsen*, Katharina: Fs Einfluß auf Hofmannsthal. In: Akten des V. Intern. Germanisten-Kongresses, 1976, H. 3, S. 364–368.
*Mommsen*, Katharina: Hofmannsthal u. Fontane. 1978.
*Nürnberger*, Helmuth: Zur Stoffgeschichte von Th. Fs Roman »Graf Petöfy«. In: FBl. 4, 1981, H. 8, S. 728–732.
Ferner: *Wandrey*, 1919, S. 312–316; *Hayens*, 1920, S. 152 ff.; *Mittenzwei*, 1970, S. 64–77; *Kahrmann*, 1973; S. 28–46; *Müller-Seidel*, 1975, S. 412–418; *Voss*, 1985, S. 119–144; K. *Müller*, 1986, S. 29–61.

*»Unterm Birnbaum«.*
Entstehung: 1883–April 1885.
Hs.: Stark korrigiertes Brouillon von Ende 1884 im Märkischen Museum, Berlin. Reinschrift Emilies mit Korrekturen Fontanes nicht erhalten.
Vorabdruck: »Die Gartenlaube«, Aug.–Sept. 1885, Nr. 33–41.
Erste Buchausgabe: Nov. 1885 bei Müller-Grote, Berlin (als Bd 23 der »Groteschen Sammlung von Werken zeitgenössischer Schriftsteller«).
Einige auf Rückseiten anderer Manuskripte befindliche Entwürfe sind abgedruckt in Aufbau-Ausg, Bd 4, S. 546–550. Für die Buchausgabe hat Fontane kleine Veränderungen auch in der Kapiteleinteilung vorgenommen. Der ursprüngliche Titel sollte heißen: »Fein Gespinnst, kein Gewinnst«, oder: »Es ist nichts so fein gesponnen...«.

Der zeitgenössische Erfolg dieses Werks war gering. Nur einige hundert Stück von der Buchausgabe wurden verkauft. Auch die literarische Kritik und die Fontane-Forschung haben sich wenig damit beschäftigt. H. *Spremberg* (z. T. abgedruckt in Aufbau-Ausg. Bd 4, S. 541 f.) berichtet über den Vorwurf: Ein Kriminalfall im Oderbruchdorf Letschin, wo Fontanes Eltern seit 1838 wohnten und wo Fontane selber in den vierziger Jahren häufig weilte, bildet die stoffliche Grundlage. *Rost* untersucht die Lokalbeschreibung. *Wandrey* reiht »Unterm Birnbaum« gewiß mit Recht in die Reihe der epischen Nebenwerke Fontanes ein, bleibt aber mit seinem Urteil an der Oberfläche, wenn er nur die Beherrschung des Milieus lobt: »eine Art landschaftlich-kulturellen Komplementes zum historisch gerichteten ›Oderland‹ der ›Wanderungen‹«, das Werk als Kriminalgeschichte aber ein mißlungenes Produkt, nennt. Demgegenüber steht *Reuters* Meinung, der es als eine der wenigen bedeutenden Kriminalgeschichten der deutschen Literatur bezeichnet. Im allgemeinen wurde es weiterhin als eine der »geringeren Produktionen« Fontanes ignoriert. Einige Kritiker *(Martini, Reuter, Thomas)* stellen das Werk in den Zusammenhang der deutschen Tradition der Kriminalgeschichte, die sich weniger mit dem kriminellen Vorgang selbst und der Aufdeckung beschäftigt, als mit der psychologischen Erklärung unter Einbeziehung der gesellschaftlichen Umwelt. Schon *Schlenther* (Voss. Ztg. 29. Dez. 1889; s. auch Aufbau-Ausg. Bd 4, S. 554.) hatte die Bedeutung des sozialen Zeitbilds hervorgehoben. *Martini* meint, daß die Lektüre Zolas auf den »konsequent realistischen Psychologismus« in »Unterm Birnbaum« eingewirkt haben könnte, betont aber auch das Mitwirken eines irrationalen Schicksalsbegriffs wie in anderen Werken Fontanes. Dies wird von Kritikern neuerdings vielfach hervorgehoben. *Thomas* bietet eine gründliche Analyse, unterläßt aber eine literarische Einschätzung des Werks. *Müller-Seidels* Kritik wendet sich (ähnlich wie die von *Demetz*) gegen den Schluß des Werkes, der sich durch seine Spruchweisheit, eine »triviale Allerweltsweisheit«, mit den gesellschaftskritischen Motiven nicht vertrage und einen Rückfall in eine frühere Epoche von Fontanes Denken bedeute. Müller-Seidel schließt sich den frühen Einsichten Schlenthers an und analysiert die gesellschaftskritische Seite des Werks (er nennt »Unterm Birnbaum« einen Gesellschaftsroman oder Gesellschaftsnovelle), insofern sich das Gesellschaftskritische auf die Umwelt bezieht wie auch auf den Verbrecher selbst. Damit lasse sich aber das Schuld-und-Sühne-Motiv nicht in Einklang bringen.

*Literatur:*

*Spremberg*, H.: Fs »Unterm Birnbaum«. Nach mündlicher Überlieferung u. handschriftlichen Aufzeichnungen. In: Brandenburg. Zs. f. Heimatkunde u. Heimatpflege 6, 1928, H. 2, S. 26–27.

*Thomas*, Lionel: F.'s »Unterm Birnbaum«. In: GLL 23, 1970, H.3, S.193–205.

*Diem*, Albrecht: Vom Dingsymbol zur Verdinglichung. ›Symbol‹ und Gesellschaft bei A. v. Droste-Hülshoff, Th. F. u. A. Robbe-Grillet. In: DU 23, 1971, H.2, S.120–133. (Zu: »Unterm Birnbaum« S.129–131).

*Dreifuß*, Alfred: F. und der Seiltänzer. [zu »Unterm Birnbaum«]. In: FBl. 3, 1974, H.3, S.220–222.

*Schäfer*, Rudolf: Th. F. »Unterm Birnbaum«. »Frau Jenny Treibel«. Interpretationen. 1974.

*Aust*, Hugo: Die Bedeutung der Substitute für die Interpretation. Zu Th. Fs »Unterm Birnbaum«. In DU 29, 1977, Nr. 6, S.44–51.

*Gill*, Manfred: Letschin in Fs Kriminalnovelle »Unterm Birnbaum«. In: FBl. 4, 1979, H.5, S.414–427.

*Ohl*, Hubert: Th. F. [Zur Kriminalgeschichte]. In: Handbuch der deutschen Erzählung, hrsg. v. K. *Polheim*, 1981, S.339–355. (Zu »Unterm Birnbaum« S.348–350.)

*Löffel*, Hartmut: Fs. »Unterm Birnbaum«. In: Diskussion Deutsch 13, 1982, S.319–330.

*Lüderssen*, Klaus: Literatur und Kriminologie: Bemerkungen zu Th. Fs Erzählung »Unterm Birnbaum«. NR 97, 1986, S.112–136. S. auch: Erzählte Kriminalität. Hrsg. v. Jörg *Schönert* [u. a.], 1991, S.429–447.

*Müller-Kampel*, Beatrix: F. dramatisiert. Franz Pühringers »Abel Hradscheck u. sein Weib«. In: FBl. 1989, H.48, S.60–68.

*Friedrich*, Gerhard: »Unterm Birnbaum«. Der Mord des Abel Hradscheck. In: Interpretationen. Fs Novellen u. Romane. 1991, S.113–135.

Ferner: *Wandrey*, 1919, S.317–320; *Hayens*, 1920, S.84–92; *Martini*, 1962 S.763f.; *Demetz*, 1964, S.85–90; *Günther*, 1967, S.47f.; *Reuter*, 1968, S.632f.; *Kahrmann*, 1973, S.62–68; *Müller-Seidel*, 1975, S.216–228; *Voss*, 1985, S.193–213.

## »Cécile«. Roman.

Entstehung: 1884–Anfang 1886.

Hs.: Verschollen (bis 1945 im Märkischen Museum, Berlin); einige wenige Kapitel und Blätter sind dahin zurückgekehrt.

Vorabdruck: »Universum«, April–Sept. 1886.

Erste Buchausgabe: 1887 bei Emil Dominik, Berlin.

Es gibt wenige Werke Fontanes, über dessen Entstehung wir so genau unterrichtet sind wie über »Cécile«. Die Genesis wird von *Reuter* unter der Überschrift »Das Modell einer Entstehungsgeschichte« bis in die kleinsten Einzelheiten rekonstruiert, eine enge Bezogenheit zu »Irrungen, Wirrungen« und »Stine« wird sichtbar, die Reuter zu einer Einheit zusammenfaßt und als »Triptychon« bezeichnet (S.656ff.)

Ein gesellschaftliches Ereignis aus dem Familienkreis des Grafen Philipp zu Eulenburg, wovon Fontane im Januar 1882 erfuhr, wirkte anregend, aber es war nach Reuter nur eine »auslösende«, nicht entscheidende Anregung. Wichtig ist, daß bereits gewisse Aufzeichnungen in »Allerlei Glück« auf »Cécile« vorausdeuten, was noch nicht genügend gewürdigt ist. Fontanes Briefe aus Thale im Harz, wo er im Juni 1884 den ersten Entwurf niederschrieb, sind höchst aufschlußreich für die Spontaneität der Konzeption und Schaffensweise bei diesem Werk und ersetzen uns die sonst so wichtigen Notizbücher (s. Prop. Briefe I, 1968, S. 258 ff.)

Doch sind in einem Notizbuch (FAP, B 15) einige Aufzeichnungen erhalten, die in Aufbau-Ausg. Bd 4, S. 566 f., abgedruckt sind. Bei *Rost* finden wir erste Entwürfe von den Rückseiten des jetzt verschollenen Manuskripts. Fontane hat offensichtlich für die Buchausgabe noch einige Korrekturen am Text des Vorabdrucks vorgenommen.

Trotz früher Anerkennung der feinen Psychologie und des impressionististischen Stils hat sich das Werk nie recht durchgesetzt, vielleicht wegen der kühlen Atmosphäre, die die Hauptgestalt umgibt. *Helene Herrmann* sprach von einem »spitzpinselig gegebenen kühlen Temperamentsporträt«; man vermißte eine innere Anteilnahme des Dichters. Auch *Wandrey* nennt »Cécile« ein kühles Werk, aber auch ein reifes, und er betont die wachsende künstlerisch-formende Kraft, die sich darin zeigt. Ebenso wird die Kunst der psychologischen Darstellung von Wandrey gelobt, der Cécile die »sensibelste« Frauengestalt nennt, die Fontane geschaffen hat. Es ist darum um so verwunderlicher, daß sich die Forschung so lange nicht um das Werk gekümmert hat. Noch *Demetz* geht kaum darauf ein und ordnet es der »gängigen Belletristik« zu. *Martini* dringt wohl tiefer und wird der künstlerischen Gestaltung gerechter, doch sieht er nur einen »illustrativen Einzelfall« gestaltet, der an das Pathologische rühre und dem es an Symbolwert mangele. Eine der gründlichsten Analysen stammt von *Gerhard Friedrich*, der die Vielschichtigkeit des Romans aufdeckt. Hier wird vor allem sehr genau die Frage nach dem zeitgeschichtlichen oder allgemein gesellschaftlichen Anteil an der Tragödie gestellt: »Geht Cécile zugrunde, weil sie in Konflikt gerät mit den zeitlos gültigen, abstrakten moralischen Forderungen der Gesellschaft und ihren überkommenen Strukturen, oder scheitert sie an Gebrechen, die aus den gesellschaftlichen Verhältnissen eben dieser Zeit in ihrer ganz konkreten Geschichtlichkeit erwachsen?« (Jb. DSG 1970, S. 535). Eine etwas frühere Arbeit *(Hohendahl)* behandelt ganz bestimmte Gestaltungselemente, z. B. die perspektivische Betrachtung des Hauptcharakters. Um die »zwielichtige« Gestalt Céciles zu erklären, unterscheidet Hohendahl zwischen der sittlich-sozialen Welt und dem elementaren Bereich und sieht in Cécile Züge eines Elementarwesens, die auch anderen Frauengestalten Fontanes eigen sind. So liegt es nicht fern, an die Wirksamkeit eines mit den elementaren Mächten verbundenen Schicksals zu glauben, das »unberechenbar in den sozialen Bereich eindringt.« Wieweit kann man dann »Cécile« noch als Gesellschaftsroman bezeichnen? Die Tendenz, die Fontane selber seinem Roman unterstellt hat: »Wer mal drin sitzt, gleichviel mit oder ohne Schuld, kommt nicht wieder heraus« (an Paul Schlenther, 2. Juni 1887), konstituiert ein Schicksal, das kein ›elementares‹, sondern ein ›gesellschaftliches‹ ist. Dieses Schicksal zeigt sich nach *Ingrid Mittenzwei* im sprachlichen Geschehen realisiert: »die Typik der Meinungen, die Rolle, die das, was ›man‹ sagt, dem einzelnen zuspricht, macht das Schicksal aus, dem der so Festgelegte nicht zu entrinnen vermag. Das Geschehen in ›Cécile‹ vollzieht sich im Sprechen und entschleiert sich durch die Sprache...«. Von hier aus geht Ingrid Mittenzwei an ihre Analyse »Mutmaßungen über Cécile«.

*Müller-Seidel* führt die Diskussion des gesellschaftlichen Aspekts sehr viel weiter. Für ihn sind alle Fontaneschen Erzählungen, in deren Mittelpunkt Frauengestalten stehen, als Zeitromane anzusehen: Die Frau als reines Objekt und Opfer: Cécile, die von Gordon beleidigt wurde, darf in der Duellfrage überhaupt nicht mitsprechen, sie ist nichts als der Stein des Anstoßes. Die Männer (»auf hohem Pferd«) allein sind die Handelnden. Selbst die Krankheitsgeschichte Céciles hat für Müller-Seidel zeitgeschichtliche Symptomatik.

*Literatur:*

*Hohendahl*, Peter Uwe: Th. F.: »Cécile«. Zum Problem der Mehrdeutigkeit. In: GRM NF 18, 1968, S. 381–405.
*Friedrich*, Gerhard: Die Schuldfrage in Fs »Cécile«. In: Jb. DSG 14, 1970, S. 520–545.
*Heuser*, Magdalene: Fs »Cécile«: zum Problem des ausgesparten Anfangs. In: ZfdPh. 92, 1973, SH, S. 36–58.
*Holz*, Paul: »... das war der Fürst von Werle«. Nachforschungen u. Anmerkungen zu einem Leberreim in Fs »Cécile«. In: FBl. 3, 1976, H. 7, S. 524–527.
*Ueding*, Cornelie: Utopie auf Umwegen. Zwei Szenen in Fs Roman »Cécile«. In: Literatur ist Utopie, hrsg. v. Gert Ueding, 1978, S. 220–253.
*Mommsen*, Katharina: Hofmannsthal u. F. 1978. [Darin auch über Cécile.]
*Schmalbruch*, Ursula: Zum Melusine-Motiv in Fs »Cécile«. In: Teko 8, 1980, H. 1, S. 127–144.
*Mende*, Dirk: Frauenleben. Bemerkungen zu Fs »L'Adultera« nebst Exkursen zu »Cécile« u. »Effi Briest«. In: F. aus heutiger Sicht, 1980, S. 183–213.
*Stephan*, Inge: »Das Natürliche hat es mir seit langem angetan.« Zum Verhältnis von Frau und Natur in Fs »Cécile«. In: Natur u. Natürlichkeit. Sta-

tionen des Grünen in der dt. Lit., hrsg. v. *R. Grimm* u. *J. Hermand* 1981,
S. 118–149.
*Korte*, Hermann: Ordnung und Tabu. Studien zum poetischen Realismus.
1989. [Darin Studie zu »Cécile«.]
*Jung*, Winfried: ›Bilder, und immer wieder Bilder…‹ Bilder als Merkmale kritischen Erzählens in Th. Fs »Cécile«. In: WW 40, 1990, S. 197–208.
Ferner: *Wandrey*, 1919, S. 190–209; *Hayens*, 1920, S. 161–183; *Günther*, 1967,
S. 32–38; *Reuter*, 1968, S. 654–664; *Mittenzwei*, 1970, S. 78–94; *Kahrmann*,
1973, S. 88–103; *Müller-Seidel*, 1975, S. 181–196; *Garland*, 1980, S. 73–98;
*Voss*, 1985, S. 85–119.

»*Irrungen, Wirrungen*«. Roman.
Entstehung: 1882–Juli 1887.
Hs.: verschollen. (Den einzigen allerdings negativen Hinweis auf das Manuskript findet man bei Spiero, S. 306, wonach es sich nie unter den Romanmanuskripten im Märkischen Museum befunden hat.)
Vorabdruck (mit dem Untertitel: »Eine Berliner Alltagsgeschichte«) in: »Vossische Zeitung, Morgenausgabe vom 24. Juli–23. Aug. 1887.
Erste Buchausgabe: Anfang 1888 bei F. W. Steffens, Leipzig.

Die Niederschrift des ersten größeren Entwurfs führte Fontane während eines Aufenthalts in Hankels Ablage, einem der Schauplätze des Werks, im Mai 1884 zu Ende. Erst 1886 wurde die Arbeit wieder aufgenommen und korrigiert, an eine weitere Überarbeitung ging er im Frühjahr 1887. Einige wenige erhaltene Aufzeichnungen sind abgedruckt in Aufbau-Ausgabe Bd 5,
S. 532 f.

Der Roman wurde mit einer sittlichen Entrüstung aufgenommen,
die sich schon während des Vorabdrucks in der »Vossischen Zeitung« bemerkbar machte. Doch der Ablehnung trat die junge Generation, vor allem die der naturalistischen Bewegung nahestehenden Kritiker *Schlenther* und *Brahm*, mit vorbehaltloser Anerkennung entgegen. Die Geschichte der Rezeption gerade dieses Romans in der zeitgenössischen Kritik (s. *Herding* und Aufbau-Ausg. Bd 5,
S. 543 ff.), die moralische und gesellschaftliche Provokation, die er bedeutete, ist ein wichtiges Moment: »Keines seiner Werke hatte bisher so eingeschlagen. Zum ersten Male war die Lebenslüge der herrschenden Gesellschaft bis ins Mark getroffen und durchschaut, entlarvt mit einer poetischen Eindringlichkeit und Überzeugungskraft,
wie sie der deutsche Roman zuvor nicht gekannt hatte« (*Reuter*,
S. 669). Fontanes bekannter Brief vom 8. Sept. 1887 an seinen Sohn
Theo bezeugt ausdrücklich das zeitkritische Element des Romans,
wenn er in dem offenen Bekennen einer bestimmten Stellung zu den
›heiklen‹ Fragen ein Stückchen Wert und ein Stückchen Bedeutung
des Buches sieht und, weniger zurückhaltend, die »konventionelle
Lüge«, die »Heuchelei« und das »falsche Spiel«, das die Gesellschaft

spiele, an den Pranger stellt. *Ingrid Mittenzwei* trägt in ihrer Interpretation von der Sprache her auch zu dem Verständnis der explosiven Wirkung des Werks bei, wenn sie feststellt, daß der Roman sich »durch seine Sprachbewußtheit als Fontanes bislang kritisch-unerbittlichster« gezeigt habe.

Zeitkritik enthielten auch Fontanes frühere Gesellschaftsromane, aber sie spielten alle auf der höheren Gesellschaftsebene. »Irrungen, Wirrungen« und dann wieder »Stine« führen zum erstenmal in das Milieu der unteren Berliner Volksschicht. Auch dies war etwas Neues und rückte die Romane in die Nähe des Naturalismus. Doch beruhte die Anerkennung der jungen naturalistischen Bewegung auf mancherlei Mißverständnis, weil man die künstlerische Absicht verkannte. *Schillemeit* setzt sich damit auseinander (S. 22–27); auch *Rainer Bachmann*. Die verschiedenen Aspekte der frühen Wirkungsgeschichte gerade dieser beiden Werke verdienen eine eingehende Untersuchung. (S. Arbeiten von *Betz*.)

Die Nachwirkung war weniger widerspruchsvoll, und nur der Grad der Wertschätzung mag unterschiedlich sein. Fontane hatte mit diesem Werk seine Meisterschaft erreicht, und die großen ästhetischen Qualitäten des Romans sind schon früh erkannt worden. Zwar gehen die Meinungen über den Ausgang des Romans immer noch auseinander: *Wandrey* (1919) sieht ihn als »milde Resignation und lächelnden Verzicht«; *Gerhard Friedrich* (1959) dagegen spricht von Ausweglosigkeit, Ratlosigkeit und Scheitern; *Karl Richter* (1966) bezeichnet »Irrungen, Wirrungen« ausdrücklich als einen tragischen Roman, »dessen Beklemmendes das konventionelle Urteil mit am wenigsten erkannt hat«, und auch *Killy* (1963) sieht noch einen, wenn auch verflachten tragischen Vorgang (»Untergang durch die alltägliche Nichtigkeit«). *Martini* dagegen weist den Begriff des Tragischen ausdrücklich zurück und findet die Lösung in einem »schmerzlich Sich-Zurecht-finden« und einem »resignierenden Sich-Einfügen« (Nachwort zu der einbändigen Winkler-Ausgabe »Romane«, 1970). Trotz seiner Vielschichtigkeit scheint das Werk doch weniger Rätsel aufzugeben als etwa »Schach von Wuthenow« oder »Cécile«.

So hat sich die Forschung auch weniger mit der Interpretation abgegeben als mit dem, was Fontane die »Finessen« dieser von ihm besonders geliebten Arbeit nennt, nämlich mit der künstlerischen Gestaltung. Die Darstellungsmittel hat zuerst *M. Zerner* eingehend untersucht, und auch *Schillemeits* Kapitel über »Irrungen, Wirrungen« ist weniger Interpretation als Analyse, die das erzählerische Verfahren aufzeigen will. *Killy*, der unter dem Titel »Wirklichkeit und Kunstcharakter« neun Romane des 19. Jhs. behandelt, wählt »Irrungen, Wirrungen« als Beispiel für Fontanes Kunstschaffen: »Es ist, als ob Fontane mit sorgfältigem Kunstverstand und märkisch-karger Bedachtsamkeit die Summe der Kunstmittel zum letzten Male anwendete, die das Jahrhundert entwickelt hat. Sie werden mit ihm dahingehen, so wie die Welt dahingegangen ist, welche sich hier im Detail verwirklicht« (S. 194 f.). Er weist vor allem auf die Bedeutung der zeichenhaften Kräfte der der Realität entnommenen Dinge bei Fontane hin. Auch *Schmidt-Brümmers* Arbeit trägt dazu bei, die »Finessen« dieses Romans aufzudecken. Auf Grund genauster Textanalysen untersucht er gewisse Erzählmittel auf ihre Funktion hin, gesellschaftliche Bezüge aufzuzeigen. Er wählt dazu vor allem Lokal- und Zeitangaben und Figurenbezeichnungen aus. Indem der Zusammenhang von Erzählstruktur und Thematik im Zeitroman am Beispiel »Irrungen, Wirrungen« beleuchtet wird, hat auch diese Arbeit wie die Killys paradigmatischen Charakter. Die große künstlerische Gestaltung gerade dieses Romans fordert dazu heraus.

Eine Interpretation der gesellschaftlichen Bezüge, also der Thematik, finden wir bei *Müller-Seidel*, der dieses Werk zusammen mit dem Pendant »Stine« unter dem Gesichtspunkt »Einfache Lebenskreise« behandelt, deren Darstellung bei Fontane in die Darstellung einfacher Menschlichkeit übergehe. Wohl werden die Konflikte in diesen beiden Romanen durch gesellschaftliche Ordnungen ausgelöst, aber Müller-Seidel sieht den Kern des hier ausgetragenen Konflikts in dem Gegenüber von Gesellschaft und Menschlichkeit, »einer Gesellschaft, wie sie ist, und einer natürlichen Menschlichkeit, wie sie sein sollte.« In engem Zusammenhang mit diesem Problemkreis steht, wie in den meisten Romanen Fontanes, die Frage nach dem Glück. Begriffe wie Paradies und Sündenfall, Wiedergewinnung des Paradieses, Idylle bürgern sich mehr und mehr in der Fontane-Forschung ein.

*Literatur:*

*Zerner*, Marianne: Zur Technik von Fs »Irrungen, Wirrungen«. In: Mh. (Wisconsin) 45, 1953, S. 25–34.
*Friedrich*, Gerhard: Die Frage nach dem Glück in Fs »Irrungen, Wirrungen«, In: DU 11, 1959, H. 4, S. 76–87.
*Killy*, Walter: Abschied vom Jahrhundert. F.: »Irrungen, Wirrungen«. In: W. K.: Wirklichkeit u. Kunstcharakter. 1963. S. 193–211.
*Fuerst*, Norbert: F's Entanglements »Irrungen, Wirrungen«. In: The Victorian Age of German Literature, London 1966, S. 157–161.
*McHaffie*, Margaret A.: F's »Irrungen, Wirrungen« and the novel of Realism. In: J.M.Ritchie: Periods in German Literature II, London 1969, S. 167–189.

*Faucher*, Eugène: Le language chiffré dans »Irrungen, Wirrungen« de F. In: EG 24, 1969, S. 210–222.

*Gerhardt*, Dietrich: Slavische Irrungen u. Wirrungen. In: Die Welt der Slaven. Vierteljahrsschr. f. Slavistik 15, 1970, H. 4, S. 321–334. (Auseinandersetzung mit E. Fauchers Artikel in EG 24, 1969, S. 210–222.)

*Schmidt-Brümmer*, Horst: Formen des perspektivischen Erzählens: Fs »Irrungen, Wirrungen«. 1971.

*Ester*, Hans: Über Redensart und Herzenssprache in Th. Fs »Irrungen, Wirrungen«. In: AGer 7, 1972, S. 101–116.

*Faucher*, Eugène: Farbsymbolik in Fs »Irrungen, Wirrungen.« In. ZfdPh. 92, 1973, SH, S. 59–73.

*Keitel*, Walter: »Ach, das arme bißchen Leben.« Gedanken zu F's »Irrungen, Wirrungen«. In: NZZ Nr. 206 v. 6. 5. 1973.

*Ester*, Hans: ›Ah, les beaux esprits se recontrent‹ – zur Bedeutung eines Satzes in Fontanes »Irrungen, Wirrungen«. In: Amsterdamer Beiträge zur Neueren Germanistik 4, 1975, S. 183–188.

*Wenger*, Marion R.: Redensarten in Th. Fs »Irrungen, Wirrungen«. In: Semasia, Beitr. z. Germ.-Rom. Sprachforschung 2, 1975, S. 325–331.

*Wittkowski*, Wolfgang: Handeln, Reden und Erkennen im Zusammenhang der Dinge: Raabes »Horn von Wanza« u. Fs »Irrungen, Wirrungen« – ethisch betrachet. In: Wege der Worte: Festschrift für Wolfgang Fleischhauer, anläßlich seines 65. Geb., 1978, S. 347–376.

*Szemiot*, Hanna: Zur preußischen Problematik in dem Roman Th. Fs »Irrungen, Wirrungen«. In: Acta Univ. Lodziensis 1979, Serie 1, Nr. 59, S. 83–90.

Th. F. »Irrungen, Wirrungen«. Erläuterungen u. Dokumente. hrsg. v. Frederick *Betz*. 1979.

*Field*, G. W.: The case for Käthe in F's »Irrungen, Wirrungen«. In. Analecta Helvetica et Germanica: eine Festschrift zu Ehren von Hermann Boeschenstein, 1979, S. 266–275.

*Kribben*, Karl-Gert: Großstadt- und Vorstadtschauplätze in Th. Fs Roman »Irrungen, Wirrungen«. In: Studien zur deutschen Literatur. Festschrift für Adolf Beck, 1979, S. 225–245.

*Subiotto*, F. M.: The use of memory in F's »Irrungen, Wirrungen«. In: Formen realistischer Erzählkunst, 1979, S. 478–489.

*Morgenthaler*, Walter: F. »Irrungen, Wirrungen«. In: W. M.: Bedrängte Positivität, 1979, S. 59–147.

*Betz*, Frederick: Fs »Irrungen, Wirrungen«. Eine Analyse der zeitgenössischen Rezeption des Romans. In: F. aus heutiger Sicht, 1980, S. 258–281.

*Volkov*, Evgenij M.: Einige Besonderheiten in der lyrischen Prosa von Fs Roman »Irrungen, Wirrungen«. (Übers. von Christa *Schultze*.) In: FBl. 4, 1980, H. 7, S. 572–585.

*Malcolm*, David: A new view of Gideon Franke in F's »Irrungen, Wirrungen«. In: NGS 10, 1982, S. 43–53.

*Davidson*, Judith A.: *Stattlich, gütig* and *beschränkt*. The function of Frau Dörr in F's »Irrungen, Wirrungen«. In: Seminar 18, 1982, S. 157–167.

*Grawe*, Christian: Käthe von Sellenthins ›Irrungen, Wirrungen‹. Anmerkungen zu einer Gestalt in Fs gleichnamigem Roman. In: FBl. 5, 1982, H. 1, S. 84–100.

*Bandet,* Jean-Louis: Le secret et la caricature. Remarques sur F. In: Mélanges à David, ed. p. Jean-Louis Bandet, 1983, S. 37–58. [Behandelt »Irrungen, Wirrungen« u. »Effi Briest«.]

*Walter-Schneider,* Margret: Randfiguren im Roman Fs. Bemerkungen zu »Irrungen, Wirrungen« u. »Effi Briest«. In: Jb. DSG 27, 1983, S. 303–325.

*Beaton,* Kenneth Bruce: Fs »Irrungen, Wirrungen« und Fanny Lewalds »Wandlungen«: ein Beitrag zur Motivgeschichte der vom Adel verführten Unschuld aus dem Volke. In: Jb. d. Raabe-Ges., 1984, S. 208–224.

*Bevilacqua,* Giuseppe: Vorwort zu einer populären Ausgabe von »Irrungen, Wirrungen« in Italien. (Milan 1982). In: FBl. 5, 1984, H. 5, S. 435–443.

*Bowman,* Derek: ›Unser Herz hat Platz für allerlei Widersprüche‹. Aspekte von Liebe und Gier in Fs Roman »Irrungen, Wirrungen«. In: FBl. 5, 1984, H. 5, S. 443–456.

*Davies,* Máire: A note in defence of Käthe von Sellenthin. In: GLL 38, 1984/85, S. 336–345.

*Howe,* Patricia: Reality and imagination in Fs »Irrungen, Wirrungen«. In: GLL 38, 1984/85, S. 346–356.

*Brumm,* Anne-Marie: The love song of J. Botho von Rienäcker – Th. Fs portrayal of the wasteland in »Irrungen, Wirrungen«. In: AGer 18, 1985, S. 98–140.

*Downing,* Eric: Tragödie/Spiel: An essay on Fs ›Glücksbegriff‹ in »Irrungen, Wirrungen«. In: DVjs. 59, 1985, S. 290–312.

*Hertling,* Gunter H.: Th. Fs »Irrungen, Wirrungen«: die ›Erste Seite‹ als Schlüssel zum Werk. 1985.

*Speirs,* Ronald: ›Un schlimm is eigentlich man bloß das Einbilden‹: Zur Rolle der Phantasie in »Irrungen, Wirrungen«. In: FBl. 6, 1985, H. 1, S. 67–78.

*Wruck,* Peter: ›Viel Freud, viel Leid. Irrungen, Wirrungen. Das alte Lied.‹ In: FBl. 6, 1985, H. 1, S. 79–97. [Vorabdruck aus »Werkinterpretationen zur Dt. Lit.« Hrsg. von Horst *Hartmann.* 1985.]

*Preisendanz,* Wolfgang: Reduktionsformen des Idyllischen im Roman des 19. Jhd. In: Idylle u. Modernisierung in d. europ. Lit. d. 19. Jhd. Hrsg. v. Hans-Ulrich Seeber u. Gerhard Klussmann. 1986, S. 81–92.

*Paulsen,* Wolfgang: Warum ausgerechnet ›Nimptsch‹? In: FBl. 6, 1987, H. 5, S. 561–566.

*Finlay,* Rosemarie; *Dunn,* Helga: The pictures in Fs »Irrungen, Wirrungen«, In: Seminar 24, 1988, S. 221–238.

*Guarda,* Sylvain: Th. Fs »Irrungen, Wirrungen«: Ein Gesellschaftsportrait echter Menschlichkeit. In: Michigan G. S. 14, 1988, S. 123–138.

*Lau,* Heike: Betrachtungen zu Raum und Zeit in Th. Fs »Irrungen, Wirrungen«. In: FBl. 1988, H. 45, S. 71–78.

*Barry,* David T. J.: Threads of threeness in Fs »Irrungen, Wirrungen«. In: GR 64, 1989, S. 99–104.

*Sollmann,* Kurt: Th. F.: »Irrungen, Wirrungen«. 1990.

*Hettche, Walter:* »Irrungen, Wirrungen«. Sprachbewußtsein u. Menschlichkeit. Die Sehnsucht nach den einfachen Formen. In: Interpretationen. Fs Novellen u. Romane. 1991, S. 136–156.

*Konrad*, Susanne: Die Unerreichbarkeit von Erfüllung in Th. Fs »Irrungen, Wirrungen« und »L'Adultera«. Strukturwandel in der Darstellung und Deutung intersubjektiver Muster. 1991.
Ferner: *Wandrey*, 1919, S. 210–234; *Hayens*, 1920, S. 215–234; *Schillemeit*, 1961, S. 22–46; *Reuter*, 1968, S. 664–671; *Mittenzwei*, 1970, S. 94–110; *Kahrmann*, 1973, S. 151–163; *Müller-Seidel*, 1975, S. 252–270; *Garland*, 1980, S. 99–127; *Bance*, 1982, S. 78–102; *Voss*, 1985, S. 164–177

## »Stine«

Entstehung: 1881–1888.
Hs.: verschollen (bis 1945 im Märkischen Museum, Berlin); einige wenige Kapitel sind dahin zurückgekehrt.
Vorabdruck: »Deutschland. Wochenschrift für Kunst, Literatur, Wissenschaft u. soziales Lebens«. Jg 1. [der einzige], 1889/90, Nr. 17–24, vom 25. Jan.–15. März 1890.
Erste Buchausgabe: Apr. 1890 bei Friedrich Fontane & Co., Berlin.

Nach Aufzeichnungen im Tagebuch vom 23. Nov. bis 22. Dez. 1881 fällt die erste Arbeitsphase bereits in diese Monate, aber erst fünf Jahre später, im Januar und Febr. 1887, ging Fontane wieder an die Arbeit, und in der ersten Hälfte des Jahres 1888 wurde das Manuskript noch einmal durchgesehen. Das in HA Bd 5, S. 837–839 veröffentlichte Fragment »Thusnelda Lehmann« (auch NyA Bd 24, S. 314 ff. u. Aufbau-Ausg. Bd 5, S. 580 f.) enthält so deutliche Anklänge an »Stine«, daß man annehmen kann, daß es vor der ersten Niederschrift von »Stine« entstanden ist. Andere Entwürfe oder Notizen zu dem Roman scheinen nicht erhalten zu sein.

»Stine« und »Irrungen, Wirrungen« sind in zeitlicher Nähe entstanden und überschneiden sich teilweise. »Stine« ist aber nicht nur thematisch und entstehungsgeschichtlich ein Pendant zu »Irrungen, Wirrungen«, sondern auch wirkungsgeschichtlich, zumindest was die frühe Wirkung anbetrifft. Die Erfahrungen und Enttäuschungen, die die Veröffentlichung von »Irrungen, Wirrungen« begleitet hatten, wiederholten sich, und erst 1890 war es Fontane möglich, den Roman herauszubringen. Interessant ist der Hinweis in Aufbau-Ausg. Bd 5, S. 587, daß es wohl kein Zufall war, wenn Fontane zwischen dem Erscheinen von »Irrungen, Wirrungen« und der Ablehnung von »Stine« durch den Chefredakteur der »Vossischen Zeitung« den Entwurf zu »Frau Jenny Treibel« zu Ende führte, den Roman also, der »das Hohle, Phrasenhafte, Lügnerische... des Bourgeoisstandpunktes« aufzeigte.

Dokumente der die Veröffentlichung begleitenden Schwierigkeiten und frühe Kritiken sind in der Aufbau-Ausg. Bd. 5, S. 582 f., abgedruckt.

In »Stine« ist das »Irrungen, Wirrungen« verwandte Thema radikalisiert; die Gegensätze zwischen dem aristokratischen Milieu und dem der unteren Volksschicht sind schärfer gezeichnet, und der Gesellschaftsstand erscheint »fragwürdiger und brüchiger«. So sieht es *Martini* und auch *Pascal.* *Reuter* spricht von einer motivlichen Kontrapunktik zu »Irrungen, Wirrungen«, von einer Modulation, einer Transponierung von Dur nach Moll: »Der vergleichsweise versöhnlichen Lösung [in: ›Irrungen, Wirrungen‹] stellte er in ›Stine‹ die tödliche Alternative gegenüber« (S. 672).

Fontane selber hat zugegeben, daß »Stine« an künstlerischer Gestaltung hinter »Irrungen, Wirrungen« zurückstehe. Dem stimmt die Forschung allgemein zu. Vor allem erscheinen Stine und Waldemar als künstlerische Durchschnittsfiguren *(Mittenzwei).* Dagegen ragt eine Gestalt aus diesem Roman hervor, die Witwe Pittelkow, die als »eine der stärksten Leistungen des Gestalters Fontane« gilt, »ein Triumph seiner Kunst« *(Wandrey).* Ausgezeichnet ist *Gerhard Friedrichs* Porträtstudie und sozialgeschichtliche Interpretation dieser Figur, die auch *Müller-Seidel* in den Mittelpunkt seiner Betrachtung stellt. *Schillemeit* erkennt aber auch in diesem Werk viele »Finessen«, denen zum Beispiel *Ohl* in der Betrachtung der Fontaneschen Symbolsprache nachgeht (S. 210–213). S. auch *Mecklenburg*, TuK 1989, S. 148f.

*Literatur:*

*Reuter*, Hans-Heinrich: »Freifrau« oder »Froufrou«. Zu einem verschleppten Lesefehler in Fs Erzählung »Stine«. In: WB 9, 1963, S. 156–158.
*Friedrich*, Gerhard: Die Witwe Pittelkow. In: FBl. 3, 1974, H. 2, S. 109–124.
*Thunecke*, J.: Lebensphilosophische Anklänge in Fs »Stine«. In: Formen realist. Erzählkunst, 1979, S. 505–525.
*Wessels*, P.: Schein und Anstand. Zu Fs Roman »Stine«. In: Formen realist. Erzählkunst, 1979, S. 490–504.
*Hertling*, G. H.: Th. Fs »Stine«: eine entzauberte »Zauberflöte«? Zum Humanitätsgedanken am Ausklang zweier Jahrhunderte. 1982.
Ferner: *Wandrey*, 1919, S. 235–245; *Hayens*, 1920, S. 221–234; *Schillemeit*, 1961, S. 47–57; *Reuter*, 1968, S. 671–676; *Mittenzwei*, 1970, S. 110–116; *Kahrmann*, 1973, S. 116–123; *Aust*, 1974, S. 161–188; *Müller-Seidel*, 1975, S. 270–284; *Garland*, 1980, S. 128–139; *Voss*, 1985, S. 164–177.

*»Quitt.«* Roman.
Entstehung: 1885–April 1889.
Hs.: Bis 1945 eigenhändige Hs. und Reinschrift Emilies im Märkischen Museum, Berlin; dann verschollen. Jetzt sind umfangreiche Teile dahin zurückgekehrt.
Vorabdruck: »Die Gartenlaube« 1890, Nr. 1–11. (Mit Eingriffen der Redaktion und stark gekürzt.)
Erste Buchausgabe: Ende Nov. 1890 bei Wilhelm Hertz (Bessersche Buchhandlung) Berlin. (Impressum 1891).

Wahrscheinlich hatte Fontane schon im Sommer 1884 während seiner Ferien in Krummhübel im Riesengebirge durch den dortigen Lehrer Loesche von einem Mordfall gehört, der sich in jener Gegend abgespielt hatte: der Revierförster Wilhelm Frey war von einem Wilddieb erschossen worden, und der Täter war nach Amerika entkommen und seither verschollen. Aus Fontanes Briefen weiß man, wie sehr er sich bei dem folgenden Aufenthalt in Krummhübel (1885) bemühte, Einzelheiten zu erfahren und die Lokalitäten auf sich wirken zu lassen, und wie gründlich er an der geschichtlichen Fundierung des Teils, der in Amerika bei den Mennoniten spielt, arbeitete.

Von der ersten Niederschrift des Sommers 1886 auf Rückseiten anderer Manuskripte (in FAP) ist einzelnes in Aufbau-Ausg. Bd 5, S. 614–616, abgedruckt, was gegenüber der letzten Fassung nicht nur auf stilistische Änderungen, sondern Änderungen in der Konzeption hinweist. Ebda, S. 618–620, sind auch Textstellen zusammengestellt, die die außerordentlich starken Veränderungen und Kürzungen zeigen, die seitens der Redaktion der »Gartenlaube« ausgeführt waren.

Anders als bei »Vor dem Sturm« hat Fontane die Eingriffe der Redaktion nicht nur zugelassen, sondern sich sogar merkwürdig gleichgültig dagegen verhalten. Er hat hier wohl dem Geschmack der Leser der »Gartenlaube« Zugeständnisse gemacht, allerdings bei einem Werk, das ihm selber nicht so am Herzen lag wie der erste Roman. Die Buchausgabe beruht offensichtlich auf einem ungekürzten Manuskript.

Die frühen, sich sehr widersprechenden Kritiken, vor allem der Naturalisten, sind nicht uninteressant (s. Aufbau-Ausg. Bd 5, S. 622 ff., und *Herding*). Die Forschung hat Stoffwahl und künstlerische Gestaltung beanstandet, vor allem auch den in Amerika spielenden Teil kritisiert. *Wandrey*, für den Fontanes Welt eine Welt der Ordnung war, empfand einen weltanschaulichen Bruch darin, daß »Ich und Ordnung, die sonst von einer seelischen Mitte gehaltenen und gebundenen Polaritäten seiner ethisch-sozialen Welt, zu unversöhnlichen, blinden Widersprüchen« auseinanderfallen (S. 324). *Demetz* untersucht genau die Komposition (»die beiden Erzählblöcke«) und sieht die Kriminalgeschichte zu einem politischen Roman werden: »Fontanes Ansatz zur Kriminalgeschichte wird durchbrochen von den mächtigen politischen Instinkten seiner Spätzeit.« (S. 106). Es ist gerade das politische Engagement in diesem Roman, das *Reuter* veranlaßt, andere als rein ästhetische Kriterien für seine Beurteilung anzuwenden. Seine Interpretation, die auch auf autobiographische Zusammenhänge hinweist, erschließt Perspektiven, die dem »Fontaneschen« in diesem Roman gerechter werden als frühere Urteile (»Grundpositionen der ›historischen‹ Autobiographie«). Für den sozialkritischen Kern auch dieses Romans ist wichtig, was Fontane seiner Tochter Mete am 17. Juni 1885 bei der Erwähnung des Denkmals für den ermordeten Förster schrieb: »Auf dem Denkmal steht: ›ermordet durch einen Wilddieb‹. Ich finde dies zu stark. Förster und Wilddieb leben in einem Kampf und stehen sich bewaffnet, Mann gegen Mann, gegenüber; der ganze Unterschied ist, daß der eine auf d. Boden des Gesetzes steht, der andre nicht, aber dafür wird der eine bestraft, der andre belohnt, von ›Mord‹ kann in einem ebenbürtigen Kampf keine Rede sein« (Prop. Briefe II, 1969, S. 75f.). Das Schicksalsmotiv verbindet »Quitt« mit den früheren Erzählungen, in denen ein Mord geschient: »Unterm Birnbaum« und »Ellernklipp«. *Günther* sieht es als Nemesis und untersucht deren Symbol. *Demetz* sieht in dem gleichen Schicksal, das Opfer und Täter in »Quitt« erleiden, »einen unmenschlichen Fatalismus«, der mit der sonst rationalen und humanen Welt des Werks in Konflikt gerät. Mit diesem Zwiespalt setzt sich aus anderer Sicht *Heinz Schlaffer* auseinander, der in seinem Aufsatz »Das Schicksalsmodell in Fontanes Romanwerk« dem Roman einige Beachtung schenkt und für den »Quitt« ein Beweis ist, daß Fontane auch nach Hinwendung zum Gesellschaftsroman »die Gedanken an Gesetz und Fatum noch nicht fremd geworden sind«. Auch *Müller-Seidel* setzt sich mit dem heterogenen Gebilde des Romans auseinander. Er untersucht das Sozialkritische des ersten Teils (den er ein kleines Meisterwerk nennt) und die Gründe für das Mißlingen des zweiten Teils, die in dem Problemkreis von Schuld und Sühne und mysteriösem Fatum zu finden sind, womit sich der »ausgleichende Künstler« Fontane aus einem Dilemma ziehe.

*Literatur:*

*Zieglschmid*, Andreas J. F.: Truth and fiction and Mennonites in the second part of Th. F's novel »Quitt«: the Indian territory. In: Mennonite quarterly Review 16, 1942, S. 223–246.

*Davis*, Arthur L.: Th. F's interest in America as revealed by his novel »Quitt«. In: American German Review 19, 1952/53, H. 3, S. 28–29.

*Reitzig*, Hans: Th. Fs »Quitt«. In: Schlesien 15, 1970, S. 214–222.

*Reuter*, Hans-Heinrich: Kriminalgeschichte, Humanistische Utopie u. Lehrstück. Th. F. »Quitt«. In: SuF 23, 1971, H. 6, S. 1371–1376.

*Schlaffer*, Heinz: Das Schicksalsmodell in Fs Romanwerk. In: GRM NF 16, 1966, S. 392–409.

*Reuter*, Hans-Heinrich: Grundpositionen der ›historischen‹ Autobiographie Th. Fs. In: Th. Fs Werk in unserer Zeit. 1966, S. 26–35: über »Quitt«.

*Martini*, Fritz: Auswanderer, Rückkehrer, Heimkehrer. Amerikaspiegelungen im Erzählwerk von Keller, Raabe und F. In: Amerika in der deutschen

Literatur: Neue Welt – Nordamerika – USA. Hrsg. v. Sigrid Bauschinger [u. a.], 1975, S. 178–204. [Über »Quitt«, s. S. 196–204.]

*Schwerdtner*, Hans: Erinnerungen an den Lehrer Lösche, der F. Kenntnis von der Ermordung des Försters Frey vermittelte (»Quitt«). In: FBl. 3, 1976, H. 7, S. 523–524.

*Richter*, Fritz K.: Th. Fs schlesischer Roman »Quitt«. In: Jb. d. Schles. Friedrich-Wilhelm -Univ. zu Breslau 19, 1978, S. 188–197.

*Ohl*, Hubert: Th. F. [Zur Kriminalgeschichte.] In: Handbuch der deutschen Erzählung, hrsg. v. K. *Polheim*, 1981, S. 339–355. (Zu »Quitt« S. 350–355.)

*Lowsky*, Martin: ›Aus dem Phantasie-Brunnen‹. Die Flucht nach Amerika in Th. Fs »Quitt« und Karl Mays »Scout«. In: Jb. d. Karl-May-Ges. 1982, S. 77–96.

›Und diese Hyperklugheit hat die ganze neure Schule‹. Eine neuentdeckte zeitgenössische Rezension über Fs Roman »Quitt«. Mitget. u. komm. v. Frederick *Betz*. In: FBl. 6, 1986, H. 4, S. 383–391.

*Lowsky*, Martin: »Quitt« und die Kommunarden. Über Fs Vorbild für seine Figur Camille l'Hermite. In: FBl. 1990, H. 50, S. 102–112.

*Graf*, Andreas: F., Möllhausen und Friedrich Karl in Dreilinden. Zu Entstehungshintergrund und Struktur des Romans »Quitt«. In FBl. 1991, H. 51, S. 156–175.

*Grawe*, Christian: »Quitt«. Lehnert Menz zwischen Todesverfallenheit u. Auferstehung. Zur Bildwelt des Romans. In: Interpretationen. Fs Novellen u. Romane. 1991, S. 157–184.

Ferner: *Wandrey*, 1919, S. 320–325; *Hayens*, 1920, S. 101–120; *Demetz*, 1964, S. 100–112; *Günther*, 1967, S. 49–:54; *Kahrmann*, 1973, S. 49–62; *Aust*, 1974, S. 189–228; *Müller-Seidel*, 1975, S. 228–238; *Voss*, 1985, S. 213–225.

*»Unwiederbringlich« Roman.*

Entstehung: 1887–1890.

Hs.: Reinschrift (Druckmanuskript) von Emilie Fontane mit Korrekturen Fontanes. Unvollständig. Im FAP (Dauerleihgabe der Universitätsbibliothek der Humboldt-Universität, Berlin). Wenige Blätter der ursprünglich im Märkischen Museum befindlichen Urschrift sind dahin zurückgekehrt.

Vorabdruck: »Deutsche Rundschau« Jg 17, Bd 66 u. 67, Jan. bis Juni 1891.

Erste Buchausgabe: Nov. 1891 (Impressum 1892) bei Wilhelm Hertz (Bessersche Buchhandlung), Berlin.

Die erste Niederschrift fällt in die zweite Hälfte des Jahres 1887. Laut Tagebuch war Fontane am 23. Dez. damit fertig. Am 21. Nov. 1888 bot dann Fontane *Julius Rodenberg* den Roman für die »Deutsche Rundschau« an, wo er aber erst im Jahre 1891 erschien.

In einem zweiten Brief an Rodenberg vom 25. Nov. 1888 über seine Pläne der Fertigstellung stehen einige für Fontanes Arbeitsweise überhaupt aufschlußreiche Zeilen: »... Dann will ich mich an die Korrektur von ›Unwiederbringlich‹ machen, was aber gewiß vier

70

Monat in Anspruch nehmen wird und mit kleinen Unterbrechungen wohl noch mehr. Dann kommt das zweite Lagern und erst im Herbst die letzte Durchsicht.« Die Korrektur der ersten Niederschrift, d.h. die Ausarbeitung, zog sich über zwei Jahre hin; laut Tagebuch war er Anfang Dez. 1890 damit fertig. Emilie Fontane hatte bereits im Sommer 1890 in Krummhübel den ganzen Roman abgeschrieben »nach vorgängiger Glattmachung (so wenigstens glaubte ich)«, doch Fontane hielt es dann noch für nötig, weiter daran zu feilen.

Von dieser Satzvorlage – Emilies Reinschrift mit Fontanes Korrekturen – sind Kapitel 1–10 und 16–21 erhalten; ein Faksimile, das in Aufbau-Ausg. Bd. 6 abgedruckt ist, zeigt, wie sehr Fontane noch an dem Manuskript verbessert hat. Das 20. Kapitel ist völlig neu geschrieben worden.

Die Urschrift von Fontanes Hand – ursprünglich im Märkischen Museum – ist seit Ende des Zweiten Weltkrieges verschollen. Ferner ist ein früherer Entwurf verschollen, den *Rosenfeld* in seiner Arbeit »Zur Entstehung Fontanescher Romane« mitgeteilt hat, sowie Vorarbeiten, die er in der gleichen Arbeit verwertet hat. Dagegen blieben verschiedene Notizen auf der Rückseite zu Vorarbeiten zum »Ländchen Friesack« (1889) erhalten (vorhanden im FAP). Die Aufbau-Ausg. hat die wichtigsten dieser Notizen in Bd 6, S. 467 ff., abgedruckt, ebenso (auf S. 472 f.) Notizen, die sich auf Rückseiten des Manuskripts von »Mathilde Möhring« (auch im FAP) befinden. Der Druck der Buchausgabe beruht auf dem Vorabdruck in der »Deutschen Rundschau«, den Fontane durchgesehen und als zuverlässig befunden hatte.

Der Stoff war Fontane laut Tagebuch am 6. Febr. 1885 zugetragen und zu freier Verfügung gestellt worden. Die Geschichte, die in Strelitz und am Strelitzer Hof spielte, ist von Fontane in großen Zügen übernommen und nach Schleswig-Holstein und Kopenhagen transponiert worden. Als Fontane am 21. Nov. 1888 Rodenberg den Roman anbot und die Vorgeschichte mitteilte, waren wohl bereits in seinem Gedächtnis die wahre Geschichte und die künstlerische Umformung verwischt. Auch scheint es zweifelhaft, daß der »Held« der wahren Geschichte der im Brief an Rodenberg genannte Baron Plessen-Ivenack auf Schloß Ivenack in Strelitz war; die der Geschichte Holks so ähnliche Lebensgeschichte des Freiherrn Karl Hans Friedrich von Maltzahn ist wahrscheinlich als Quelle anzusehen.

*Rosenfeld* hat eine biographische Skizze Maltzahns »aus einer im Druck befindlichen Familiengeschichte« mitgeteilt, die in Aufbau-Ausg. Bd 6, S. 465 f. wiederabgedruckt ist.

Für den zeitgeschichtlichen Hintergrund der Ehegeschichte wählte Fontane die Jahre nach der Idstedter Schlacht (1850) und vor dem Ausbruch des Dänischen Krieges (1864), also den latenten Konflikt zwischen Dänemark und Schleswig-Holstein. Der Brand des Frederiksborger Schlosses in der Nacht vom 17. zum 18. Dez. 1859, im 27. Kapitel Höhe- und Wendepunkt des Romans, bestimmte die genauere zeitliche Festlegung. Fontane war seit langem mit dem schleswig-holsteinischen Problem wohlvertraut, und aus seinen Reiseartikeln über Kopenhagen in Cottas »Morgenblatt für gebildete Leser« im März und April 1865 übernahm er Verschiedenes für das Lokalkolorit; ebenso sind Einzelheiten aus dem Schleswig-Holsteinischen Kriegsbuch in den Roman eingegangen.

Das Werk hat völlig entgegengesetzte Beurteilung gefunden. *Conrad Ferdinand Meyer*, der den Vorabdruck in der »Deutschen Rundschau« las, rühmte in einem Brief an Rodenberg vom 28. März 1891 die reine Kunstform des Romans: »feine Psychologie, feste Umrisse, höchst-lebenswahre Charaktere u. über alles doch ein gewisser poetischer Hauch...«. *Otto Brahm* betonte in seiner Besprechung vom 2. Dez. 1891 in der »Freien Bühne für modernes Leben« das Balladeske und Impressionistische und sah darin das Zusammentreffen von Fontanes alter und neuer Technik. *Schlenther* (2. Jan. 1892 in der Wochenzeitschrift »Die Nation«) betont die Kunst des Atmosphärischen. Besonders hoch wurde »Unwiederbringlich« von *Helene Herrmann* geschätzt, die den Roman in der tiefen und innerlichen Erfassung der Eheschuld in nächste Nähe von »Effi Briest« rückt (*Demetz* stellt später »Unwiederbringlich« über »Effi Briest«).

Daneben aber gab es auch ablehnende Stimmen, und besonders nach *Wandreys* ungünstigem Urteil ist diesem Roman lange wenig Beachtung geschenkt worden.

Vielfach wurde die Tatsache, daß Fontane den Roman in einer fremden und nicht in der ihm vertrauten märkisch-berlinischen Atmosphäre spielen ließ, als Grund unbefriedigender Gestaltung angesehen. Demgegenüber betont *Demetz*, der »Unwiederbringlich« als Fontanes Meisterwerk ansieht, daß gerade die Distanzierung nach Norddeutschland und Dänemark das Werk dem lokalpatriotischen Interesse enthoben habe, »das dem künstlerischen Ruhm Fontanes eher Abbruch tat, als nützlich war«. Er nennt es in seiner Analyse das makelloseste Kunstwerk Fontanes, »ohne Schlacke und Sentimentalität; kühl, gefaßt, kontrolliert; ein Buch ganz aus Elfenbein«. Auch bei dem Schweizer *Max Rychner* fand »Unwiederbringlich« eine positive Würdigung, ebenso bei *Douglas Parmée*, dem englischen Übersetzer des Werks (»Beyond Recall«, 1964).

Die interessante Vorgeschichte (das Modell), die vielfach verbesserte Vorabdruckvorlage (wenn auch unvollständig vorhanden), sowie das Auseinandergehen der kritischen Urteile bieten reichliches

Material für weitere Untersuchungen. *Demetz'* Aufwertung hat hier bereits anregend gewirkt. So behandelt *Ohl* an einzelnen Beispielen die Perspektivierung von Fontanes epischer Welt durch Brief und Gespräch und betont die vielfältigen perspektivischen Bezüge gerade dieses Romans, deren eingehende Untersuchung sich lohnen würde. *Frances Subiotto* untersucht speziell die Funktion der Briefe, und in einer amerikanischen Dissertation (*R. T. Leckie*, 1970) wurde eine kritische Analyse und Interpretation des Werks versucht. Die Arbeiten von *Lohmeier, Blessin* und *Jørgensen* befassen sich sehr viel eingehender, als bisher geschehen, mit den zeitgeschichtlichen Aspekten und politischen Dimensionen des Romans (und mit dem Dänemark-Bild im speziellen), vor allem aber auch mit der Frage nach ihrer Funktion und Integrierung. Es wird dabei auf die umfangreichen historiographischen Vorarbeiten Fontanes verwiesen, die auf Intentionen des Dichters deuten, die nach *Blessin* wohl kaum vollständig eingelöst seien. So blieben Privatsphäre und Politik getrennte Bereiche, und eine symbolische Integration des Politischen sei nicht gelungen. *Müller-Seidel* stellt die Absicht einer symbolischen Darstellung in Frage; seine Interpretation aller Fontaneschen Romane geht gerade davon aus, daß durch den Wandel der Dinge und dem damit verbundenen Bewußtseinswandel Privatsphäre und Politik nie getrennte Bereiche seien.

*Literatur:*

*Rychner*, Max: Fs »Unwiederbringlich«. In: NSR NF 19, 1951/52, S. 740–746. Auch in: M. R.: Aufsätze zur Literatur. 1966, S. 237–250.

*Sakrawa*, Gertrud M.: Scharmanter Egoismus. Th. Fs »Unwiederbringlich«. In: Mh. (Wisconsin) 61, 1969, S. 15–29.

*Leckie*, Ritva Tunlikki: Th. F's novel »Unwiederbringlich«. Analysis, interpretation and evaluation. Diss. Indiana University 1970.

*Subiotto*, Frances M.: The function of letters in F's »Unwiederbringlich«. In: MLR 65, 1970, S. 306–318.

*McDonald*, Edward R.: Charakterdarstellung in Th. Fs »Unwiederbringlich«. In: WB 17, 1971, H. 1, S. 197–205.

*Delius*, F. C.: Der Held u. sein Wetter. 1971. Darin: Fs Kompromisse. Das Wetter in »Unwiederbringlich«, S. 90–101.

*Lohmeier*, Dieter: Vor dem Niedergang: Dänemark in Fs Roman »Unwiederbringlich«. In: Skandinavistik 2, 1972, H. 1, S. 27–53.

*Laufer*, Christel: Vollständige Verzeichnung u. Erschließung d. Werkhandschriften »Unwiederbringlich«, »Effi Briest«, »Der Stechlin« von Th. F. Diss. Dr. eines Wissenschaftszweiges, Dt. Akad. d. Wissenschaften, Berlin 1973. [Exemplar in FAP].

*Blessin*, Stefan: »Unwiederbringlich« – ein historisch-politischer Roman? Bemerkungen zu Fs Symbolkunst. In: DVjs. 48, 1974, S. 672–703.

*Jørgensen*, Svend-Aage: Dekadenz oder Fortschritt? Zum Dänemarkbild in Fs Roman »Unwiederbringlich«. In: Teko 2, 1974, Nr. 2, S. 28–49.

*Lorenz*, Dagmar C. G.: Fragmentierung und Unterbrechung als Struktur- und Gehaltsprinzipien in Fs Roman »Unwiederbringlich«. In: GQ 51, 1978, S. 493–510.

*Petersen*, Uwe: Poesie der Architektur – Architektur der Poesie. Zur Gestaltung und Funktion eines palladianischen Schauplatzes in Fs Roman »Unwiederbringlich«. In: Studien zur deutschen Literatur. Festschrift f. Adolf *Beck*, 1979, S. 246–254.

*Avery*, G. C.: The language of attention: narrative technique in F's »Unwiederbringlich«. In: Formen realist. Erzählkunst, 1979, S. 526–534.

*Pistor*, Gunther: Auf den Spuren von Holk und Ebba: ›... die Geschichte nach Schleswig-Holstein und Kopenhagen hin transponiert...‹ In: FBl. 5, 1982, H. 1, S. 54–58.

*Eilert*, Heide: ›... und mehr noch fast, wer liebt‹: Th. Fs Roman »Unwiederbringlich« und die viktorianische Sexualmoral. In: ZfdPh. 101, 1982, S. 527–545.

*Böschenstein*, Renate: Idyllischer Todesraum und agrarische Utopie: zwei Gestaltungsformen des Idyllischen in der erzählenden Literatur des 19. Jhs. In: Idylle und Modernisierung in der europäischen Literatur des 19. Jahrhunderts. Hrsg. v. H. U. *Seeber* u. P. G. *Klussmann*, 1986, S. 25–40. [über »Unwiederbringlich«. S. 25–29.]

*Paulsen*, Wolfgang: Im Banne der Melusine. F. u. sein Werk. 1988. [Darin Kap. über das F.-Lepel-Erlebnis im Spiegel von »Unwiederbringlich«.]

*Seibt*, Wolfram: Kruses Grab. Die versteckten Nicht-Ehen in Fs Gesellschaftsroman »Unwiederbringlich«. In: FBl. 1988, H. 45, S. 45–70.

*Zimmermann*, Rolf Christian: Paradies und Verführung in Fs »Unwiederbringlich«: Zur Glücksthematik und Schuldproblematik des Romans. In: In Search of the Poetic Real. Essays in Honor of Clifford Albrecht Bernd on the Occasion of his Sixtieth Birthday. Ed. by John F. Fetzer [u. a.] 1989, S. 289–309.

*Zimmermann*, Rolf Christian: »Unwiederbringlich« – Nichtehen u. Scheintriumphe neuer F.-Philologie. In: Architectura Poetica. Festschrift für Johannes Rathofer. 1990, S. 471–490. [Zu W. Seibts Artikel.]

*Masanetz*, Michael: ›Awer de Floth, de is dull!‹ Fs »Unwiederbringlich« – das Weltuntergangsspiel eines postmodernen Realisten. (Teil I) In: FBl. 52, 1991, S. 68–90.

Ferner: *Wandrey*, 1919, S. 325–330; Hayens, 1920, S. 184–214; Schillemeit, 1961, S. 58–78; Demetz, 1964, S. 164–177; Günther, 1967, S. 73–84; *Ohl*, 1968, S. 175–180; *Mittenzwei*, 1970, S. 119–133; *Kahrmann*, 1973, S. 143–151; *Müller-Seidel*, 1975, S. 378–393; *Bance*, 1982, S. 103–130; *Voss*, 1985, S. 17–85; K. *Müller*, 1986, S. 62–93.

»*Frau Jenny Treibel oder ›Wo sich Herz zum Herzen findt‹.*« Roman.
Entstehung: wahrscheinlich Winter 1887/88 – Okt. 1891.
Hs.: verschollen (bis 1945 im Märkischen Museum, Berlin); mehrere Kapitel, z. T. vollständig, sind dahin zurückgekehrt.

Vorabdruck: »Deutsche Rundschau« Jg 18, Bd 70–71, Jan. bis April 1892.
Erste Buchausgabe: Herbst 1892 bei Friedrich Fontane & Co., Berlin (Impressum 1893).

Das im Okt. 1891 fertig gewordene Manuskript ist auf Wunsch von *Julius Rodenberg* im Nov. von Fontane noch einmal überarbeitet worden; leider ist der größte Teil des Ms. verschollen, so daß viele Änderungen nicht bekannt sind. Das Erscheinen des Romans fällt in das Jahr von Fontanes ernster Erkrankung, und es ist ungewiß, ob er den Vorabdruck überwacht hat; sicher ist, daß er selber nicht die Korrekturen für die Buchausgabe gelesen hat und daß diese fehlerhaft und weniger zuverlässig ist als der Vorabdruck; deswegen hat Aufbau-Ausg. Bd 6 ihrem Text den Vorabdruck zugrunde gelegt.

Der endgültige Titel wurde erst im Nov. 1891 festgelegt. Im ersten Entwurf lautete er: »Die Frau Bourgeoise oder ›Wo nur Herz zum Herzen spricht‹«; später: »Frau Kommerzienrätin oder ›Wo sich Herz zum Herzen findt‹«.

Einige frühe Entwürfe auf Rückseiten des Ms. von »Mathilde Möhring« sind in Aufbau-Ausg. Bd. 6, S. 519–524, abgedruckt.

Der Bucherfolg war groß, und bis 1899 erschienen fünf Auflagen. Auch die zeitgenössische literarische Kritik war sich diesmal in der Anerkennung einig.

*Rosenfeld* hat auf die reale Grundlage dieses Romans hingewiesen, der ganz persönlichen Erfahrungen und Anschauungen seine Entstehung verdankt. Aus diesem Grunde hat er die von *Shears* aufgestellte These, daß »Frau Jenny Treibel« unter dem Einfluß von Thackerays Roman »Pendennis« entstanden sei, zurückgewiesen. Das Bild der Bourgeoisie ist dem Milieu von Fontanes Schwester Jenny Sommerfeldt, die für Jenny Treibel in vielem selber Modell gestanden hat, sowie ihrem Verkehrskreis entnommen. Auch die Lokalität (siehe *Rost*) weist darauf hin. Daß seine eigene Tochter Mete Züge für Corinna Schmidt hergab, ist bekannt. Einige Figuren und Motive waren bereits in den Entwürfen zu »Allerlei Glück« vorgezeichnet. Was Fontane mit dem Roman zum Ausdruck bringen wollte, hat er selbst deutlich gesagt: »Zweck der Geschichte: das Hohle, Phrasenhafte, Lügnerische, Hochmütige, Hartherzige des Bourgeois-Standpunktes zu zeigen, der von Schiller spricht und Gerson meint« (9. Mai 1888 an den Sohn Theo).

»Frau Jenny Treibel« ist ein ironisch-kritischer Zeitroman. Die Ironie ist das entscheidende Kunstmittel, das die Schärfe der Kritik überdeckt, aber keineswegs verdeckt. Weil Fontane hier nicht wie in späteren Romanen die »letzten härtesten Konsequenzen« verfolgt, rechnet *Lucács* diesen Roman der bloßen Belletristik zu. Er ist aber die einzige dissonante Stimme unter den Kritikern, die seit *Wandrey* die künstlerische Gestaltung zu würdigen wußten. Es ist ein Milieuroman, in dem Jenny Treibel nur formaler Mittelpunkt ist. Wandreys Interpretation gibt die Dichtigkeit von Fontanes Wirklichkeitsschilderung vorzüglich wieder an peripheren Einzelheiten wie dem Treibelschen Diner, das den realistischen Romancier am Ende einer dichterischen Epoche zeigt.

Der Roman hat nur ein Minimum von Handlung, und die besondere Bedeutung des Gesprächs, der Sprache selber, wird in zwei neueren Arbeiten hervorgehoben. Allein die Sprache Jenny Treibels zeigt, so meint *Ohl* (S. 180), wie Fontanes Gesellschaftskritik als Sprachkritik angelegt sein könne. »Gerade ein scheinbar so ›leichtes‹ Werk wie ›Frau Jenny Treibel‹, dessen Zeitkritik im komischen Gewande auftritt, lebt aus der mangelnden Übereinstimmung von Wort und Person. Es ist der Konflikt von verbalem Anspruch und realem Sein, der in einer Reihe von Gestalten durchgespielt wird...« *Ingrid Mittenzwei* führt das virtuose Spiel mit der Sprache weiter aus; sie nennt es »ein Spiel mit der Vieldeutigkeit der Worte«; die so einfache Fabel mit althergebrachten Motiven von »unglücklicher Liebe, heimlicher Verlobung, Standesdünkel, Resignation«, was bei Fontane bisher Anlaß für ernstes Geschehen gewesen sei, werde hier »Anlaß zum Reden, und das Reden ist Anlaß zum ironischen Spiel mit der Sprache«. Schon *Martini* hatte von der erzählerischen Komödienform gesprochen. Mittenzwei will die »Abhängigkeit dieser Komödie von der Sprache«, die »Sprach-Komödie« herausstellen und nennt den Roman ein »Lustspiel über die Sprache«. *Müller-Seidel* stellt in seiner Interpretation (1972 und 1975) die Begriffe Besitz und Bildung gegenüber, die – »diese Einsicht drängt sich dem Leser auf« – nicht zusammenkommen und getrennte Bereiche bleiben. Die Gesellschaftskritik dieses Romans sieht er somit als Bildungskritik. Er verfolgt die Entwicklung des Bildungsbegriffes von der Bildung zur Humanität im 18. Jahrhundert zu der veräußerlichten Bildungsidee und den falschen Bildungsansprüchen im 19. Jahrhundert, wie sie der Roman widerspiegelt. Dasselbe unternimmt der englische Germanist *W. H. Bruford* in einer umfassenden Studie über »The German Tradition of Self-Cultivation«, in der er »Frau Jenny Treibel« ein Kapitel widmet. *Dieter Kafitz* konzentriert seine Untersuchung auf die Kritik am Bildungsbürgertum, also den Kreis um Wilibald Schmidt.

*Literatur:*

*Fuerst*, Norbert: The Berlin Bourgeois. [Über »Frau Jenny Treibel«.] In: The Victorian Age of German Literature, 1966, S. 166–171.
*Turner*, David: Coffee or milk? – That is the question: On an incident from Fs »Frau Jenny Treibel«. In: GLL 21, 1967/68, S. 330–335.

*Müller-Seidel*, Walter: Besitz u. Bildung. Über Fs Roman »Frau Jenny Treibel«. In: Fs Realismus, 1972, S. 129–141.

*Turner*, David: Fs »Frau Jenny Treibel«: A Study in Ironic Discrepancy. FMLS VIII, 2, 1972, S. 132–147.

*Wedereit*; Gerhard: Leitmotivische Wiederholung: Beobachtungen zu Technik und Ethos in Fs »Frau Jenny Treibel«. In: AGer 7, 1972, S. 117–125.

*Aust*, Hugo: Anstößige Versöhnung? Zum Begriff der Versöhnung in Fs »Frau Jenny Treibel«. In: ZfdPh. 92, 1973, SH, S. 101–126.

*Kafitz*, Dieter: Die Kritik am Bildungsbürgertum in Fs Roman »Frau Jenny Treibel«. In: ZfdPh. 92, 1973, SH, S. 74–101.

*Schäfer*, Rudolf: Th. F. »Unterm Birnbaum«. »Frau Jenny Treibel.« Interpretationen. 1974.

*Worthmann*, Joachim: Probleme des Zeitromans. Studien zur Geschichte des deutschen Romans des 19. Jhs. 1974. [Darin] Kap. III. Die »besprochene« Zeit – Th. Fs »Jenny Treibel«, S. 144–158.

*Bruford*, Walter Horace: »Frau Jenny Treibel« (1892). In: W. H. B.: The German tradition of self-cultivation. ›Bildung‹ from Humboldt to Thomas Mann. Cambridge, 1975, S. 190–205.

Th. F.: »Frau Jenny Treibel.« Erläuterungen u. Dokumente. Hrsg. v. Walter *Wagner*.1976.

*Betz*, Frederick: »Wo sich Herz zum Herzen find't«: The question of authorship and source of the song and sub-title in F's »Frau Jenny Treibel«. GQ 49, 1976, S. 312–317.

*Grieve*, H.: Frau Jenny Treibel und Frau Wilhelmine Buchholz: Fs Roman und die Berliner Populärliteratur. In: Formen realist. Erzählkunst, 1979, S. 535–543.

*Zimmermann*, U.: Translating »Jenny Treibel«. In: Formen realist. Erzählkunst, 1979, S. 602–609.

*Reinhardt*, Hartmut: Die Wahrheit des Sentimentalen. Bemerkungen zu zwei Romanschlüssen bei Th. F.: »Frau Jenny Treibel« u. »Effi Briest«. In: WW 29, 1979, S. 318–326.

*Grawe*, Christian: Lieutenant Vogelsang a. D. und Mr. Nelson aus Liverpool: Treibels politische und Corinnas private Verirrungen in »Frau Jenny Treibel«. In: FBl. 5, 1984, H. 6, S. 588–606.

*Cowen*, Roy C.: Der Poetische Realismus. Kommentar zu einer Epoche. 1985. [Darin Kommentar: zu »Frau Jenny Treibel« u. »Effi Briest«.]

*Rim*, Guk-Jae: Der Fontanesche Realismus in seinem Roman »Frau Jenny Treibel«. [Korean. Mit dt. Zus.fassg.] In: Dogilmunhek, Seoul, 1988, H. 40, S. 224–250.

*Shafi*, Monika: ›Werde, der du bist‹: eine vergleichende Darstellung des weiblichen Autonomiekonflikts in Th. Fs »Frau Jenny Treibel« und Helene Böhlaus »Das Halbtier«. In GQ 61, 1988, S. 67–77.

*Bernhardt*, Rüdiger: Jenny Treibel, Th. F. u. Claus Hammel. In: Literatur u. Gesellschaft. Kolloquium anläßlich des 60. Geb. v. Dietrich Sommer. Hrsg. v. Achim Walter.1989, S. 45–57.

*Ester*, Hans: Paul Schlenthers Rezension über Fs Roman »Frau Jenny Treibel« (1892). Mehr als eine Anzeige. In: FBl. 1989, H. 47, S. 64–70.

*Grevel*, Lilo: »Frau Jenny Treibel«. Zum Dilemma des Bürgertums in der

Wilhelminischen Ära. In: ZfdPh. 108, 1989, S. 179–198. [s. auch: italienische Fassung in: Realtà Sociale 1988, S. 49–82.]

*Guidry*, Glenn A.: Fs »Frau Jenny Treibel« and ›Having‹ a Conversation. In: GR 64, 1989, S. 2–9.

*Poltermann*, Andreas: »Frau Jenny Treibel« oder die Profanierung der hohen Poesie. In: TuK Sonderbd. Th. F., 1989, S. 131–147.

*Friedrich*, Gerhard: Die Witwe Schmolke. Ein Beitrag zur Interpretation von Fs Roman »Frau Jenny Treibel«. In: FBl. 52, 1991, S. 29–46.

*Lehrer*, Mark: Intellektuelle Aporie und literarische Originalität. Wissenschaftsgeschichtliche Studien zum deutschen Realismus: Keller, Raabe u. F. 1991. [Zu »Effi Briest« u. »Frau Jenny Treibel«.]

*Wruck*, Peter: »Frau Jenny Treibel«. ›Drum prüfe, wer sich ewig bindet‹. In: Interpretationen. Fs Novellen u. Romane. 1991, S. 185–216.

*Schneider*, Jost: ›Plateau mit Pic‹. Fs Kritik der Royaldemokratie in »Frau Jenny Treibel«. Ideengeschichtliche Voraussetzungen zur Figur des Leutnants Vogelsang. In: FBl. 53, 1992, S. 57–73.

Ferner: *Wandrey*, 1919, S. 252–256; *Hayens*, 1920, S. 132–151; *Shears*, 1922; *Pascal*, 1956, S. 194–198; *Reuter*, 1968, S. 690–695; *Mittenzwei*, 1970, S. 146–156; *Kahrmann*, 1973, S. 132–139; *Aust*, 1974, S. 229–256; *Müller-Seidel*, 1975, S. 300–319; *Garland*, 1980, S. 140–168; *Bance*, 1982, S. 131–162; *Voss*, 1985, S. 233–244.

*»Effi Briest.«* Roman.

Entstehung: 1888/89–Mai 1894.

Hs.: Märkisches Museum, Berlin. (Das erste Kapitel daraus seit 1945 vermißt.)

Vorabdruck: »Deutsche Rundschau« Jg 21, Heft 1–6, Bd 81 u. 82, Okt. 1894 bis März 1895.

Erste Buchausgabe: Okt. 1895 bei Friedrich Fontane & Co., Berlin.

Die erste Fassung stammt wahrscheinlich aus dem Jahr 1890, jedenfalls stand der endgültige Titel des Romans seit Sommer 1890 fest. Mit der Überarbeitung begann Fontane Anfang 1892, und es ist möglich, daß er im Mai das Brouillon abgeschlossen hatte, jedenfalls war er mit der Arbeit weit vorangekommen. Doch fiel seine schwere Erkrankung in dieses Jahr, und erst nach seiner Genesung durch das Schreiben und nach Fertigstellung der »Kinderjahre« nahm Fontane die Arbeit an dem Roman wieder auf. Zwischen Herbst 1893 und Ende Mai 1894 fällt die letzte Überarbeitung. Fontanes bekannter Ausspruch, daß er »Effi Briest« wie mit dem Psychographen geschrieben habe, kann sich nur auf den Urentwurf beziehen, und er selber gab zu, daß das Korrigieren (wie immer bei ihm) viel Arbeit gemacht habe.

Teile des Urentwurfs, die auf Rückseiten der Kap. 6 und 21 des Ms. erhalten sind, waren bereits von *Helene Herrmann* abgedruckt; jetzt wieder in Aufbau-Ausg. Bd. 7, S. 537–545. *Behrend* (»Aus Theodor Fontanes Werkstatt«, 1924) vergleicht den Urentwurf – soweit er erhalten – mit den späteren Fassungen, die sich noch im einzelnen aus der Hs. herausschälen lassen, um die Entstehungsphasen durchsichtig zu machen. Er wählte dafür aus der Hs. das Kap. 27. Gegen Behrends Methode der diplomatischen (handschriftengetreuen) Wiedergabe wendet sich *H. W. Seiffert* in seinen »Untersuchungen zur Methode der Heraugabe deutscher Texte« (1963, S. 164) und stellt Behrends Methode an Hand desselben Beispiels (Kap. 27) die Methode der genetischen Textsynopsis gegenüber (S. 173–175), die nach Seifferts Meinung allein der Gestaltungsweise Fontanes gerecht werden könne. Das Manuskript von »Effi Briest« diente somit als Grundlage für die ersten Überlegungen hinsichtlich einer eventuellen historisch-kritischen Ausgabe.

Die Reinschrift für den Vorabdruck in der »Deutschen Rundschau« ist nicht erhalten. Für die Buchausgabe hat Fontane noch einige Änderungen vorgenommen. Einige Abweichungen vom Vorabdruck verzeichnet Aufbau-Ausg. Bd 7, S. 550f.

Die Genesis des Romans und das gesellschaftliche Ereignis, das ihm zugrunde liegt, sind bekannt. Fontane selber hat die ersten Hinweise gegeben. Im Jahre 1888 oder 1889 hörte er im Hause von Carl Robert Lessing die Geschichte, die er später im Roman verarbeitet hat. Insbesondere eine Szene, die ihm Frau Lessing erzählte und in der die Worte ›Effi komm‹ vorkamen, hatte einen solchen Eindruck auf Fontane gemacht, daß »aus dieser Szene die ganze lange Geschichte entstanden ist«. Hier also lag der Keim der dichterischen Inspiration.

Schon *Helene Herrmann* hat den faktischen Hintergründen weiter nachgespürt, aber erst seit 1964 sind wir durch die Mitteilungen von *Hans Werner Seiffert* und *Christel Laufer* über das Urbild der Effi, Elisabeth Baronin von Ardenne geb. Freiin von Plotho, und ihre ›Geschichte‹ auf das genaueste unterrichtet. Auch einen Vergleich von »Effi Briest« mit Spielhagens Roman »Zum Zeitvertreib«, der den gleichen Vorwurf verarbeitet, bringt Seiffert, der eine Anzahl von Briefen Spielhagens an die Baronin von Ardenne vorlegt.

Beim Abwägen des Wertes von »Irrungen, Wirrungen« und »Effi Briest« kam *Wandrey* zu folgender Feststellung: »›Irrungen, Wirrungen‹ wird in der deutschen Literatur immer einen hohen Rang einnehmen. Mit ›Effi Briest‹ ragt Fontane in die Weltliteratur«. Dieses Urteil gilt im allgemeinen noch heute. Es gibt nur wenige abweichende Meinungen. Auch »Der Stechlin«, der als Roman überhaupt eine Sonderstellung einnimmt, hat weder in Deutschland dieselbe Popularität erreicht wie »Effi Briest«, noch ist er über die Grenzen gedrungen. Schon die zeitgenössische Kritik nahm das Werk voller Lob auf (*Herding* registriert nur wenige absprechende Urteile); es war Fontanes erster wirklich großer Erfolg. *Spielhagen* in seinem be-

kannten Aufsatz spielte es sogar gegen Goethes »Wahlverwandtschaften« aus. Die erste bedeutende Untersuchung über »Effi
Briest« *(Helene Herrmann)* zeigt neben mancherlei Fehlurteilen
doch auch tiefe Einsichten (*Wandrey* setzt sich mit dieser Arbeit
gründlich auseinander, S. 411–412). Daß Fontane als der europäisch-
ste der deutschen Romanciers des 19. Jhs. angesehen wird *(Stern, Rowley)*, ist gewiß nicht allein auf »Effi Briest« zurückzuführen, aber
das Werk steht dem europäischen Zeitroman jenes Jahrhunderts am
nächsten. Eine Geschichte wird erzählt, ein vereinzelter Fall, ein pri-
vates und alltägliches Eheschicksal erlangt zeitgeschichtliche Reprä-
sentanz *(Martini)*. So sind schon früh vergleichende Untersuchungen angestellt worden, vor allem mit Flauberts »Madame Bovary«
und Tolstois »Anna Karenina«. (*Renate Osianders* wichtige Arbeit
über den »Realismus in den Zeitromanen Theodor Fontanes« ist in
ihrer Gegenüberstellung mit dem französischen Zeitroman viel umfassender und sollte nicht übersehen werden.) Die Vergleiche fallen
dabei trotz aller Wertschätzung von »Effi Briest« meistens zuun-
gunsten des Fontaneschen Romans aus. So in *Sterns* feinfühliger
Analyse der drei Werke, in der er die grundlegend verschiedenen
Perspektiven herausarbeitet: die gesellschaftliche bei »Effi Briest«,
die psychologische bei »Madame Bovary« und die sittlich-morali-
sche bei »Anna Karenina«. Wenn Fontanes Roman nur der dritte
Rang zuerkannt wird, so wird dies mit dem Fehlen jeglicher Leidenschaft begründet, die allein einem Roman die sittliche Tiefe geben könne, wie sie »Anna Karenina« auszeichnet. Schon *Pascal* hatte an Fontanes Romanen den Mangel an Leidenschaft kritisiert, den
eine spätere Kritik mit Mangel an Liebe zur Menschlichkeit in Verbindung brachte. *Rychner* hat dazu in »Vom deutschen Roman«
(Merkur 1956, S. 1160) Stellung genommen. *Müller-Seidel* (1969)
aber hält schließlich die Berechtigung, Fontanes Roman am »klassischen« Eheroman Flauberts und Tolstois zu messen, überhaupt für
fraglich, weil Fontane ganz andere Ziele verfolge und weil die Zeit-
lage eine andere sei. Er rückt Fontane näher an Schnitzler heran.
Fontanes Charaktere sind »halbe Helden im leidenschaftslosen
Eheroman der bloßen Liebelei«. Die Unterschiede vor allem zu
Flauberts Roman seien solche der Epoche.

Arbeiten über die künstlerische Gestaltung des Romans setzten
erst spät ein. Eine frühe Formanalyse von *Fritz Landshoff* (1926)
blieb ungedruckt. Erst *Mary E. Gilbert* (1959) untersucht eingehend
die »kunstvolle Durchbildung der thematischen Struktur« des
Werks und die »enge innere Verflochtenheit von Themen und Symbolen«. *Dietrich Weber* behandelt den Andeutungsstil, und *Peter
Meyer* knüpft an die neuere Realismusforschung an. In allgemeinen

Darstellungen werden gewisse Motive immer wieder aufgegriffen, dazu gehört vor allem die Spukgestalt des Chinesen.

Die Kontroverse über den Chinesen geht bis zum Erscheinen des Romans zurück. Wir kennen Fontanes eigene Äußerungen darüber. Von *Stern* nur kurz als einziger Makel des Romans, als ein Stück »bric-à-brac left over by poetic realism« abgetan, wird das Motiv von anderen Forschern aufs sorgfältigste analysiert. *Jürgen Kolbe* sieht es als »Signal der Gefährdung«: »Chinese und Ehebruch sind wie ein Zeichen zur Tat aufeinander bezogen«. Das Unheimliche zusammen mit seiner Chiffrenhaftigkeit ist dem »Dämonischen« verwandt. Für *Müller-Seidel* (1969 und 1975) wird der Chinese »zum kunstvoll eingefügten ›Symbol‹ einer psychologisch motivierten Angst«. *Demetz* (Kitsch, Belletristik etc. 1970) trägt einiges zur Erklärung bei: »Der Chinese konfrontiert sie alle [...] mit der Realität eines Lebens und eines Todes, das [sic] sie zu entziffern suchen«. Eine gründliche Auseinandersetzung finden wir bei *Mittenzwei*: der Chinese, »zwar tot und [...] von der Romantradition am Wege zurückgelassen [...], aber als Spuk in den Beziehungen der Menschen noch wirksam und geeignet, diese Beziehungen zur Sprache zu bringen in einem Roman, in dem es nicht auf spukende Chinesen, sondern auf diese Beziehungen und diese Sprache ankommt«. Auch um die oft kritisierten aufbewahrten Briefe geht die Diskussion; (»Der Chinese, die Briefe und das weite Feld« in: Mittenzwei, »Die Sprache als Thema«, S. 133–145). Auf alle früheren Interpretationen geht die 1974 erschienene Studie ein, die sich zum Ziel gesetzt hat, Fontanes eigenen Standpunkt, daß der Chinese der Drehpunkt der ganzen Geschichte sei, als gültig zu beweisen. *(G. C. Avery)*. Avery versucht dies in einer sorgfältigen Analyse der Verwertung der Figur des Chinesen für die Darstellung Effis und der Gesellschaft. – Die Diskussion um den ›Chinesen‹ geht in allen Effi-Briest-Interpretationen weiter. Hervorgehoben sei auf das Thema ausgerichtete Strukturanalyse *Gisela Warnkes*, die die verschiedenen »Leistungen« des Spuks für den »Handlungsverlauf« und die »Personenzeichnung« des Romans untersucht; ebenso die Arbeit von *Karla Bindokat*, in der das Motiv des Chinesen eine zentrale Stellung einnimmt und die damit verbundenen Motive und literarischen Vorbilder eingehend behandelt werden. Eine detaillierte Analyse des übernatürlichen Motivs findet sich in Helen *Chambers'* Arbeit über »Supernatural and irrational elements in the works of Th. F.« (1980), während Gudrun *Loster-Schneider* in »Der Erzähler F.« (1986) sehr konkret die Verbindung zwischen dem Chinesen und Bismarck herstellt. Ulrike *Rainer* (1982) gibt einen guten Überblick über die verschiedenen Interpretationen, aber seither sind weitere Arbeiten über dieses Motiv erschienen: Ingrid *Schuster* (1983), Peter *Utz* (1984), Frances *Subiotto* (1985), Bernhard *Asmuth* (1987).

Bedeutende Einsichten in den Kunstcharakter dieses Werks (und der Romankunst Fontanes überhaupt) verdanken wir *Jürgen Kolbe*, der in andeutenden Ansätzen das kunstvolle Beziehungsgeflecht, das Goethes »Wahlverwandtschaften« und »Effi Briest« beherrscht, vergleicht, wobei er vor allem auf die Veränderung der Kunstmittel eingeht, die von Goethes Symbolkunst zu Fontanes Kunst der Anspielung führt. Darüber hinaus ist Kapitel IX seiner umfassenden Studie über Goethes »Wahlverwandtschaften« und den Roman des 19. Jahrhunderts, das die Romane Fontanes behandelt, für das Verständnis von »Effi Briest« besonders fruchtbar (1968).

*Wandreys* Analyse von »Effi Briest« hat auch heute noch ihren Wert nicht verloren. Sie hat *Thomas Mann* (s. u. S. 152) zu einer Auseinandersetzung mit dem Roman und der Interpretation Wandreys angeregt, der »Effi Briest« in seiner sittlichen Problematik als Fontanes ethisch modernstes Werk aufzeigte, das am deutlichsten über die bürgerlich-realistische Epoche hinaus in die Zukunft weise. Selbst Wandrey mit seinem Glauben an Fontanes Ordnungswelt sah hier zum erstenmal die Erschütterung und Überwindung dieser Welt angedeutet. Diese Erkenntnis gewinnt er am Gespräch zwischen Innstetten und Geheimrat Wüllersdorf, das er als »die größte Sprechszene des deutschen Romans« überhaupt bezeichnet. Auch für *Lukács*, der Effi Fontanes »liebenswürdigste Gestalt« nennt, sind seine vom Gesellschaftskritischen ausgehenden Forderungen in diesem Roman erfüllt: »Wie jeder echte Menschengestalter von dichterischem Rang in der bürgerlichen Literatur ist Fontane hier – ohne es bewußt zu wollen, ja, zu wissen – ein Ankläger« (S. 303).

Wenn es seltsamerweise lange an eingehenden neueren Untersuchungen dieses Romans, der als Meisterwerk gilt und darüber hinaus einer der besten deutschen Romane überhaupt ist, gefehlt hat, so hat sich das in unserer Gegenwart entscheidend geändert. Der ästhetische sowie der gesellschaftskritische Aspekt wird von vielen Seiten behandelt. Schon *Müller-Seidel* (1969 und 1975) hatte aufgezeigt, wieviel bisher noch unbeachtete Aspekte (wie zum Beispiel die Integration der Bismarckgestalt und der Bismarckzeit) zur weiteren Erhellung und Einschätzung des Romans beitragen könnten. Seine Untersuchung bietet bisher die gründlichste Interpretation des Romans als Zeitroman, in welchem eine an sich private Ehegeschichte ins Gesellschaftlich-Allgemeine gehoben wird. Der Eheroman als sozialer Roman: ein Roman des sozialen Wandels, eines »Wandels auf allen Gebieten des Lebens, dem sich die Ehe nicht entziehen kann.« So mißt *Müller-Seidel* auch dem Altersunterschied von Innstetten und Effi eine tiefere Bedeutung zu: er sieht Alter und Jugend als Chiffren des Wandels – gesellschaftliche Erstarrung und Erneuerung. Der Roman nähert sich der Bewußtseinslage der Moderne.

Neue Ansätze zu einer stoff- und motivgeschichtlichen Erhellung des Romans und seiner Genesis finden sich in den Abhandlungen von *D. C. Riechel, R. H. Thum, A. M. Gilbert* und *P. I. Anderson.* Zwei Arbeiten haben sich mit diesem Aspekt in sehr verschiedener

Weise eingehend beschäftigt: die von *Peter-Klaus Schuster* und *Karla Bindokat.*

*Schusters* Effi-Briest-Interpretation geht vom Bereich der bildenden Kunst aus. Er versucht in seiner Deutung des Romans (Untertitel: »Ein Leben nach christlichen Bildern«) eine Fixierung auf christliche Leitbilder (vor allem der der Präraphaeliten) bei Fontane aufzuzeigen. Diese Leitbilder werden nicht nur als Widerspiegelung gesellschaftlicher Rollen, sondern als Kritik dieser Rollen verstanden. Aber einer im Roman zum Ausdruck kommenden pessimistischen Gesellschaftsordnung wird auch wieder eine »Apologie des Humanen« gegenübergestellt, was Fontanes Ambivalenz des »Einerseits – Andererseits« charakterisiert, aber auch als die Möglichkeit einer Versöhnung angesehen werden kann.

Völlig andere Wege geht bei ihrer Untersuchung von »Erzählstoff und Erzählinhalt« K. *Bindokat*, die, nicht von der Kunstgeschichte, sondern von der Geschichte überlieferter Literaturtraditonen ausgehend, versucht, einen tieferen Einblick in den motiv- und stoffgeschichtlichen Hintergrund des Romans zu gewinnen. Sie gibt uns nicht nur eine Querverbindung einzelner Motive in »Effi Briest«, sondern auch einen dichtungsgeschichtlichen Längsschnitt. Durch den Nachweis der verarbeiteten Motive und Stoffe, die aus dem vollendeten und fast nahtlosen Ganzen des vielschichtigen Romans herausgelöst werden, wird der dichterische Höhepunkt von Fontanes genialer Erzählkunst herausgestellt. In beiden Arbeiten, der von *Schuster* und *Bindokat*, werden die gesellschaftskritischen Intentionen Fontanes klar aufgezeigt.

Alle diese Untersuchungen, so verschiedenartig sie auch sein mögen, sind Versuche, der Entstehung und der Struktur eines Kunstwerks nachzuspüren. Man mag manchem nicht zustimmen können, aber gewinnt immer wieder neue faszinierende Einblicke in den dichterischen Schaffensprozeß.

*Literatur:*

*Spielhagen*, Friedrich: Goethes Wahlverwandtschaften u. Fs »Effi Briest«. In: Mag. Lit. H. 65, 1896, S. 408–420. Später in: F. Sp.: Neue Beiträge zur Theorie u. Technik der Epik u. Dramatik. 1898. Dazu: *Meyer*, Richard, M.: Spielhagen über die »Wahlverwandtschaften«. In: Die Nation Nr. 19, 5. Febr. 1898, S. 272 f.

*Herrmann*, Helene: Th. Fs »Effi Briest«. In: Die Frau 1912, S. 543–554, 610–625, 677–694.

*Geffcken*, Hanna: »Effi Briest« u. »Madame Bovary«. In: Das literar. Echo 22, 1. Febr. 1921, Sp. 523–527.

*Landshoff*, Fritz: Th. Fs »Effi Briest«, die Kunstform eines Romans. Diss. Frankfurt 1926.

*Ritthaler*, A.: »Effi Briest«. In: Weisse Bll. 1942, S. 34–40.

*Bonwit*, Marianne: »Effi Briest« u. ihre Vorgängerinnen Emma Bovary u. Nora Helmer. In: Mh. (Wisconsin) 40, 1948, S. 445–456.

*Rychner*, Max: »Effi Briest«. In: M. R.: Welt im Wort. 1949, S. 249–266.

*Haeuptner*, Gerhard: Über die Zeitkonserve u. das Problem des Revenant. In: Psyche 3, 1949/50, S. 34–76. [Philos. Deutung.]

*Gippert*, Rainer: »Effi Briest«. Diss. Bonn 1951.

*Carter*, T. E.: A Leitmotiv in F's »Effi Briest«. In: GLL NS 10, 1956/57, S. 38–42.

*Stern*, J. P. M.: Effi Briest; Madame Bovary; Anna Karenina. In: MLR 52, 1957, S. 363–:375. (Auch in: J. P. St.: Re-interpretations. London 1964, S. 301–347.)

*Teller*, L.: F. in Flauberts Fußstapfen. In: RLV 23, 1957, S. 147–160, 231–255, 331–343.

*Gilbert*, Mary E.: F's »Effi Briest«. In: DU 11, 1959, H. 4, S. 63–75.

*Furst*, Lilian R.: Madame Bovary and Effi Briest. In: Romanist. Jb. 12, 1961, S. 124–135.

*Meyer*, Peter: Die Struktur der dichterischen Wirklichkeit in Fs »Effi Briest«. Diss. München 1961.

*Seiffert*, Hans Werner (unter Mitarbeit von *Christel Laufer*): »Effi Briest« u. Spielhagens »Zum Zeitvertreib«. Zeugnisse u. Materialien. In: H. W. S.: Studien zur neueren dt. Literatur. 1964, S. 255–300.

*Thanner*, Josef: Symbol and function of the symbol in Th. F's »Effi Briest«. In: Mh. (Wisconsin) 57, 1965, S. 187–192.

*Heiseler*, Bernt v.: »Effi Briest«. In: B. v. H.: Ges. Essays z. alten u. neuen Lit., 1966, S. 206–213.

*Seiffert*, Hans Werner: Zu Fs »Effi Briest«. In: Th. Fs Werk in unserer Zeit. 1966, S. 81–94.

*Weber*, Dietrich: »Effi Briest« – »Auch wie ein Schicksal«. Über den Andeutungsstil bei F. In: Jb. FDH, 1966, S. 457–474.

*Müller-Seidel*, Walter: Fs »Effi Briest«. Zur Tradition des Eheromans. In: Wissenschaft als Dialog, 1969, S. 30–58.

*Tetzlaff*, Otto W.: Effi Briests holländische Nachfolgerin. [Maarten Maartens: »Eve«, 1912]. In: FBl. 2, 1970, H. 2, S. 116–119.

*Quabius*, Richard: Die Gestaltung des Raumes in Th. Fs Roman »Effi Briest«. In: AGer 5, 1970, S. 133–152.

*Bange*, Pierre: Humor und Ironie in »Effi Briest«. In: Fs Realismus. 1972, S. 143–148.

*Schafarschik*, Walter (Hrsg.): Erläuterungen und Dokumente. Th. F. »Effi Briest«. 1972.

*Riechel*, Donald C.: »Effi Briest« and the calendar of fate. In: GR 48, 1973, S. 189–211.

*Laufer*, Christel: Vollständige Verzeichnung u. Erschließung d. Werkhandschriften »Unwiederbringlich«, »Effi Briest«, »Der Stechlin« von Th. F. Diss. Dr. eines Wissenschaftszweiges, Dt. Akad. d. Wissenschaften, Berlin 1973. [Exemplar im FAP]

*Leloup*, Monique: Die Psychologie der Frau in Fs »Effi Briest«. Mémoire de Maitrise. 1973. Académie d'Orléans-Tours.

*Volkov*, E.M.: Zur Problematik von Th. Fs Roman »Effi Briest«. [Aus dem Russischen] übersetzt v. Christa Schultze. In: FBl. 3, 1973, H. 1, S. 1–9.

*Avery*, George C.: The Chinese wall: F's psychograph of »Effi Briest«. In: Views and reviews of modern German literature. Festschrift for Adolf D. Klarmann, 1974, S. 18–38.

*Baur*, Uwe: Zur Rezeption der »Effi Briest« von Th. F.; mit zwei Briefen Fs zu dem Roman. In: Jb. d. Raabe-Ges. 1975, S. 7–15.

*Tax-Shultz*, Gertrude: Andeutung und Leitmotiv in Fs »Effi Briest«. In: FBl. 3, 1976, H. 7, S. 507–522.

*Buck*, Theo: Zwei Apotheker-Figuren in »Madame Bovary« u. »Effi Briest«. Anmerkungen z. realistischen Schreibweise bei Flaubert u. F. In: Jb. d. Raabe-Ges. 1976, S. 33–59.

*Schwarz*, Peter Paul: ›Tragische Analysis‹ und Schicksalsvorausdeutungen in Fs Roman »Effi Briest«. In: Sprachkunst 7, 1976, S. 247–260.

*Rothenberg*, Jürgen: Realismus als ›Interessenvertretung‹: Fs »Effi Briest« im Spannungsfeld zwischen Dichtungstheorie und Schreibpraxis. In: Euph. 71, 1977, S. 154–168.

*Degering*, Thomas: Das Verhältnis von Individuum und Gesellschaft in Fs »Effi Briest« und Flauberts »Madame Bovary«. 1978.

*Kafitz*, Dieter: Figurenkonstellation als Mittel der Wirklichkeitserfassung. Dargestellt an Romanen der zweiten Hälfte des 19. Jhs, 1978. (Darin Kap. IV über Th. F. »Effi Briest«, S. 123–160.)

*Schuster*, Peter-Klaus: Th. F. »Effi Briest« – ein Leben nach christlichen Bildern. 1978.

*Szemiot*, Hanna: Der »preußische Geist« in Th. Fs Novelle »Schach von Wuthenow« und im Roman »Effi Briest«. In: Acta Univ. Lodziensis 1978, Serie I, Nr. 22, S. 27–37.

*Warnke*, Gisela: Der Spuk als ›Drehpunkt‹ in Fs »Effi Briest«. Ein Beitrag zur Strukturanalyse des Romans. In: Lit. f. Leser 1, 1978, S. 214–242.

*Turner*, David: Th. F.: »Effi Briest« (1895). In: The monster in the mirror. ed. by D. A. *Williams*, Oxford 1978 (Repr. 1980), S. 234–256.

*Anton*, Herbert: »Mythische Schönheit« in Goethes »Wahlverwandtschaften« u. Fs »Effi Briest«. In: Mythos u. Mythologie in der Lit. d. 19. Jhs, hrsg. v. Helmut Koopmann, 1979, S. 277–288.

*Devine*, M.C.: Erzähldistanz in Fs »Effi Briest«. In: Formen realist. Erzählkunst, 1979, S. 544–549.

*Gilbert*, Anna Marie: A new look at »Effi Briest«: genesis and interpretation. In: DVjs 53, 1979, S. 96–114.

*Gilbert*, Anna Marie: a new reading of F's »Effi Briest«: genesis and interpretation. Diss. Univ. of California, Irvine, 1980. (DA 41 / 10A, S. 4408 DEN 81-06776).

*Gump*, Margaret: Alles um der Ehre willen: Stifters »Das alte Siegel« und Fs »Effi Briest«. In: VASILO 28, 1979, S. 49–50.

*Reinhardt*, Hartmut: Die Wahrheit des Sentimentalen. Bemerkungen zu zwei Romanschlüssen bei Th. F.: »Frau Jenny Treibel« und »Effi Briest«. In: WW 29, 1979, S. 318–326.

*Remak*, H.H.H.: Politik und Gesellschaft als Kunst: Güldenklees Toast in Fs »Effi Briest«. In: Formen realist. Erzählkunst, 1979, S. 550–562.

*Ritchie*, J. M.: Embarrassment, ambiguity and ambivalence in F's »Effi Briest«. In: Formen realist. Erzählkunst, 1979, S. 563–569.

*Thum*, Reinhard H.: Symbol, motif and ›Leitmotif‹ in F's »Effi Briest«. In: GR 54, 1979, S. 115–124.

*Glaser*, Horst Albert: Th. F.: »Effi Briest« (1894). Im Hinblick auf Emma Bovary u. andere. In: Romane u. Erzählungen des Bürgerlichen Realismus, hrsg. v. Horst Denkler, 1980, S. 362–377.

*Mende*, Dirk: Frauenleben. Bemerkungen zu Fs »L'Adultera« nebst Exkursen zu »Cécile« und »Effi Briest«. In: F. aus heutiger Sicht, 1980, S. 183–213.

*Richert*, Hans Georg: Über eine andere Randfigur bei F.: Wüllersdorf. In: CollGerm 13, 1980, S. 246–252.

*Swales*, Erika: Private mythologies and public unease: on F's »Effi Briest«. In: MLR 75, 1980, S. 114–123.

*Anderson*, Paul Irving: »Meine Kinderjahre«: die Brücke zwischen Leben und Kunst. Eine Analyse der Fontaneschen Mehrdeutigkeit als Versteckspiel im Sinne Wittgensteins. In: F. aus heutiger Sicht, 1980, S. 143–182.

*Hubig*, Christoph: ›Es ist soviel Unschuld in ihrer Schuld‹: Th. Fs Stellung zur ›preußischen Moral‹ am Beispiel der »Effi Briest«. In: Preußen: Versuch einer Bilanz (Ausstellungskatalog Berlin) Bd 4, 1981, S. 109–120.

*Miller*, Leslie L.: F's »Effi Briest«. Innstetten's decision: in defence of the gentleman. In: GSR 4, 1981, S. 383–402.

*Minden*, Michael: »Effi Briest« and ›die historische Stunde des Takts‹. In: MLR 76, 1981, S. 869–879.

*Hamann*, Elsbeth: Th. F. »Effi Briest«. Interpretation. 1981. 2. überarb. Aufl. 1988.

*Struc*, Roman S.: Zu einigen Gestalten in »Effi Briest« und »Buddenbrooks«. In: Seminar 17, 1981, S. 35–49.

*Rainer*, Ulrike: »Effi Briest« und das Motiv des Chinesen. Rolle und Darstellung in Fs Roman. In: ZfdPh. 101, 1982, S. 545–561.

*Grawe*, Christian: Crampas' Lieblingsdichter Heine und einige damit verbundene Motive in Fs »Effi Briest«. In: Jb. d. Raabe-Ges. 1982, S. 148–170.

*Jamison*, Robert L.: The fearful education of »Effi Briest«. In: Mh. 74, 1982, S. 20–32.

*Neumann*, Bernd: Th. Fs »Effi Briest« und die »Wahlverwandtschaften« von Johann Wolfgang Goethe. In: Ginkgobaum 1, 1982, S. 49–61.

*Remak*, H. H. H.: Der Strandritt: Zwei Textanalysen aus dem 17. Kapitel von »Effi Briest«. In: Revue d'Allemagne 14, 1982, S. 277–288.

*Waniek*, Erdmann: Beim zweiten Lesen: der Beginn von Fs »Effi Briest« als verdinglichtes tableau vivant. In: GQ 55, 1982, S. 164–174.

*Bandet*, Jean-Louis: Le Secret et la Caricature. Remarques sur F. In: Mélange à David, ed. p. Jean-Louis Bandet, 1983, S. 37–58. [Behandelt »Irrungen, Wirrungen« u. »Effi Briest«.]

*Hahn*, Karl: Dem Ehrenkodex geopfert: »Effi Briest«. In: K. H.: Schicksal u. Gesetz. Betrachtungen z. Unausweichlichkeit des Seinsgesetzlichen. 1983, S. 57–74.

*Schuster*, Ingrid: Exotik als Chiffre: zum Chinesen in »Effi Briest«. In: WW 33, 1983, S. 115–125.

*Shrotri*, Shridhar B.: Th. Fs »Effi Briest« und Hari Nārāyan Āptes »Wer denkt daran?« GSI 7, 1983, S. 167–170.

*Viering*, Jürgen: ›In welcher Welt der schauderhaften Widersprüche leben wir!‹ Überlegungen zum ›Zeitroman‹ bei F. u. Spielhagen am Beispiel von »Effi Briest« u. Spielhagens »Zum Zeitvertreib«. In: Lit. u. Sprache im hist. Prozeß. Vorträge d. Dt. Germanistentages. Hrsg. v. Th. Cramer. 1983, Bd. 1, S. 329–349.

*Walter-Schneider*, Margret: Randfiguren im Roman Fs. Bemerkungen zu »Irrungen, Wirrungen« u. »Effi Briest«. Jb. DSG 27, 1983, S. 303–325.

*Bindokat*, Karla: »Effi Briest«: Erzählstoff und Erzählinhalt. 1984.

*Guidry*, Glenn A.: Myth and ritual in Fs »Effi Briest«. In: GR 59, 1984, S. 19–25.

*Hamann*, Elsbeth: Th. Fs »Effi Briest« aus erzähltheoretischer Sicht unter besonderer Berücksichtigung der Interdepenzen zwischen Autor, Erzählwerk und Leser. 1984.

*Utz*, Peter: Effi Briest, der Chinese und der Imperialismus: Eine ›Geschichte‹ im geschichtlichen Kontext. In: ZfdPh. 103, 1984, S. 212–225.

*Cowen*, Roy C.: Der Poetische Realismus. Kommentar zu einer Epoche. 1985. [Darin Kommentar zu »Frau Jenny Treibel« u. »Effi Briest«.]

*Dyck*, Joachim u. *Wurth*, Bernhard: ›Immer Tochter der Luft‹. Das gefährliche Leben der Effi Briest. In: Psyche 39, 1985, S. 617–633.

*Grawe*, Christian: Th. F.: »Effi Briest«. 1985.

*Rüland*, Dorothea: Instetten [sic] war ein Wagnerschwärmer. F., Wagner u. die Position der Frau zwischen Natur u. Gesellschaft. In: Jb. DSG 29, 1985, S. 404–425.

*Solms*, Wilhelm: Effi und Innstetten: ›ein Musterpaar‹? Zum poet. Realismus Fs. In: GRM 35, 1985, S. 189–208.

*Subiotto*, Frances M.: The ghost in »Effi Briest«. In: FMLS 21, 1985, S. 137–150.

*Radcliffe*, Stanley: Effi Briest and the Crampas letters. In: GLL 39, 1985/86, S. 148–160.

*Greve*, Gisela: Th. Fs »Effi Briest«. Die Entwicklung einer Depression. In: Jb. d. Psychoanalyse 18, 1986, S. 195–220.

*Radcliffe*, Stanley: »Effi Briest«, London 1986.

*Haberkamm*, Klaus: ›Links und rechts umlauert‹: zu einem symbolischen Schema in Fs »Effi Briest«. In. MLN 1986, 101, S. 553–591.

*Asmuth*, Bernhard: Ostasiatisches in d. dt. Literatur. Zur Bedeutung des Chinesen in Fs »Effi Briest«. In: Begegnung der Kulturen in Ost u. West. Festschrift für Hyogmyon Kwon zu s. 60. Geb. Seoul 1987.

*Nef*, Ernst: Notizen zum Schluß von »Effi Briest«. In: Der gesunde Gelehrte. Literatur-, Sprach- u. Rezeptionsanalysen. Festschrift z. 70. Geb. v. Hans Bänziger. Hrsg. v. Armin *Arnold* u. C. Stephen *Jaeger*. Herisau 1987.

*Post*, Klaus Dieter: ›Das eigentümliche Parfüm des Wortes‹. Zum Doppelbild des Heliotrop in Th. Fs Roman »Effi Briest«. In: Lit. u. Medien in Wissenschaft u. Unterricht. Festschrift f. Albrecht Weber z. 65. Geb. Hrsg. v. Walter Seifert. 1987, S. 47–54. (Nachdruck in FBl. 1990, H. 49, S. 32–39.)

*Shieh*, Jhy-Wey: Liebe, Ehe, Hausstand: die sprachliche u. bildliche Darstellung des ›Frauenzimmers im Herrenhaus‹ in Fs Gesellschaftsroman »Effi Briest«. 1987.

*Holbeche*, Brian: Innstetten's ›Geschichte mit Entsagung‹ and its significance in F's »Effi Briest«. In: GLL 41, 1987/88, S. 21–32.

*Greenberg*, Valerie D.: The resistance of Effi Briest: an (un)told tale. In: PMLA 103, 1988, S. 770–782.

*Böschenstein*, Renate: Die Ehre als Instrument d. Masochismus in d. dt. Lit. d. 18. u. 19. Jhs. In: Masochismus in d. Lit. Hrsg. v. J. Cremerius u. a. Freiburger literatur-psychologische Gespräche, 1988, Bd. 7, S. 34–55. [über »Effi Briest« S. 49–53.]

*Półrola*, Małgorzata: »Madame Bovary« u. »Effi Briest«. Versuch eines Vergleichs. In: Germanica Wratislaviensia (Wroclaw), 1988, 61, S. 155–175.

*Rodiek*, Christoph: Probleme d. vergleichenden Rangbestimmung lit. Werke. (»Effi Briest«, »La regenta«, »O Primo basilio«). In: Neohelicon 15, 1988, Nr. 1, S. 275–300.

*Seiler*, Bernd W.: ›Effi, du bist verloren!‹ Vom fragwürdigen Liebreiz der Fontaneschen Effi Briest. In: Diskussion Deutsch 104, 1988, S. 586–605.

*Grawe*, Christian: Über die Sinnentleerung der Literatur. Polemische Anmerkungen zu Bernd W. Seilers »Effi Briest«-Aufsatz in DD 104, 1988. In: Diskussion Deutsch 106, 1989, S. 208–211.

*Pütz*, Peter: Wenn Effi läse, was Crampas empfiehlt... offene und verdeckte Zitate im Roman. In: TuK Sonderbd. Th. F., 1989, S. 174–184.

*Pfeiffer*, Peter C.: Fs »Effi Briest«: zur Gestaltung epistemologischer Probleme des bürgerlichen Realismus. In: GQ 63, 1990, S. 75–82.

*Schwan*, Werner: Der Apotheker Gieshübler u. der Makler Gosch. Eine Untersuchung zu zwei Nebenfiguren aus Th. Fs »Effi Briest« u. Thomas Manns »Buddenbrooks«. In: Das Subjekt der Dichtung. Festschrift f. Gerhard Kaiser. Hrsg. v. Gerhard Buhr [u. a.], 1990, S. 309–328.

*Grawe*, Christian: »Effi Briest«. Geducktes Vögelchen in Schneelandschaft: Effi von Innstetten, geborene von Briest. In: Interpretationen. Fs Novellen u. Romane. 1991, S. 217–242.

*Lehrer*, Mark: Intellektuelle Aporie und literarische Originalität. Wissenschaftsgeschichtliche Studien zum deutschen Realismus: Keller, Raabe u. F. 1991 [Zu *»Effi Briest«* u. *»Frau Jenny Treibel«*.]

*Leventhal*, Jean H.: Fact into Fiction: »Effi Briest« and the Ardenne case. In: CollGerm 24, 1991, S. 181–193.

Ferner: *Wandrey*, 1919, S. 266–293; *Hayens*, 1920, S. 191–214; *Pascal*, 1956, S. 198–206; *Schillemeit*, 1961, S. 79–105; *Martini*, 1962, S. 790–794; *Reuter*, 1968, S. 680–684; *Mittenzwei*, 1970, S. 133–145; *Kahrmann*, 1973, S. 123–132; *Müller-Seidel*, 1975, S. 351–377; *Garland*, 1980, S. 169–208; Bance, 1982, S. 38–77.

*»Die Poggenpuhls«* Roman.
Entstehung: 1891–1894.
Hs.: Der größte Teil des lange verschollen gewesenen Ms. ist ins Märkische Museum zurückgekehrt.
Vorabdruck: »Vom Fels zum Meer«, Bd 15/1, Okt. 1895 bis März 1896.

Erste Buchausgabe: Anfang Nov. 1896 im Verl. Friedrich Fontane & Co., Berlin.

Die erste Niederschrift fiel in das Jahr 1891; Anfang 1892 hatte Fontane sie beendet. Erst nach zwei Jahren nahm er dann das Manuskript wieder vor und überarbeitete es. Im Juli 1894 war die Arbeit im wesentlichen abgeschlossen. Dazwischen lagen Fontanes ernste Erkrankung im Jahre 1892, die Arbeit an »Meine Kinderjahre«, die ihm Gesundung brachte, und die endgültig Fassung von »Effi Briest«.

Einige Bruchstücke von früheren Entwürfen, wahrscheinlich Teile der Niederschrift vom Jahre 1891, befinden sich auf Rückseiten des Ms. von »Von Zwanzig bis Dreißig« (erhalten im Märkischen Museum) und sind in der Aufbau-Ausg. Bd 7, S. 586–591, abgedruckt.

Wohl im Herbst 1894 wurden »Die Poggenpuhls« von der Redaktion der Wochenschrift »Daheim« abgelehnt, weil ein beträchtlicher Teil der Leser an der Erzählung keinen Gefallen finden würde. Im Rückblick auf das Jahr 1895 schreibt Fontane in seinem Tagebuch: »Sie wurden abgelehnt, weil der Adel in dem Ganzen eine kleine Verspottung erblicken könnte – totaler Unsinn. Es ist eine Verherrlichung des Adels, der aber, soviel kann ich zugeben, klein und dumm genug empfindet, um das Schmeichelhafte darin nicht herauszufühlen – Gott besser's. Aber er wird sich die Mühe kaum geben. Unter Umständen kämpfen Götter selbst vergebens«.

Der Roman erschien schließlich in der Zeitschrift »Vom Fels zum Meer«, deren Redaktion offensichtlich eigenwillige Eingriffe in den Text vorgenommen hatte. Die Buchausgabe hat wohl das Manuskript als Satzvorlage verwendet und nicht den Vorabdruck.

Auch dieses Werk wurde sehr verschiedenartig beurteilt. Es fand sehr bald Anerkennung, und 1897 konnte bereits die vierte unveränderte Auflage gedruckt werden. Die Zeitgenossen erkannten sofort, daß Fontane hier von seiner früheren Romantechnik abwich. *Schlenther* schrieb, daß Fontane noch nie so naturalistisch gewesen sei wie in diesem Werk, naturalistisch im eigentlichen künstlerischen Sinne verstanden. Vor allem betonte er die impressionistischen Elemente. Die neuere literarische Kritik hat auf die Parallele zu Thomas Manns Roman »Buddenbrooks«, der fünf Jahre später (1901) erschien, hingewiesen.

Fontane selber freute sich über die gute Aufnahme, und in seinem Dank an den Rezensenten *Sigmund Schott* am 14. Febr. 1897 schrieb er »... das Buch ist kein Roman und hat keinen Inhalt, das ›Wie‹ muß für das ›Was‹ eintreten – mir kann nichts Lieberes gesagt werden...«. Die erste negative Kritik, nur privat gegenüber Schott geäußert, kam bezeichnenderweise von *Paul Heyse*, der der neueren Literaturbewegung verständnislos gegenüberstand.

Die Forschung glaubte zunächst in der Handlungslosigkeit und lockeren Struktur des Werkes ein Nachlassen der Kräfte des Dichters zu sehen *(Wandrey)*. *Demetz* erkennt zwar mit der neueren Kritik die Andersartigkeit dieses Romantyps; er stellt fest, daß hier wie im »Stechlin« »an Stelle der dialektischen Spannung« »die fortschreitende Nuancierung der Charaktere« trete, und daß die Bindung der Teile »additiv, nicht steigernd« sei. Doch auch er spricht von dem gelockerten Griff des Erzählers und von einer verminderten Energie, das Ganze zusammenzuhalten.

»Die Poggenpuhls« gewannen mit der positiveren Einschätzung des »Stechlin«; man erkannte in ihnen einen Vorläufer zum letzteren Werk, in dem Fontane den Typ des ›Zeitromans‹ endgültig ausbildete. Allein die zahlreichen Reflexe auf Zeitgenossen und Zeitereignisse stellen bedeutsame Elemente des Zeitromans dar und erlauben eine exakte Datierung der Handlung auf das Jahr 1888. Für *Reuter* enthüllt sich Fontane gerade in den »Poggenpuhls« als »gesellschaftlicher Schriftsteller«. *Mittenzwei* zeigt auch an diesem Roman das Sprachthema auf: »Sein Thema ist die gesprochene Sprache des Alltags, in der Kleinigkeiten zu Größen werden und Größen zu Kleinigkeiten.«

In der Aufbau-Ausg. werden weiter die intensiven autobiographischen Implikationen betont.

*Literatur:*

*Reuter*, Hans-Heinrich: »Die Poggenpuhls«. Zu Gehalt u. Struktur des Gesellschaftsromans bei Th. F. In: EG 20, 1965, S. 346–359. (Teilvorabdruck von *Reuter*, 1968, S. 823–831.)

*Riechel*, Donald C.: A study of irony in F's last two novels »Die Poggenpuhls« and »Der Stechlin«. Diss. Ohio State Univ. 1970. (DA 32, 1971, S. 453A.)

*Fujita*, Masaru: Fs »Die Poggenpuhls«: Zu Form u. Gehalt. In: Doitsu Bungaku 47, 1971, S. 44–53.

*Riechel*, Donald C.: »Thou com'st in such a questionable shape«: Th. F's »Die Poggenpuhls«. In: »Herkommen u. Erneuerung«. Essays für Oskar Seidlin. Hrsg. v. Gerald Gillespie u. Edgar Lohner. 1976, S. 241–255.

*Aust*, Hugo: Th. F.: »Die Poggenpuhls. Zu Gehalt und Funktion einer Romanform. In: F. aus heutiger Sicht, 1980, S. 214–238.

*Reuter*, Rita: Eine Quelle der »Poggenpuhls«. In: FBl. 6, 1985, H. 2, S. 229–231.

Ferner: *Wandrey*, 1919, S. 294–300; *Hayens*, 1920, S. 235–:247; *Mittenzwei*, 1970, S. 156–164; *Müller-Seidel*, 1975, S. 418–426; *Garland*, 1980, S. 209–227; *Bance*, 1982, S. 163–185; E. *Lämmert*, 1955, S. 226–233.

*»Der Stechlin«*. Roman.
Entstehung: Nov. 1895–Juli 1897.
Hs.: Märkisches Museum, Berlin.
Vorabdruck: »Über Land und Meer« Jg 40, Nr. 1–19, 1897/98, Okt. bis Dez. 1897. Titel: »Stechlin«.
Erste Buchausgabe: Okt. 1898 (Impressum 1899) bei Friedrich Fontane & Co., Berlin.

Das stark durchkorrigierte Ms. des »Stechlin«, das mit der Druckvorlage allerdings noch keineswegs identisch ist, ist nicht mehr vollständig. Es fehlen daraus Kapitel 1, 2, 5 und 8 bis 15. Das Ms. enthält auf den Rückseiten zahlreiche frühere Entwürfe. Im Anhang von Aufbau-Ausg. Bd 8 wird eine Auswahl dieser Skizzen mitgeteilt, die sich zum Teil auf das im Märkischen Museum vorhandene Material stützt, zum Teil auf Texte, die in der Stechlin-Analyse *Julius Petersens* wiedergegeben sind, dem noch das ganze Material zur Verfügung stand.

Fontanes letzter Roman ist in verhältnismäßig kurzer Zeit entstanden. Nov./Dez. 1895 hatte er kontinuierlich daran geschrieben und das erste Brouillon des »kleinen« politischen Romans fertiggestellt. Laut Tagebuch arbeitete er diese Skizze in fortgesetzter Arbeit im Jahre 1896 zu einem »ersten Entwurf« aus, der im Herbst 1896 fertig war. Die Überarbeitung einschließlich der Hinzufügung weiterer Kapitel dauerte bis Juli 1897; am 16. Juli war Emilies Abschrift bereits fertig und wurde bald darauf an die Redaktion der Zeitschrift »Über Land und Meer« geschickt.

Obwohl Fontane die Korrektur des Vorabdrucks sorgfältig überwacht hatte, veränderte er noch einiges bei der Korrektur für die Buchausgabe im Sommer 1898. Das Erscheinen des Buches erlebte er jedoch nicht mehr.

Die Aufbau-Ausg. Bd 8 bringt den Text der Buchausgabe mit nur wenigen Beispielen von Lesarten. Es bleibt der Forschung, an erster Stelle also einer historisch-kritischen Ausgabe, vorbehalten, nicht nur alle Lesarten zu bringen, sondern auch über die Auswahl der Aufbau-Ausg. hinaus alle Vorstufen und Skizzen, soweit sie erhalten oder in früheren Forschungsarbeiten abgedruckt sind, vollständig wiederzugeben.

Die kritische Beurteilung des Romans ist von Anfang an widerspruchsvoll gewesen. Da das Erscheinen des Buchs mit Fontanes Tod zusammentraf, wurden die Besprechungen gleichzeitig zu Nachrufen. So fielen die Worte »Vermächtnis« und »Testament« und »etwas wie ... Abschluß seiner Selbstbiographie«, »Fontanes letzte Gedanken über Gott und die Welt, über Bismarck und den alten Fritz, über Preußen und die Mark Brandenburg, über die soziale Frage und über die Armee, über Mannesseelen und über Frauenherzen...« (*Fritz Mauthner* in Berliner Tageblatt, Nr. 585, vom 8. Nov. 1898). Während im allgemeinen in der Kritik von Anfang an die Romanform in Frage gestellt wurde, ist Mauthner schon weitsichtiger, wenn er die sonst übliche Romanfabel durch einen »symbolischen Träger der Zeitgedanken« ersetzt sieht. Interessant ist auch Mauthners Fragestellung zum Motiv des märkischen Sees, »der für gewöhnlich so wohldiszipliniert daliegt, im Grunde ein Revolutionär ist, der gleich mitrumort, wenn irgendwo was los ist. An wen sollen wir dabei denken? An die Mark Brandenburg? An den Junker Dubslav? An Theodor Fontane?«.

Die verschiedenen Stichworte der späteren Stechlin-Forschung sind in diesen ersten Besprechungen bereits vorweggenommen. Die Kritik an der Romanform ist seither nie mehr verstummt, besonders seit *Wandrey* vom »Versagen der Gestaltungskraft« sprach, die Menschenwelt des »Stechlin« als »nebulos« beurteilte und die Gesprächstechnik, die bei den anderen Romanen im Dienst einer künstlerischen Idee gestanden, als Selbstzweck hinstellte, was ihn veranlaßt, über den dichterischen Wert das Urteil zu fällen: »Das entscheidet dichterisch über Art und Wert des »Stechlin« (S. 301).

Wandrey sieht den Wert des »Stechlin« im außerdichterischen Gehalt, im Aussprechen gedachter Inhalte, womit er dem Wesen des Romans näherkäme, wenn er ihm nicht ausdrücklich die Bedeutung eines politischen Romans abspräche. Er sieht ihn nur als Emanation der geistigen Persönlichkeit Fontanes, die den Roman zu einem »Fontanebrevier« mache. Auch die spätere Kritik hält an Wandreys Argumenten bis zu einem gewissen Punkte fest, am stärksten *Pascal*, der aus diesem Grunde den Roman mit nur wenigen Worten abtut. Aber auch *Demetz*, der Fontanes Absicht der Einbettung der Lebenskrise in Politik und Welt zu erkennen glaubt, meint, daß trotz einiger glänzender Beispiele seiner epischen Kunst auch in diesem Roman, dessen Struktur er gegenüber den anderen dialektisch organisierten Romanen als additiv bezeichnet, der Roman gewisse strukturelle Mängel aufweise und einer strengen Disziplin entbehre: »sei's, daß er [Fontane] noch einmal spielen will, sei's, daß er müde geworden« (S. 183).

Auch die erste gründliche Analyse des Werkes, die von *Julius Petersen* stammt, übernimmt die Deutung des Romans als Selbstporträt Fontanes: »der alte Fontane als sein eigener Eckermann«. Petersen geht aber darüber hinaus, wenn er gleichzeitig die Objektivierung der persönlichen Anschauungen in der »Mythisierung der Gegenwart« und in der »Ausschau in verhüllte Zukunft« erblickte. Damit weist er zumindest auf die Bedeutung des Romans als eines politischen Romans hin, wenn er auch ausdrücklich feststellt, daß er nicht Fontanes künstlerische Höchstleistung sei. Und doch führt seine Untersuchung weiter durch die Betonung künstlerischer Mittel wie Symbol und Leitmotiv und den allerdings nicht geglückten Versuch, die Bedeutung des Stechlin-Symbols zu interpretieren. Es stecken in dieser Arbeit jedenfalls im Ansatz bereits viele Beobachtungen, die bei späteren Analysen immer wieder aufgenommen und re-interpretiert worden sind.

Den äußeren Anstoß zum Stechlin-Roman, der »Die Likedeeler«, an denen Fontane damals arbeitete, verdrängte, sieht Petersen möglicherweise in der Mißstimmung, die die Ablehnung der »Poggenpuhls« durch Pantenius erfuhr, und in der vermeintlichen Verkennung seiner Absichten dieses Romans, – eine interessante Fragestellung, die anscheinend nie wieder aufgegriffen worden ist.

Petersen untersucht die Entstehungsgeschichte des Romans sehr gründlich und zieht für seine Analyse alle früheren Entwürfe und Skizzen heran. Einen Vorwurf gegen diese Methode erhebt bereits ein Jahr später *Erich Behrend* in seiner Stechlin-Studie: »Petersen vergißt über die einzelnen Stufen der Entwicklung die Endfassung, er sieht nicht, daß die Endfassung etwas ganz anderes ist, als daß sie sich aus den Resten der Vorarbeiten verdeutlichen oder gar tiefer erklären und erkennen ließe« (S. 13). In der Gegenwart hat sich *Reuter* gegen diese Methode ausgesprochen, die »die Auflösung und Zerstörung des Werkes als eines vollendeten und geschlossenen Ganzen« zur Folge hätte. Gewiß ist die moderne Literaturkritik sehr viel mehr um die Erfassung des Kunstwerkes als solches bemüht, aber bis heute verwenden die meisten Kritiker noch erhalten gebliebene oder von Petersen abgedruckte Entwürfe und Skizzen zur Erhellung des recht schwierigen Stechlin-Problems und sehen das Verfahren als gerechtfertigt an, »da die noch nicht durchgeformten Entwürfe die Probleme deutlicher benennen« (*Renate Schäfer* »Fontanes Melusine-Motiv«, S. 88). So hält auch *Hubert Ohl* die Kenntnis der Vorstufen für die Erfassung des Stechlin-Symbols für unbedingt nötig. Zwar kam Petersen zu gewissen Fehlinterpretationen (Euph. 1928, S. 54), was an der verwirrenden Fülle von Material liegen mochte, das er zum erstenmal ausbreitete. Auch fehlten ihm damals noch Einsichten in Fontanes politische Gedankenwelt, die uns vor allem durch den Briefwechsel mit Georg Friedländer zuteil geworden sind und die uns zu einem tieferen Verständnis des im »Stechlin« zum Ausdruck Gebrachten verhelfen. Man könnte den Einwand erheben, daß es Hilfskonstruktionen seien, die außerhalb des eigenen Kunstwerks liegen, aber, ob berechtigt oder nicht, die Kenntnis dieses Briefwechsels hat zweifellos unsere Fontane-Interpretation im allgemeinen beeinflußt.

Als Fontane am 8. 6. 1896 (Freundesbriefe II, S. 388) an Carl Robert Lessing die bekannten Worte schrieb: »Im Winter habe ich einen Roman geschrieben (Gegenüberstellung von Adel, wie er bei uns sein *sollte* und wie er *ist*)«, hatte er erst das Brouillon des »kleinen« politischen Romans fertig, das dann zu einem Entwurf ausgearbeitet wurde, der die Grundlage für die endgültige Fassung bot. Trotzdem werden diese Worte immer wieder von Interpreten herangezogen, und eine neuere Arbeit *(Vincent J. Günther)* stellt mit Recht fest, daß gerade dieser Satz den Interpreten die größten Schwierigkeiten bereitet habe. (Auch Petersen scheiterte an dieser Klippe.) *Georg Lukács* sieht in der Darstellung dieses ›Sollens‹ eine schiefe Anlage des Romans: »Sein zentraler Mangel liegt darin, daß Fontane hier nicht, wie sonst, vom Sein, sondern von einem verworrenen, grundfalschen Sollen aus gestaltet« (S. 297).

Die Anlage des Romans wird auch von *Josef Hofmiller* in seinem Essay »Stechlin-Probleme« in Frage gestellt, der mit dem Satz beginnt. »Auf den ersten Blick scheint ›Der Stechlin‹ Fontanes einfachstes Buch. In Wirklichkeit ist es das schwierigste«, womit die Vielfältigkeit der Versuche einer Stechlin-Interpretation erklärt ist. Hofmiller geht von einer Untersuchung der Melusine-Gestalt aus, die seiner Meinung nach in vier Fünfteln des Romans die Hauptperson sei, während erst im letzten Fünftel aus dem »Melusine-Roman« ein »Stechlin-Roman« geworden sei. Nach dieser zweifellosen Übertreibung bringt dann Hofmiller in einer etwas eigenwillig-spielerischen Vision den Melusine-Roman so zu Ende, wie er nach seiner Meinung hätte enden müssen, wäre Fontane seiner ursprünglichen Absicht treu geblieben. Diese Absicht deduziert er aus dem Bruchstück »Oceane von Parceval«, in dem Fontane das Melusine-Motiv behandelt hat und das Petersen unerwähnt gelassen hatte. So kommt Hofmiller zu dem Schluß, daß »Der Stechlin« ein »übermaltes« Werk sei: »Unter dem figurenreichen Gruppenbild ist deutlich ein sphinxhaftes Bildnis zu erkennen, das Melusinens; es wäre Fontanes Mona Lisa geworden« (Hofmiller, S. 74).

Im Rahmen einer größeren Arbeit über Fontanes Melusinen-Motiv anhand einer eingehenden Analyse des Entwurfs der »Oceane von Parceval« untersucht *Renate Schäfer* die Verbindung des Melusine-Motivs mit dem Stechlin-Symbol, in dem sie zwei völlig heterogene Sinnebenen übereinandergeschichtet sieht, die dadurch miteinander verbunden werden, »daß die Deutung des Symbols auf der einen Sinnebene gerade Melusine, deren Problematik die andere Sinnebene ausmacht, in den Mund gelegt wird« (S. 96). Darin sieht nun die Verfasserin eine Eigenart des Fontaneschen Symbolgebrauchs, das sie näher erhellt.

Während einige Forscher *(Rychner, Heide Buscher)* vom Gefüge der Personen ausgehen, wandte man sich in neuerer Zeit im allgemeinen immer intensiver der Deutung des Stechlin-Symbols zu und nahm die Interpretation des Romans von dort aus vor. Fontanes eigene Aussage, daß er mit dem »Stechlin« einen politischen Roman geplant habe und daß seine Ausführung nicht nur die richtige, sondern die gebotene Art, einen Zeitroman zu schreiben, sei, hat die Forschung dazu geführt, in der anscheinend nachlässigen Struktur kein Nachlassen künstlerischer Kräfte zu sehen, sondern ein bewußt Gewolltes und Erreichtes, eine neuartige Romanform. *Barlow* spricht von Fontanes Versuch, die realistische Beschreibung alltäglicher Ereignisse mit der symbolischen Darstellung einer Kultur in Verfall zu vereinen (GLL 1958/9), wozu Fontane, so meint Barlow, durch die Lektüre Zolas angeregt sein mochte. *Renate Schäfer* spricht von einer »Aufsplitterung der Welt« bei Fontane, die im »Stechlin« am stärksten zutage trete und ihn zum »Bindeglied zwischen dem realistischen und dem modernen Roman werden läßt«.

*Müller-Seidel* (1969) sieht im Bewußtsein dessen, was in unserer auseinanderfallenden Welt zusammengehört, die Bedeutung des Romans. Indem die Idee des Ganzen nicht mehr in erster Linie auf eine individuelle Gestalt bezogen ist, sondern sich im Symbol des Stechlinsees repräsentiert und somit die überindividuellen, die geschichtlichen und politischen Bezüge aufgezeigt werden, läßt Fontane, so meint Müller-Seidel, den vertrauten Roman des 19. Jhs hinter sich und leitet eine »Verjüngung der Romanform« in Deutschland ein.

Soviel zum Problem der Romanform des »Stechlin«. Bei der Auslegung des Stechlin-Symbols stieß man auf weitere Schwierigkeiten. Auf der einen Seite schienen Stichworte, oft in der Funktion von Leitmotiven, wie das »Revolutionäre« des Sees, das »Alte und das Neue«, der »Zusammenhang der Dinge« den Weg zur Interpretation zu weisen, auf der anderen Seite geriet man in Verlegenheit, wenn man Melusines und Lorenzens Worte über das »Alte und Neue« nebeneinanderstellte oder an die Interpretation des eisbedeckten Sees ging, dessen Eisdecke Melusine aufzuschlagen sich fürchtete und weigerte (zur Erklärung dieser Stelle s. *Renate Schäfer*).

Kommt *Hubert Ohl* zu einer ziemlich eindeutigen Erklärung des Stechlin-Symbols, das er mit dem Symbol-Komplex in »Vor dem Sturm« verbindet (Thematik der Erneuerung), so stellt *Vincent J. Günther* die »rationale Unerklärbarkeit« des Romans sowie des Symbols fest. Und doch bemüht sich die Forschung immer wieder um eine solche rationale Erklärung: z.B. in Aufbau-Ausg. Bd. 8, S. 427, wo hinter der unklaren Idee des »Neuen« im Roman gewisse politische Unsicherheiten des alten Fontane gesehen werden, während gleichzeitig die vielschichtig politisch-künstlerische Dialektik des Romans anerkannt wird, die *Reuter* entwickelt hat. Auch Reuter, der die Dialektik des Gehalts wie der Form so überzeugend aufzeigt, gerät in Widerspruch, wenn er sagt: »Der Adel, wie er sein *sollte*, ist das Menschentum einer künftigen klassenlosen Gesellschaft« (S. 849). Damit gelangt er in den Bereich des Ideologischen, wovor *Müller-Seidel*, der die poetisch bedingte Ambivalenz der Aussagen im Roman betont, gewarnt hat.

Das poetische Element des Romans ist daher denn auch nicht übersehen worden. *Thomas Mann* war einer der ersten, der darauf hinwies (in der Anzeige von Wandreys Buch) und für die Kunst des »Stechlin« das Wort »sublim« wählte und im selben Essay auf die »Kunstreize« anspielte, die weit über die Kunstform des bürgerlichen Realismus hinausgingen. Einen Ansatz, diese Kunstreize näher zu untersuchen, zeigt *Schillemeit*, bleibt aber doch noch zu allgemein und vage mit seinem Hinweis auf Stimmung und Sprache. Dem künstlerischen Geheimnis des »Stechlin« kommt *Guido Vincenz* sehr viel näher, wenn er die frühere negative Kritik an Fontanes Dialogführung im »Stechlin« ins Positive verkehrt. Nach Vincenz hängt die besondere Qualität des Dialogs mit der »schmalen Variationsbasis der Charaktere« zusammen, mit »der Verwandtschaft, die sie untereinander und mit dem Autor selbst verbindet. Was sie dadurch an Verschiedenartigkeit im Großen einbüßen, gewinnen sie nicht nur an zarter Nuanzierung, sondern darüber hinaus noch an einem durch keine noch so feine Interpretation erfaßbaren Persönlichkeitszauber. Er geht aus vom hochmusikalischen Klang ihrer Sprache, dem vielberufenen und bewunderten Fontaneton. In allen Romanen des Dichters vernehmen wir ihn. Nirgends aber erklingt die einzigartige doch so wandelbare Menschenstimme in so voller und reicher Resonanz wie im ›Stechlin‹« (S. 17). Wenn Vincenz von »lyrischer Insinuation« spricht, so kommt er *Thomas Mann* nahe, der von Fontanes Prosa sagt, sie stände »der Poesie viel näher, als ihre unfeierliche Anspruchslosigkeit wahrhaben möchte«, und der von einer »Verflüchtigung des Stofflichen« in den späten Werken spricht, »die bis zu dem Grade geht, daß schließlich fast nichts als ein artistisches Spiel von Ton und Geist übrigbleibt«. (»Der alte F.«) Wieweit dieses artistische Spiel von Ton und Geist wissenschaftlich überhaupt erfaßbar ist, ist die Frage; es wird aber nie außer acht gelassen werden dürfen, wenn der Versuch gemacht wird, das Stoffliche (soweit es sich nicht verflüchtigt hat) zu interpretieren, ganz gleich, ob es sich um den politischen Gehalt oder etwa das Melusine-Motiv handelt oder das Motiv von Heimat und Welt und anderes. *Vincenz* spricht von der Gefahr, daß bei einer solchen Interpretation die Linien zu kräftig gezogen weden, »eine Gefahr, die bei dem im zitternden Spiel der Möglichkeiten schwebenden Leben, das Fontanes Werke bewahren, immer wieder droht« (S. 35). Auch *R. Schäfer* spricht von den

»Begriffen der Distanz, der Doppelheit, der Mehrdeutigkeit, der schwebenden Mitte« und *Müller-Seidel* von dem eigentümlich Schwebenden, dem Geistigen und Ungegenständlichen der Welt im »Stechlin«. Das Wort »schwebend«, das jetzt immer öfter in der Stechlin-Forschung auftaucht und mit dem man dem Wesen des Romans gerechter zu werden glaubt, ist in sich ein so »schwebender« Begriff, der die ganze Problematik der Stechlin-Interpretation aufzeigt, weil er im Grunde jegliche Interpretation unmöglich macht.

*Max Rychner* hatte den Roman »als eines der weisesten Spiele, die mit der deutschen Sprache gespielt wurden«, bezeichnet, womit er nach *Ingrid Mittenzwei* die Eigenart dieses »derart konsequent vom Sprachbewußtsein komponierten Romans« getroffen hat. Ingrid Mittenzweis wichtige Untersuchung des Fontaneschen Sprachbewußtseins führt ein gutes Stück weiter zum Verständnis des »Stechlin«, der für sie wie für Reuter als »Roman der Sprache« ein Vorläufer von Thomas Manns »Zauberberg« ist. Ihr Hinweis, daß sich in der »dialogisch-offenen, plaudernd-ausgreifenden Sprachbewegung« das ankündigt, »was der moderne Roman als Bewußtseinsstrom des Inneren gestaltet« (S. 189), ist bedeutsam für die literarhistorische Einordnung des Romans. *Heiko Strechs* These kommt im Titel seiner Arbeit (»Die Synthese von Alt und Neu«), die die stoffliche, erzähltechnische und gedankliche Wechselbeziehung des »Stechlin« zum Gesamtwerk nachweist, deutlich zum Ausdruck. Sie stellt dabei gleichzeitig eine Synthese von älterer und neuerer Forschung dar. Bei aller Einsicht in die Komplexität des Fontaneschen Denkens und seiner politischen Psyche steht für Strech die konservative Geisteshaltung Fontanes fest, und wenn er vom »sanften Gesetz« des Sees spricht, so rückt er in Petersens Nähe, der im Stechlin-See ein Sinnbild der Beständigkeit sah. Wichtige neue Aspekte eröffnet sein Vergleich der geistigen Struktur Fontanes mit der des Essayisten Montaigne.

An eine entschiedenere Herausarbeitung des Politischen geht der Hallenser Literaturforscher *Dietrich Sommer*, indem er die Struktur des Figurenensembles im Stechlin aufzeigt und eingehender, als bisher geschehen, das Erzählgefüge zergliedert. In der dargestellten Welt der Gruppen und Einzelfiguren sowie den subjektiven Reflexen der Gestalten zeichnen sich die Gegensätze zwischen alter und neuer Zeit, zwischen Gegenwart und Zukunft als deutliches Gliederungsprinzip ab. Aber Zukunftsperspektive und Entwicklungsgedanke bleiben abstrakt. In dieser Abstraktheit sieht Sommer jedoch die großen Möglichkeiten des Romans, andererseits aber auch die ideologischen Grenzen. *Eda Sagarra* versucht in ihren Arbeiten die

Nähe des Romans zum Zeitgeschehen und Zeiterlebnis konkret aufzudecken.

*Literatur:*

*Kuhlmann*, Carl: Über Ursprung u. Entwicklung des Dubslav-Charakters in Th. Fs Roman »Der Stechlin«. In: ZfdU 32, 1918, H. 6, S. 219–231.

*Petersen*, Julius: Th. Fs Altersroman. In: Euph. 29, 1928, S. 1–74.

*Behrend*, Erich: Th. Fs Roman »Der Stechlin«. 1929; Nachdruck: New York/London, 1968.

*Hofmiller*, Josef: »Stechlin«-Probleme. Zuerst: Münchener Neueste Nachrichten 25. Aug. 1932. Dann in: Dt. Beitr. 2, 1948, S. 462–467; Wiederabdruck in: Die Bücher u. wir, hrsg. v. Hulda Hofmiller. 1950, S. 67–75, (Hiernach zitiert.)

*Rychner*, Max: Fs »Stechlin«. In: NSR NF 16, 1948/49, S. 168–178. Auch in: M. R.: Welt im Wort. 1949, S. 266–285; Wiederabdruck in: Deutsche Romane von Grimmelshausen bis Musil. Hrsg. v. J. Schillemeit, 1966, S. 218–229.

*Weiher*, Anton: Von Platon, Stifter u. Fontane. In: Festschrift für Hans Ludwig Held. 1950, S. 153–159. (Über den »Stechlin«.)

*Thiess*, Frank: Zum Wiederlesen empfohlen: Fs »Stechlin«. In: neue literar. Welt 3, 1952, H. 5, S. 6.

*Holznagel*, S.: Jane Austens »Persuasion« u. Th. Fs »Der Stechlin«. Eine vergleichende morphologische Untersuchung. Diss. Bonn 1956.

*Barlow*, D.: Symbolism in F's »Der Stechlin«. In: GLL 12, 1958/59, S. 282–286.

*Ihlenfeld*, Kurt: Wiedergelesen: »Der Stechlin«. (1958). In: K. I.: Zeitgesicht. 1961, S. 424–428.

*Meyer*, Herman: Das Zitat in der Erzählkunst. 1961. Darin Kap. 8: Th. F. »L'Adultera« u. »Der Stechlin«, S. 155–185; s. auch in *Preisendanz*, 1973, S. 201–232.

*Müller-Seidel*, Walter F. »Der Stechlin«. In: Der deutsche Roman, hrsg. v. B. v. Wiese, Bd. 2. 1963, S. 146–189.

*Hildebrandt*, Bruno F. O.: Fs Altersstil in seinem Roman »Der Stechlin«. In: GQ 38, 1965, S. 139–156.

*Minder*, Robert: Über eine Randfigur bei F. [Schickedanz]. In: NR 77, 1966, H. 3, S. 402–413; Wiederabdruck in: R. M.: Dichter in der Gesellschaft. 1966, S. 140–154; auch in: *Preisendanz*. 1973, S. 401–417.

*Vincenz*, Guido: Fs Welt. Eine Interpretation des »Stechlin«. 1966.

*Krausch*, Heinz-Dieter: Die natürliche Umwelt in Fs »Stechlin«. Dichtung u. Wirklichkeit. In: FBl. 1, 1968, H. 7, S. 342–353.

*Buscher*, Heide: Die Funktion der Nebenfiguren in Fs Romanen unter besonderer Berücksichtigung von »Vor dem Sturm« u. »Der Stechlin«. Diss. Bonn 1969. [s. auch: Heide Streiter-Buscher: Die Konzeption von Nebenfiguren bei F. In: FBl. 2, 1972, H. 6, S. 407–425. = Gekürztes u. revid. Kap. d. Diss.]

*Pongs*, Hermann: Th. Fs Roman »Der Stechlin«. In: H. P.: Das Bild in der Dichtung, Bd 3. 1969, S. 383–408.

*Strech*, Heiko: Th. F. Die Synthese von Alt u. Neu. »Der Stechlin« als Summe des Gesamtwerks. 1970.

*Chevanne-Wautot*, Reine: La représentation de l'actualité politique dans »Le Stechlin« de F. Diss. Paris 1970.

*Ferrara*, Mario: Die sprachliche Verdichtung in Fs Roman »Der Stechlin«. Diss. Wien 1970.

*Riechel*, Donald C.: A study of irony in F's last two novels »Die Poggenpuhls« and »*Der Stechlin*«. Diss. Ohio State Univ. 1970. (DA 32, 1971, S. 453 A.)

*Sommer*, Dietrich: Probleme der Typisierung im Spätwerk Th. Fs. »Der Stechlin«. In: Fs Realismus, 1972, S. 105–119. – S. auch D. S.: Nachwort zum »Stechlin« in Reclam, Leipzig, 1973.

*Laufer*, Christel: Vollständige Verzeichnung u. Erschließung d. Werkhandschriften »Unwiederbringlich«, »Effi Briest«, »*Der Stechlin*« von Th. F. Diss. Dr. eines Wissenschaftszweiges, Dt. Akad. d. Wissenschaften, Berlin 1973. [Exemplar im FAP]

*Betz*, Frederick: The Contemporary Critical Reception of Th. F's Novels »Vor dem Sturm« and »*Der Stechlin*«. Diss. Indiana Univ. 1973. (DA 34/09A S. 5956 DCJ 74-04660). – JIG B 3, 1976, S. 150–158.

*George*, E. F.: The symbol of the lake and related themes in F's »Der Stechlin«. In: FMLS 9, 1973, S. 143–152.

*Grawe*, Christian: Fs neues Sprachbewußtsein in »Der Stechlin«. In: C. G.: Sprache im Prosawerk. 1974, S. 38–62; 109–110. (2. Aufl. 1987).

*Hillman*, R. H.: F.'s novel »Der Stechlin« and the ›Zeitroman‹. In: AULLA 16. Kongreß, Adelaide, 1974, S. 216–226.

*Rothenberg*, Jürgen: Gräfin Melusine: Fs »Stechlin« als politischer Roman. In: Teko 4, 1976, H. 3, S. 21–56.

*Scherpe*, Klaus R.: Rettung der Totalität durch Konstruktion: Fs vierfacher Roman »Der Stechlin«. In: Annali. Sez. Germ. Studi Tedeschi, 21, 1978, S. 53–106. – Dann in Klaus R. *Scherpe*: Poesie der Demokratie. 1980, S. 227–267.

*Lüdtke*, Martin: Was Neues vom alten F. Historischer Prozeß und ästhetische Form am Beispiel von Fs letztem Roman »Der Stechlin«. In: Diskussion Deutsch 9, 1978, S. 113–133.

Th. F. »Der Stechlin«. Erläuterungen u. Dokumente, hrsg. von *Hugo Aust*. 1978.

*Michel*, Willy: Die Aktualität des Interpretierens. Hermeneutische Zugänge zu [...] Fontane, »Der Stechlin« [...]. 1978.

*Cartland*, Harry E.: The ›old‹ and the ›new‹ in F's »Stechlin«. In: GR 54, 1979, S. 20–28.

*Hohendahl*, Peter Uwe: Th. F. und der Standesroman. Konvention und Tendenz im »Stechlin«. In: Literaturwissenschaft u. Sozialwissenschaften 11: Legitimationskrisen des deutschen Adels 1200–1900. Hrsg. v. U. Hohendahl u. P. M. Lützeler. 1979, S. 263–283.

*Degenhardt*, Inge: Ein Leben ohne Grinsezug? Zum Verhältnis von sozialer Wirklichkeitsperspektive und ästhetischem Postulat in Fs »Stechlin«. In: Naturalismus – Ästhetizismus. Hrsg. v. Christa Bürger [u. a.] 1979, S. 190–223.

*Field*, G. W.: The idiosyncrasies of Dubslav von Stechlin: a Fontane ›Original‹. In: Formen realist. Erzählkunst, 1979, S. 570–576.

*Sagarra*, E.: ›Eingepökeltes Rindfleisch oder Spargel und junges Gemüse‹ – the Christian social background to »Der Stechlin«. In: Formen realist. Erzählkunst, 1979, S. 577–586.

*Delille*, Maria Manuela Gouveia: Das Joao-de-Deus Motiv in Th. Fs Roman »Der Stechlin«. In: FBl. 4, 1979, H. 6, S. 497—509. (Übers. v. Henry Thoreau.) (Gekürzte u. veränderte Fassg von »Joao de Deus na Alemanha«, in: Revista Portuguesa de Pedagogia 10, 1976, S. 95–120.)

*Härtling*, Peter: Th. F. »Der Stechlin«. In: Zeit-Bibliothek der 100 Bücher, 1980, S. 319–322.

*Jolles*, Charlotte: »Der Stechlin«: Fs Zaubersee. In: F. aus heutiger Sicht, 1980, S. 239–257.

*Gauger*, Hans-Martin: Sprachbewußtsein im »Stechlin«. In: Bild u. Gedanke. Festschr. f. Gerhart *Baumann*, 1980, S. 311–323.

*Wunberg*, Gotthart: Rondell und Poetensteig. Topographie und implizite Poetik in Fs »Stechlin«. In: Literaturwissenschaft u. Geistesgeschichte. Festschr. für Richard *Brinkmann*, 1981, S. 458–473.

*Chevanne*, Reine: L'actualité sociale et politique dans »Le Stechlin« de F. In: Actes du colloque international de Valenciennes 1983. Valenciennes 1984, S. 61–67.

*Müller*, Joachim: Das Alte und das Neue. Historische und poetische Realität in Th. Fs Roman »Der Stechlin«. Berlin, 1984. (Sitzungsberichte der Sächs. Akademie der Wiss. zu Leipzig. Bd. 124, H. 5.)

*Field*, George W.: Professor Cujacius, Turner und die Präraffaeliten in Fs »Stechlin«. In: FBl. 5, 1984, H. 6, S. 580–587.

*Schwan*, Werner: Fs »Stechlin« als Roman einer sozialen Lebensweise. In: Teko 12, 1984, S. 64–100.

*Brude-Firnau*, Gisela: Beredtes Schweigen: Nichtverbalisierte Obrigkeitskritik in Th. Fs »Stechlin«. In: Mh 77, 1985, S. 460–468.

*Sagarra*, Eda: Th. F. »Der Stechlin«. 1986.

*Schaefer*, Peter: Eine Ergänzung zur Druckgeschichte des »Stechlin«. In: FBl. 6, 1987, H. 5, S. 553–555.

*Sagarra*, Eda: Symbolik der Revolution im Roman »Der Stechlin«. In: FBl. 6, 1987, H. 5, S. 534–543.

*Tatsukawa*, Yozo: »Der Stechlin« als politischer Roman. In: FBl. 6, 1987, H. 5, S. 543–553.

*Kaiser*, Herbert: Fs »Stechlin« lesen. Interpretation als Aufbau des ›großen Zusammenhangs der Dinge‹. Eine Anregung für den Literaturunterricht. In: LfL. 1988, S. 188–217.

*Beckmann*, Martin: Th. Fs Roman »Der Stechlin« als ästhetisches Formgefüge. In: WW 39, 1989, S. 218–239.

*Chevanne*, Reine: Le mouvement chrétien social à la fin du XIXe siècle et le »Stechlin« de Th. F. In: Le texte et l'idée, No. 4, 1989, S. 107–128.

*Fries*, Ulrich; *Jaap*, Hartmut: »Der Stechlin«. Politikum in unserer Zeit oder Liebesgeschichte aus einem vergangenen Jahrhundert. In: TuK Sonderbd. Th. F., 1989, S. 185–202. [Auseinandersetzung mit der bisherigen Stechlin-Interpretation.]

*Horch*, Hans-Otto: Welt-Sprache. Th. Fs letzter Roman »Der Stechlin«. In: Meisterwerke d. Weltliteratur. Hrsg. v. Helmut Siepmann [u. a.] Bd. 3, 1989, S. 271–291.

*Anderson*, Paul Irving: »Der Stechlin«. Eine Quellenanalyse. In: Fs Novellen u. Romane. 1991, S. 243–274.

*Penrice*, Amy W.: Fractured Symbolism: »Der Stechlin« and »The Golden Bowl«. In: CL 43, 1991, S. 346–369.

*Sagarra*,, Eda: Fs Roman: »Der Stechlin«. In: FBl. 52, 1991, S. 113–128.

*Sagarra*, Eda: »Der Stechlin« (1898): History and Contemporary History in Th. F's last novel. In: MLR 87, 1992, S. 122–133.

Ferner: *Wandrey*, 1919, S. 300-311; *Hayens*, 1920, S. 248–272; *Schillemeit*, 1961, S. 106–119; *Martini*, 1962, S. 794–800; *Demetz*, 1964, S. 177–189; *Günther*, 1967, S. 89–132; *Reuter*, 1968, S. 832–862; *Ohl*, 1968, S. 222–241; *Mittenzwei*, 1970, S. 165–184; *Aust*, 1974, S. 290–326; *Müller-Seidel*, 1975, S. 426–456; *Garland*, 1980, S. 239–272; *Bance*, 1982, S. 186–221; K. *Müller*, 1986, S. 94–124.

## »Mathilde Möhring«

Entstehung: Begonnen 1891. Unvollendet.
Hs: FAP.
Erstveröffentlichung: 1906 durch Josef Ettlinger in der »Gartenlaube«.

Die Niederschrift des ersten Entwurfs dieses Romans fällt im wesentlichen in die Zeit vom 5. bis 23. August und dem Sept. 1891, nachdem schon im Tagebuch im Jan. 1891 verschiedene Novellenpläne – darunter war möglicherweise »Mathilde Möhring« – erwähnt waren, die aber über Entwurf und Bruchstücke nicht hinauskamen. Ende Sept. war die Arbeit laut Tagebuch im Brouillon fertig. Auch diese Arbeit wurde durch Fontanes Krankheit im folgenden Jahr zurückgestellt und dann weiter durch die Beendigung und Aufnahme neuer Arbeiten. Es läßt sich aus einem Tages- oder Wochenprogramm, das auf der Rückseite vom 27. Kap. der »Stechlin«-Handschrift im Märkischen Museum steht (abgedr. Aufbau-Ausg. Bd. 7, S. 618) schließen, daß Fontane wahrscheinlich im Feb. 1896 an die Korrektur von »Mathilde Möhring« gegangen ist. Doch zu einer allerletzten Durchsicht kam es nicht, und das Manuskript fand sich in einem Konvolut im Nachlaß.

Erst 1906 revidierte *Josef Ettlinger* den Roman und veröffentlichte ihn mit Erlaubnis der Nachlaßkommission in der »Gartenlaube«, Nr. 46 bis 52, Nov. und Dez. 1906. Eine Voranzeige von Verlag und Redaktion in Nr 45 der »Gartenlaube« sprach von einem vollendeten Roman aus dem Nachlaß des Dichters, während das Vorwort des von Ettlinger herausgegebenen Bandes »Aus dem Nachlaß«, in dem der Roman dann in Buchform erschien, erklärte, »daß vielleicht dieses und jenes Detail bei einer letzten Redaktion noch eine andere Fassung, der Dialog da und dort eine etwas andere Appretur erhalten haben würde«. Nur in einer Fußnote finden wir den Hinweis auf »eine leichte Nachbesserung noch vorhandener stilistischer Flüchtigkeiten und auf die Feststellung des Textes an den ziemlich zahlreichen Stellen, wo der Dichter selbst sich zwischen mehreren von ihm niedergeschriebenen Lesarten noch nicht entschieden hatte« (S. XIII). Alle weiteren Ausgaben haben Ettlingers Fassung kritiklos übernommen, ohne seine »Nachbesserung« usw. nachzuprüfen. Erst *Gotthard Erler* hat durch sorgfältigen Vergleich von Abdruck und Handschrift die großen Abweichungen der Ettlingerschen Edition von der Urschrift festgestellt und in Aufbau-Ausg. Bd. 7 zum erstenmal einen Abdruck nach der Urschrift gebracht. Die Urschrift ist in 17 Kapitel gegliedert, während Ettlinger keine Kapitaleinteilung bringt. Die Aufbau-Ausg. gibt einige wenige Beispiele von Ettlingers Eingriffen in den Text sowie von Streichungen einiger Stellen und Szenen.

*Erler* gibt ferner in Bd. 7, S. 622 ff., eine Beschreibung des Manuskriptes. Sein Editionsprinzip ist genau dargelegt, und um Einblicke in die Korrekturen des Manuskripts zu geben, werden einige inhaltlich und stilistisch aufschlußreiche Varianten mitgeteilt. Es bleibt also einer historisch-kritischen Ausgabe vorbehalten, den Text mit allen Varianten zu bringen.

Bei der Bedeutung, die die letzte Durchsicht eines Manuskripts für Fontane hatte, muß das Fehlen derselben dem Werk einen unvollendeten Charakter verleihen, selbst wenn es äußerlich zu Ende geführt ist. Dieser fragmentarische Charakter ist dann auch von der Kritik hervorgehoben. So glaubte *Georg Lukács*, daß Fontane mit »Mathilde Möhring« bei »konsequenter Durchführung« eine vielversprechende Satire anlegen wollte, die er aber in dem Moment, wo die Satire beginnen würde, nämlich mit der wirklichen Karriere des unfähigen Hugo Großmann, durch einen deus ex machina, nämlich Hugo Großmanns Tod, habe abbrechen lassen. *Demetz* meint, daß Fontane »die wenig elegante Welt des Bürgertums« überhaupt nur selten – und nur in einzelnen Personen – ernst zu zeichnen versucht habe. Daß das möglicherweise der Grund sei, warum bei »Mathilde Möhring« das letzte künstlerische Feilen unterblieb, ohne das Fontane kein Manuskript aus der Hand gab, ist zweifelhaft. Fontane war aber offensichtlich mit der Gestaltung nicht zufrieden. Hatte er sich im Stoff vergriffen? Tatsache ist, daß »Mathilde Möhring« ganz im Bereich des Klein- und Mittelbürgertums bleibt. »Die sozialen Gegensätze sind auf ein Minimum zusammengeschrumpft.« Insofern ist nach *Reuter* »Mathilde Möhring« der Versuch, über »die Dialektik von ‹Irrungen, Wirrungen› und ‹Stine› historisch um einen Schritt hinauszukommen« (S. 697). Wenn *Schlenther* fand, daß Fontane in den »Poggenpuhls« im künstlerischen Sinn des Wortes so naturali-

stisch war wie noch nie, so ist er in »Mathilde Möhring« so naturalistisch wie noch nie vom Stofflichen her, vom Milieu.

Während für *Ettlinger* der Roman beweist, »daß nicht unser Wille, sondern stärkere Mächte unser Leben regieren«, und *Wandrey*
auch hier wieder Fontanes Prinzip der Ordnung zu erkennen glaubt,
so sieht die neuere Forschung in der bloßen Darstellung der muffi-
gen Enge des kleinbürgerlichen Milieus und dem aus diesem Milieu
erklärbaren Charakter Mathildes, deren Tüchtigkeit es nicht gelang,
dieser Welt zu entkommen, eher eine Kritik der sittlichen und sozialen Ordnung der Zeit *(Erler)*.

Erlers authentische Ausgabe hat sehr bald zur weiteren kritischen
Auseinandersetzung mit diesem Werk angeregt. Im Mittelpunkt dieser Auseinandersetzung steht die Titelfigur, deren Porträtierung, zu
einem Teil wenigstens, die Sonderstellung des Romans erklärt, weil
sie in ihrem Wesen und so in ihrer Wirkung auf den Leser wenig mit
Fontanes anderen Frauengestalten gemein hat *(Mahal)*. Hält Mahal
im wesentlichen aber doch noch an der menschlich-negativen Einschätzung Mathildes fest (verschlüsselte Bismarckgestalt?), so kommen andere zu einer deutlichen Aufwertung Mathildes, die als ge-
sellschaftstypische Figur Fontanes radikalste Frauengestalt sei
*(Hoffmeister)*. Auch *E. F. George* will ihr einen »gebührenden Eh-
renplatz« unter Fontanes Heldinnen anweisen, und *A. F. Bance*
nennt den Roman emphatisch »a plea for Mathilde«. Diese positive
Neueinschätzung der Titelfigur ist das Resultat subtiler Analysen
des Werks und des gesellschaftskritischen Aspekts. Wir finden hier
auch den besten Ansatz zu einer Neubewertung des Werkes selber
als Zeit- und Gesellschaftsroman.

Die von Gotthard Erler herausgegebene authentische Fassung liegt seit 1971
auch im Hanser-Verlag vor.

*Literatur:*

*Raphael*, G.: »Mathilde Möring« [sic], de Th. F. In: EG 3, 1948, S. 297 ff.

*Erler*, Gotthard: »Mathilde Möhring«. In: Fs Realismus. 1972, S. 149–156.

*Hoffmeister*, Werner: Th. Fs »Mathilde Möhring«: Milieustudie oder Gesellschaftsroman? In: ZfdPh. 92, 1973, SH, S. 126–149.

*Schöll*, Norbert: Vom Bürger zum Untertan. 1973. [Darin:] Emanzipation einer Kleinbürgerin: Mathilde Möhring. S. 77–82.

*Bance*, A. F.: Fs »Mathilde Möhring«. In: MLR 69, 1974, S. 121–133.

*George*, E. F.: Fs »Mathilde Möhring«. In: St. Neoph. 49, 1974, S. 295 ff.

*Mahal*, Günther: Fs »Mathilde Möhring«. In: Euph. 69, 1975, S. 18–40.

*Fujita*, Masuru: Zur Textkritik der »Mathilde Möhring« Fs. [Jap.] In: Kage
18, 1976, S. 8–15.

*Schöll*, Norbert: »Mathilde Möhring«: ein anderer F.? In: Formen realist. Erzählkunst, 1979, S. 587–597.

*Reich-Ranicki*, Marcel: Der Fall »Mathilde Möhring«. In: Nachprüfung. Aufsätze über deutsche Schriftsteller von gestern, 1977, 2. Aufl. 1980, S. 16–21. (Zuerst in: Die Zeit, 5. 11. 1971).

*Sommer*, Dietrich: Kritisch-realistische Problem- und Charakteranalyse in Fs »Mathilde Möhring«. In: FBl. 5, 1983, H. 3, S. 330–338.

*Liebmann Parrinello*, Guili: Fra ‹Prosa› e ‹Verklärung›: »Mathilde Möhring« di Th. F. In: AION(T) 24, 1981 [1982], S. 35–56.

*Gollmitz*, Renate: Max Herrmanns Korrekturen zur Erstausgabe von »Mathilde Möhring« (1908). In: FBl. 1989, H. 47, S. 111–113.

*Kübler*, Gunhild: Th. Fs »Mathilde Möhring«. Ein Beispiel frauenperspektivischer Literaturbetrachtung. In: FBl. 1989, H. 48, S. 96–101. [Nachdruck aus NZZ vom 25. 1. 1985.]

*Aust*, Hugo: »Mathilde Möhring«. Die Kunst des Rechnens. In: Interpretationen. Fs Novellen u. Romane. 1991, S. 275–295.

*Demetz*, Peter: On Stifter's and F's Realism: »Turmalin« and »Mathilde Möhring«. In: Literary Theory and Criticism. Festschrift for René Wellek. 1984; S. 767–782.

Ferner: *Wandrey*, 1919, S. 247–251; *Reuter*, 1968, S. 695–700; *Kahrmann*, 1973, S. 139–143; *Müller-Seidel*, 1975, S. 319–331; *Garland*, 1980, S. 228–238; *Voss*, 1985, S. 226–233.

## d) Kleine Prosaarbeiten

*Kleine Erzählungen* schrieb Fontane schon in seinen Jugendjahren. Die erste: »Geschwisterliebe« erschien 1839 im »Berliner Figaro«; 1854 erschienen drei andere, »Tuch und Locke«, »Goldene Hochzeit« und »James Monmouth«, in der »Argo«, dem von Fontane und Franz Kugler herausgegebenen Belletristischen Jahrbuch.

Wiederabdruck in: HA Bd. 5, S. 505–588; NyA Bd. 24, S. 9–92.

Erst kürzlich aufgefunden wurde eine Erzählung Fontanes aus den frühen vierziger Jahren:

Zwei Post-Stationen. Faks. d. Handschrift. Hrsg. v. Jochen *Meyer*. Marbach a. N. 1991. (Marbacher Schriften 34.)

*Zwischen Feuilleton und Kurzgeschichte:*

*Von vor und nach der Reise.* Plaudereien und kleine Geschichten«. Erste Buchausgabe: Mai 1894 bei Friedrich Fontane & Co., Berlin.

Die dreizehn Stücke dieser Sammlung sind während der Jahre 1873 bis 1892 in verschiedenen Zeitungen und Zeitschriften erschienen und werden durch das Thema ‹Reise› zusammengehalten. Sie bewegen sich zwischen Feuilleton und short story. Fontane, für den es auch bei diesen kleinen Arbeiten um künstlerische Gestaltung ging, beklagte die Nichtbeachtung seitens der Zeitgenossen (Tagebuch; Fontane-Buch S. 190). Auch die Forschung ging im allgemeinen an ihnen vorüber, wohl weil das Feuilleton literarisch lange nicht ernst genommen wurde und sich auch die Kurzgeschichte in Deutschland erst spät durchgesetzt hat. Neuerdings erscheinen einige dieser Arbeiten wieder in Auswahlsammlungen von Feuilleton und Kurzgeschichten.

Wiederabdruck in HA Bd. 5, S. 389–502, mit Angaben der Vorabdrucke. Auch in NyA Bd. 18, S. 7–117. (Zur Interpunktion d. Titels siehe ebda Bd. 18a, S. 823 f.)

## e) Fragmente und Entwürfe

*»Wolsey«*
Entstehung: terminus post quem 1854.
Hs.: FAP.
Erstveröffentlichung: durch Helmuth Nürnberger, 1965; jetzt auch in HA
    Bd. 5, S. 599–620; NyA Bd. 24, S. 103–120.

*»Allerlei Glück«*
Entstehung: um 1877/1878.
Hs.: Amerika-Gedenkbibliothek, Berlin (81 Seiten u. 2 Taf.)
Erstveröffentlichung: durch Julius Petersen, 1929; jetzt auch in HA Bd. 5,
    S. 629–687 (Nur letzter Entwurf, Text nach J. Petersen); auch in: NyA
    Bd. 24, S. 131–187; Wiederabdruck v. J. Petersens Untersuchung u. weiterer im Deutschen Literaturarchiv Marbach befindlicher Entwürfe ebda,
    S. 756–810.

Der Entwurf und die Vorarbeiten zu diesem Roman, der nie zur Ausführung kam, stellen nach *Petersen* den »Steinbruch« dar, aus dem die Bausteine zu vielen seiner späteren Werke genommen wurden; darum ist dieses Manuskript von besonderer Bedeutung. Petersens Arbeit ist aufschlußreich, weil er an dem reichhaltigen Material den Prozeß der Konzeption und der epischen Gestaltungsweise Fontanes darlegt. (Das Ms. bestand ursprünglich aus 300 Folioblättern).

*Das Melusine-Motiv*
a)  *»Melusine« (An der Kieler Bucht).*
    Entstehung: terminus post quem: 1878.
    Hs.: Schiller-Nationalmuseum, Marbach a. N.
    Erstveröffentlichung durch Walter Keitel in: HA Bd. 5, S. 627–629; jetzt
        auch NyA Bd 24, S. 129f.
b)  *»Oceane von Parceval«*
    Entstehung: 1882.
    Hs.: Stadtbibliothek Wuppertal.
    Erstveröffentlichung durch Ernst Heilborn in: Fontane-Buch, S. 75–90;
        jetzt auch (nach Hs.) in HA Bd. 5, S. 794–808; NyA Bd. 24, S. 284–298.

c) »*Melusine von Cadoudal*«
Entstehung: 1895.
Hs.: FAP.
Erstveröffentlichung: durch Gotthard Erler, 1969; auch in NyA Bd. 24,
S. 1173–1178.

»*Sidonie von Borcke*«
Entstehung: 1879–1882.
Hs.: FAP.
Erstveröffentlichung durch Walter Keitel in: HA Bd. 5, S. 687–711; auch in
FBl. Sonderheft 1 (1968), S. 7–22; NyA Bd. 24, S. 187–209.

»*Storch von Adebar*«
Entstehung: 1881–1882.
Hs.: FAP.
Erstveröffentlichung durch Walter Keitel in: HA Bd. 5, S. 742–794; auch in
FBl., Sonderheft 1 (1968), S. 23–75; NyA Bd. 24, S. 237–284.

»*Die Likedeeler*«
Entstehung: 1878–1880; 1882; Hauptentwurf 1895.
Hs.: Verschollen (bis 1945 in FAP).
Erstveröffentlichung: durch Hermann Fricke, 1938; jetzt auch in HA Bd. 5,
S. 879–923; NyA Bd. 24, S. 353–395 – s. auch Aust, 1974, S. 257–289 u.
S. 333–335.

»*Bret-Harte*«
Entstehung: Februar–April/Mai 1874.
Hs.: H. H. Remak; als Dauerleihgabe in J. K. Lilly Rare Book and Manuscript
Library, Indiana Unversity, Bloomington, Indiana, USA.
Erstveröffentlichung nach dem Ms durch *Henry H. H. Remak*: Der Weg zur
Weltliteratur: Fs Bret-Harte-Entwurf. In: FBl. 1980, Sonderheft 6.
Frühere Veröffentlichung nach maschinenschriftl. Kopie von *H.-.H. Reuter*
in »Aufzeichnungen zur Literatur«, 1969, S. 161–170.

»*Die preußische Idee*«.
Lebens- und Wandelbild eines Alt-Romantiker?
Entstehung: 1894.
Hs.: Schiller-Nationalmuseum, Marbach a. N. Mehrere Blätter verschollen.
Erstveröffentlichung: HA Bd. 5, S. 863–874. Dann: NyA Bd. 24, S. 337–347;
FBl. 5, 1982, H. 2, S. 119–129.
Dazu: Erste gründliche Interpretation dieses interessanten Novellenent-
wurfs von *Peter Wruck*: Fs Entwurf »Die preußische Idee«. In: FBl. 5,
1982, H. 2, S.!69–190.

Zahlreiche weitere Entwürfe und Fragmente veröffentlicht in HA Bd. 5, die
meisten zum erstenmal; einige wenige davon vorher in: Fontane-Buch. –
Jetzt auch in: NyA Bd. 24.

*Literatur dazu und Erstveröffentlichungen weiterer Entwürfe und Aufzeichnungen:*

*Petersen*, Julius: Fs Altersroman. In: Euph. Bd. 29, 1928. (Zu »Storch von Adebar«, S. 63 ff.)

*Petersen*, Julius: Fs erster Berliner Gesellschaftsroman (»Allerlei Glück«). In: Sitzungsberichte der Preuß. Akad. der Wiss. Jg. 1929, Phil.-Hist. Klasse. 1929, S. 480–562.

*Fricke*, Hermann: Fs letzter Romanentwurf »Die Likedeeler«, 1938.

*Wegner*, Hans-Gerhard: Th. F. u. der Roman vom märkischen Junker. 1938. (Zu »Storch von Adebar« S. 107–113.)

*Schäfer*, Renate: Fs Melusine-Motiv. In: Euph. Bd. 56, 1962, S. 69–104.

*Nürnberger*, Helmuth: »Wolsey.« Ein unbekanntes episches Fragment von Th. F. In: Jb. FDH 1965, S. 400–478.

*Erler*, Gotthard: »… daß das Kleine bestimmt sei, zu Großem zu führen«. Der unveröffentlichte Romanentwurf »Melusine von Cadoudal«. In: FBl. 2, 1969, H. 1, S. 4-9. Wiederabdruck in: NyA Bd. 24, S. 1173–1178.

*Seiffert*, Hans Werner: Zwei handschriftliche Entwürfe Th. Fs. (Zur »Rr-Novelle« u. den »Likedeelern«.) In: Fs Realismus, 1972, S. 65–86.

Th. F.: Zwei gesellschaftskritische Entwürfe. Hrsg. u. komm. v. Joachim Krueger. In: FBl. 3, 1974, H. 4, S. 241–252. Jetzt auch in: NyA Bd. 24, S. 1179–1190.

Th. F.: vier epische Entwürfe. Hrsg. u. komm. v. Joachim *Krueger*. In: FBl. 3, 1976, H. 7, S. 485–502.

*Schubarth-Engelschall*, Karl: Notizen Fs zu Stanleys Reisebericht »Durch den dunklen Weltteil«. In: FBl. 3, 1976, H. 7, S. 502–507.

*Schultze*, Christa: Zur Entstehungsgeschichte von Th. Fs Aufzeichnungen über Paul und Rudolf Lindau (mit einem unveröff. Entwurf Fs u. unbekannten Briefen). In: FBl. 4, 1977, H. 1, S. 27–58.

Th. F.: »Die Drei-Treppen-hoch-Leute« und »Berliner Umzug«. Zwei unvollendete Skizzen. Erneut mitg. u. erl. v. Joachim *Krueger*. In: FBl. 4, 1978, H. 4, S. 318–321.

*Ohl*, Hubert: Melusine als Mythos bei Th. F. In: Mythos u. Mythologie in der Lit. d. 19. Jhs., hrsg v. Helmut *Koopmann*, 1979, S. 289–306.

Th. F.: »Der Westfälische Frieden« (1849). Hrsg. u. komm. v. Joachim *Krueger*. In: FBl. 4, 1980, H. 7, S. 548–554. [Scherzhafte dramatische Familienszene – unvollst.]

Th. F.: »The Poppies Queen«. Ein unveröff. Entwurf. Mitg. u. komm. v. Gotthard *Erler*. In: FBl. 5, 1982, H. 1, S. 3–7.

Th. F.: Flüchtige Aufzeichnungen über Bücher – »Die natürliche Tochter« – Notizen aus dem Sommer 1870. Warnemünde. Hrsg. v. FAP, komm. v. Wolfgang *Jung*. In: FBl. 5, 1982, H. 1, S. 7–12.

*Storch*, Dietmar: ‹Ich bin das Gegentheil von einem Schwarzseher, ich *sehe* nur›. Notizen zu Fs »Die preußische Idee«. In: FBl. 6, 1985, H. 2, S. 157–175.

*Ohl*, Hubert: Melusine als Mythologem bei Th. F. In: FBl. 6, 1986, H. 4, S. 426–440. [Überarbeitete Fassung des Artikels »Melusine als Mythos bei Th. F.« 1979, s. oben.]

Schillemeit, Jost: Berlin und die Berliner. Neuaufgefundene F.-Manuskripte. In: Jb. DSG 30, 1986, S. 34–82.

## f) Biographisches und Autobiographisches

»*Christian Friedrich Scherenberg und das literarische Berlin von 1840–1860.*«
Entstehung: Herbst 1882–Frühsommer 1884.
Hs.: Verschollen (bis 1945 im Märkischen Museum, Berlin).
Vorabdruck: »Vossische Zeitung«, 26. Juni–19. Juli 1884.
Erste Buchausgabe: Wilhelm Hertz (Bessersche Buchhandlung), Berlin 1885.

»*Meine Kinderjahre. Autobiographischer Roman.*«
Entstehung: Nov. 1892–April 1893.
Hs.: Märkisches Museum, Berlin.
Vorabdruck: Kap. 13. »Deutsche Dichtung«, hrsg. v. Karl Emil Franzos, Bd. 15, H. 6, Dez. 1893; H. 7, Jan. 1894. Kap. 16: »Magazin für die Literatur des In- u. Auslandes« Jg 62, Nr. 48, Dez. 1893.
Erste Buchausgabe: bei Friedrich Fontane & Co., Berlin 1894.

»*Von Zwanzig bis Dreißig. Autobiographisches.*«
Entstehung: Winter 1894/95 – Anfang 1898.
Hs.: (unvollständig) Märkisches Museum, Berlin.
Vorabdruck: Nur einige Teile: »Pan«, Jg 1, H. 1-3, Apr.–Nov. 1895; »Deutsche Rundschau«, Bd. 87, April–Juni 1896; »Cosmopolis«, Bd. 4, Okt. 1896; Bd. 10, Mai 1898; »Vossische Zeitung«, Sonntagsbeilage, 28. Nov., 5. u. 12. Dez. 1897.
Erste Buchausgabe: Juni 1898 bei Friedrich Fontane & Co., Berlin.
Fortsetzungsentwürfe (»*Kritische Jahre – Kritiker-Jahre*« u. a.) und selbstbiographische Äußerungen sind abgedruckt in NyA Bd. 15 u. HA Abt. 3, Bd. 4; sowie in Aufbau-Ausg. Abt. 3, Bd. 3/1.

Aus einem Brief an Maximilian Harden vom 7. November 1889 (»Merkur« 1956, S. 1092) geht hervor, daß Fontane nicht daran gedacht hat, eine *Autobiographie* zu schreiben, obwohl viele seiner Zeitgenossen in jenen Jahren ihre Lebenserinnerungen herausbrachten: »Wenn ich tot bin, und es findet sich wer, der mich der Nachwelt überliefern will, so geben ihm die Vorreden zu meinen verschiedenen Büchern, zum Teil die Bücher selbst – weil sie wie ‹Kriegsgefangen›, ‹Aus den Tagen der Okkupation›, ‹Ein Sommer in London›, ‹Jenseit des Tweed› usw. Erlebtes enthalten – das beste Material an die Hand.«
Der Anstoß zur Niederschrift der Kindheitserinnerungen kam von außen, als Therapie für Fontanes schwere seelische Erkrankung, die einer physischen Krankheit gefolgt war und die ihm jede Schaffenskraft zu nehmen schien. Fontanes Arzt aber verschrieb ‹Arbeit›,

und wenn es mit den Romanen nicht ginge, so sollte er seine Lebenserinnerungen schreiben: »Fangen Sie gleich morgen mit der Kinderzeit an.« Fontane folgte dem Rat und bestätigt in seinem Tagebuch,
daß er sich mit den »Kinderjahren« wieder gesund geschrieben habe. In der Tat wurde das Werk im Gegensatz zu der oft langjährigen
Arbeit an den Romanen in wenigen Monaten fertiggestellt.

Der Wunsch, einen weiteren autobiographischen Band zu schreiben, ergab sich unmittelbar aus dem Erinnerungserlebnis dieses ersten Werkes und dem Wunsch der Kritiker nach einer Fortsetzung.
Er wählte jetzt »die Zeit der Lehr- und Wanderjahre«, und »Von
Zwanzig bis Dreißig« entstand im wesentlichen zwischen Winter
1894/95 und Winter 1895/96. Mehrere (nicht alle) Kapitel erschienen während der Jahre 1895 bis 1898 in den verschiedensten Zeitungen und Zeitschriften. Fontane registriert in seinem Tagebuch
häufig Durchsichten seiner Erinnerungen, bis er im Januar 1898 das
Manuskript für die Buchausgabe zusammenstellte, und wohl erst
im Februar 1898 wurde der Titel »Von Zwanzig bis Dreißig« festgelegt.

Der Genesis beider Werke, deren Verschiedenartigkeit längst erkannt worden ist, ist *Brenda Doust* sorgsam nachgegangen. Sie unternimmt in dieser bisher gründlichsten Arbeit über Fontanes autobiographische Schriften zum erstenmal eine Analyse und kommt zu
dem Schluß, daß »Meine Kinderjahre« »autobiography proper« seien, »Von Zwanzig bis Dreißig« dagegen »a work of reminiscence« (S.
297). Die Beziehung der epischen Gestaltung der »Kinderjahre« zu
Fontanes Romantechnik wird im einzelnen aufgezeigt und der Untertitel »autobiographischer Roman« als völlig gerechtfertigt gesehen. Die weniger organische Entstehung von »Von Zwanzig bis
Dreißig« wird ebenfalls untersucht, sowie die Strukturprinzipien
und die wesentlichen Aspekte des Werks: Methode der Charakterzeichnung und Funktion der Anekdote. (Hier scheint sich eher ein
Zusammenhang mit der »Wanderungen«-Technik zu zeigen.) Entstehungsgeschichtlich gehören beide Werke in die unmittelbare
Nachbarschaft von »Effi Briest« und dem »Stechlin«. Diese Wechselwirkung, vor allem zwischen den »Kinderjahren« und »Effi
Briest«, wird bei Doust im einzelnen aufgezeigt. Die Forschung hat
immer wieder auf die besondere Bedeutung des Intermezzo-Kapitels in den »Kinderjahren« hingewiesen, und das Porträt des Vaters,
das gleichzeitig zum Selbstbildnis wird, gilt allgemein als von
großem künstlerischem Rang und höchstem menschlichem Gehalt.
Die Bedeutung einiger autobiographischer Kapitel in den »Wanderungen« (»Michel Protzen« und »Civibus aevi futuri« in der »Graf

schaft Ruppin«) hat *Reuter* in »Grundposition der ‹historischen‹ Autobiographie Theodor Fontanes« behandelt.

Auf den autobiographischen Charakter von »Kriegsgefangen« ist bereits oben hingewiesen worden. Eine Sonderstellung scheint das Buch über »Christian Friedrich Scherenberg« einzunehmen. *Reuter* nennt es »bereits eine Art ersten autobiographischen Experimentes«, und *Müller-Seidel* meint, es sei »wenigstens im gleichen Maße autobiographisch, wie es sich als Biographie eines befreundeten Schriftstellers versteht« (»Fontanes Autobiographik«). In der Tat ist dieses Werk von ähnlicher Natur wie die Tunnel-Kapitel in »Von Zwanzig bis Dreißig«, in deren thematischen Zusammenhang es gehört.

Die Fontane-Forschung hat sich erst sehr spät mit den autobiographischen Werken als eigenständiger Literaturform beschäftigt. *Lilian Furst* machte den Anfang, indem sie auf den der Außenwelt zugewandten Blick des Autobiographen Fontane aufmerksam machte. Von den neueren Arbeiten neben *Doust* zeigen *Müller-Seidel* und *Anderson* die Nähe von Autobiographie und Romankunst auf, und *Niggl* untersucht »Meine Kinderjahre« im Verhältnis zur Gattungstradition. Doust hat Fontanes Einstellung zur zeitgenössischen Memoirenliteratur ziemlich eingehend behandelt.

*Literatur zu den autobiographischen Schriften:*

*Fontane*, Friedrich: »Von Zwanzig bis Dreißig«. Entstehungsgeschichte u. Ergänzungen nach ungedruckten Quellen. In: Ruppiner Kreiskalender. Jg. 20, 1930, S. 81–89.

*Furst*, Lilian R.: The autobiography of an extrovert: F's »Von Zwanzig bis Dreißig«. In: GLL 12, 1958/59, S. 287–294.

*Pascal*, Roy: Die Autobiographie. Gehalt u. Gestalt. 1965, S. 116–117. [Der Abschnitt über F. fehlt im englischen Original von 1960.]

*Reuter*, Hans-Heinrich: Das Bild des Vaters. In: FBl. 1, 1966, H. 3, S. 61–74. (Vorabdruck aus Reuter, 1968).

*Reuter*, Hans-Heinrich: Grundpositionen der »historischen« Autobiographie Th. Fs. In: Fs Werk in unserer Zeit. 1966, S. 13–36.

*Müller-Seidel*, Walter: Fs Autobiographik. (Erweit. u. veränderte Fassung eines Vortrags.) In: Jb. DSG 13, 1969, S. 397–418.

*Doust*, Brenda: An examination of Th. F's autobiographical writings and their relation to his prose fiction with special reference to »Meine Kinderjahre«. M. Phil. Thesis London 1970.

*Niggl*, Günter: Fs »Meine Kinderjahre« u. die Gattungstradition. In: Sprache u. Bekenntnis. Sonderbd. des Literaturwissenschaftlichen Jbs 1971, S. 257–279.

*Schultze*, Christa: F. u. Wolfsohn. Unbekannte Materialien. In: FBl. 2, H. 3, 1970. Darin auf S. 160–164 Wiedergabe einer stark korrigierten Hs. von

»Von Zwanzig bis Dreißig«, ein Konzept für die nicht erhaltene Druckvorlage.

*Robinson*, Alan R.: An author in uniform. Reflections on Th. F's military se-
vice, 1844–5, and its influence upon his later works and personal philoso-
phy. In: NGS 1, 1973, S. 67–84.

*Robinson*, Alan R.: Recollections in tranquillity: an examination of F's »autobiographical novel«. In: Erfahrung u. Überlieferung: Festschrift for C. P.
Magill. Cardiff, 1974, S. 113–125.

*Anderson*, Paul Irving: »Meine Kinderjahre«: die Brücke zwischen Leben
und Kunst. Eine Analyse der Fontaneschen Mehrdeutigkeit als Versteck-
Sprachspiel im Sinne Wittgensteins. In: F. aus heutiger Sicht, 1980,
S. 143–182.

*Hesekiel*, Martin: Anmerkungen zu Th. Fs Äußerungen über George Hesekiel in »Von Zwanzig bis Dreißig«. In: FBl. 4, 1981, H. 8, S. 671–674.

*Goldammer*, Peter: Fs Autobiographien. In: FBl. 4, 1981, H. 8, S. 674–691.

*Walter-Schneider*, Margret: Im Hause der Venus. Zu einer Episode aus Fs
»Meine Kinderjahre«. Mit e. Vorbemerkung über die Interpretierbarkeit
dieses ‹autobiographischen Romans›. In: Jb. DSG 31, 1987, S. 227–247.

*Ester*, Hans: Th. Fs Kinderjaren in Swinemunde aan de Oostzee. In: Maatstaf
(Amsterdam) 36, Nr. 9/10, Sept./Okt. 1988, S. 88–97.

*Anderson*, Paul Irving: Der Ibykuskomplex. Fs Verhältnis zum Vater. In: FBl.
1990, H. 50, S. 120–136.


*Literatur zum Gesamtwerk:*

*Dresch*, Jean: Th. F. In: Le roman social en Allemagne [1850–1900]. Paris
1913, S. 271–389.

*Peters*, Konrad: Th. F. u. der Roman des 19. Jhs. 1932.

*Martini*, Fritz: Th. Fs Romane. In: Zs. f. Deutschkunde 49, 1935, S. 513–530.

*Rilla*, Paul: Fs erzählerisches Spätwerk. In: P. R.: Literatur. Kritik u. Polemik.
1950, S. 153–161; Wiederabdruck in: P. R.: Essays. 1955, S. 161–169.

*Lukács*, Georg: Der alte F. In: G. L.: Deutsche Realisten des 19. Jhs. 1951,
S. 262–307; auch in: Preisendanz. 1973, S. 25–79. [Zuerst in: SuF 3, 1951, H.
2, S. 44–93.]

*Koch*, Franz: Th. F. In: F. K.: Idee u. Wirklichkeit. Bd. 2, 1956, S. 374–431.

*Pascal*, Roy: Th. F. In: R. P.: The German novel. 1956. S. 178–214.

*Garland*, H. B.: Th. F. In: German men of letters; ed. by Alex Natan. London
1961, S. 215–233.

*Schillemeit*, Jost: Th. F. Geist u. Kunst seines Alterswerks. 1961.

*Roch*, Herbert: F., Berlin u. das 19. Jh. 1962.

*Martini*, Fritz: Th. F. In: F. M.: Deutsche Literatur im bürgerlichen Realismus. 1962, S. 737–800. ²1964.

*Demetz*, Peter: Formen des Realismus. Th. F. Kritische Untersuchungen.
1964, ²1966.

*Stern*, Joseph P.: Realism and tolerance. Th. F. In: J. P. S.: Re-interpretations.
London 1964, S. 301-347.

ders.: [Über F.] in: Idylls and Realities. Studies in Nineteenth-Century German Literature. 1971, S. 163–:178; 185–195.

*Brinkmann*, Richard: Th. F. Über die Verbindlichkeit des Unverbindlichen. 1967; 2. Aufl. 1977. Wiederabdruck des Kap. »Allerlei Glück – Allerlei Moral« in: *Preisendanz*. 1973, S. 418–446.

*Reuter*, Hans Heinrich: Th. F. In: Benno von Wiese: Deutsche Dichter des 19. Jhs. 1969, S. 557–598.

*Hatfield*, Henry: The Renovation of the German Novel: Th. F. In: H. H.: Crisis and Continuity in Modern German Fiction . Cornell University Press, Ithaca 1969, S. 1–34.

*Fradkin*, Ilja: Th. Fs »Menschliche Komödie«. Übers. [aus dem Russ.] von Christa *Schultze*. In: FBl. 3, 1976, H. 8, S. 560–572.

*Heller*, Erich: F. and the novelist's art. In: Times Literary Supplement, 20. Okt. 1978, S. 1224.

*Heller*, Erich: F. und die Kunst des Romanciers. In: Jb. Dt. Ak. f. Spr. u. Dichtg, 1979, S. 56–71.

*Walker*, Aldona Mogenis: Th. F's emergence as a novelist. The three creative periods. Diss. Northwestern Univ. 1979. (DA 40/06A, S. 3331 DEL 79-27473).

*Grawe*, Christian: Führer durch die Romane Th. Fs. Ein Verzeichnis der darin auftauchenden Personen, Schauplätze und Kunstwerke. Mit 5 Abb. 1980.

*Wittkowski*, W.: Th. F. u. der Gesellschaftsroman. In: Handbuch d. deutschen Romans. Hrsg. v. H. Koopmann. 1983, S. 418–433.

*Literatur zum historischen Roman:*

*Sieper*, Clara: Der historische Roman u. die historische Novelle bei Raabe u. F. 1930. Nachdruck 1977.

*Bosshart*, Adelheid: Th. Fs historische Romane. 1957.

*Monecke*, Wolfgang: Der historische Roman u. Th. F. In: Festgabe für Ulrich Pretzel. 1963, S. 278–288.

*Motive und anderes:*

*Croner*, Else: Fs Frauengestalten, 1906, ²1931.

*Behrend*, Fritz: Die Namen bei F. Eine bibliophile Plauderei. In: ZfBFr. NF. 14, 1922, H. 2, S. 39–44.

*Vogt*, W.: Frauengestaltung bei F. Diss. Frankfurt 1931.

*Salomon*, Max: Schuld u. Strafe bei F. In: Schweizer Zs. f. Strafrecht 52, 1938, S. 89–112.

*Park*, Rosemary: Th. F's unheroic heroes. In: GR 14, 1939, S. 32–44.

*Zahn-Harnack*, Agnes von: Th. Fs Pfarrergestalten. In: Der Pfarrerspiegel (Berlin) 1940, S. 259–279; Wiederabdruck in: A. v. Z.-H.: Schriften u. Reden. 1964, S. 175–183.

*Henjes*, Gudula: Frauengestaltung in den Hauptweken Th. Fs. Diss. Berlin 1946.

*Jessen*, M. R.: Ein Berliner »Sperl« bei F. In: MLN 64, 1949, S. 391–395.

*Robinson*, Alan: Problems of love and marriage in F's novels. In: GLL NS 5, 1951/52, S. 279–285.

*Astaldi*, M. L.: Tedeschi e slavi nei romanzi di F. In: Ulisse 4, 1953, H. 19, S. 159–162. [Unbedeutend.]

*Lowe*, Theodore L.: The problems of love and marriage in the novels of Th. F. Diss. Univ. of Pennsylvania 1955. (DA 15, 1955, S. 1855.)

*Schäfer*, Renate: Fs »Melusine«-Motiv. In: Euph. 56, 1962, S. 69–104.

*Koester*, Rudolf: Death by miscalculation. Some notes on suicide in F's prose. In: GLL NS 20, 1966/67, S. 34–42.

*Jolles*, Charlotte: »Und an der Themse wächst man sich anders aus als am Stechlin«. Zum Englandmotiv in Fs Erzählwerk. In: FBl. 1, 1967, H. 5, S. 173–191.

*Keune*, Manfred Erwin: Motive im Romanwerk Th. Fs. Diss. Michigan State Univ. 1967 (DA 28, 1967, S. 1788–1789 A.)

*Hollmann*, Werner: The meaning of ‹Natürlichkeit‹ in the novels of F. In: Helen Adolf-Festschrift. New York 1968, S. 236–251.

*Westermann*, Ruth: Gastlichkeit und Gaststätten bei F. In: Jb. f. Br. Lg. 20, 1969, S. 49–57.

*Adler*, Dorothea: Fontanesche Gestalten im Bann elementarer Kräfte. In: Jb. f. Br. Lg. 21, 1970, S. 37–40.

*Ludwig*, Renate: Frauengestalten im Werk Th. Fs. In: Jb. f. Br. Lg. 21, 1970, S. 41–45.

*Subiotto*, Frances M.: Aspects of the theatre in F's novels. In: FMLS 6, 1970, H. 2, S. 149–168.

*Sagave*, Pierre-Paul: De quelques thèmes révolutionnaires français dans la littérature allemanade. In: Hommage à Marache, 1972, S. 421–430. [Darin S. 426 f. über »Vor dem Sturm« und »Schach von Wuthenow«.]

*Charpiot*, Roland: Amour, Mariage, Liaison, et Rupture dans les Romans de Fontane. Diss. Paris-Nanterre, 1973.

*Gilbert*, Mary E.: Weddings and funerals: a study of two motifs in F's novels. In: Deutung u. Bedeutung: studies in German and comparative literature presented to Karl-Werner Maurer. 1973, S. 192–209.

*Keune*, Manfred E.: Das Amerikabild in Th. Fs Romanwerk. In: Amsterdamer Beiträge zur neueren Germanistik 2, 1973, S. 1–25. Dann in: Deutschlands lit. Amerikabild, hrsg. v. A. Ritter, 1977, S. 338–362.

*Anderson*, Paul Irving: Game-Motifs in Selected Works of Th. F. Diss. Indiana Univ. 1974. (DA 35/10A, S. 6655 DCJ 75-08967).

*Leheis*, Jutta S.: Zauber des Evatums: zur Frauenfrage bei Th. F. Diss. Univ. of Massachusetts 1974. (DA 35/09A S. 6145 DCJ 75–06047).

*Ester*, Hans: Der selbstverständliche Geistliche: Untersuchungen zu Gestaltung u. Funktion d. Geistlichen im Erzählwerk Th. Fs. Leiden, 1975.

*Möhrmann*, Renate: Der vereinsamte Mensch. Studien zum Wandel des Einsamkeitsmotivs im Roman von Raabe bis Musil. 1974. 2. Aufl. 1976. Darin: Der vereinzelte Mensch in den Romanen Th. Fs, S. 47–63.

*Martini*, Fritz: Auswanderer, Rückkehrer, Heimkehrer. Amerikaspiegelungen im Erzählwerk von Keller, Raabe u. Fontane. In: Amerika in der deutschen Literatur, hrsg. von S. Bauschinger [u. a.], 1975, S. 178–204.

*Müller-Seidel*, Walter: ‹Allerlei Glück‹. Über einen Schlüsselbegriff im Roman Th. Fs. In: Zeitwende 48, 1977, S. 1–17.

*Howe*, Patricia: The child as metaphor in the novels of F. In: OGS 10, 1979, S. 121–138.

*Bance*, A.: The heroic and the unheroic in F. In: Formen realist. Erzählkunst, 1979, S. 404–416.

*Chambers*, Helen Elizabeth: Supernatural and irrational elements in the works of Th. F. 1980.

*Chew*, Jane Scofield: The theme of adultery in the novels of Th. F. Diss. Pennsylvania State Univ. 1980. (DA 41 / 09A, S. 4049 DEN 81-05706.)

*Bormann*, Alexander von: Glücksanspruch u. Glücksverzicht. Zu einigen Frauengestalten Fs. In: Amsterdamer Beiträge z. neueren Germanistik, 10, 1980, S. 205–233.

*Mittelmann*, Hanni: Die Utopie des weiblichen Glücks in den Romanen. Th. Fs 1980.

*Frei*, Norbert: Th. F. Die Frau als Paradigma des Humanen. 1980.

*Bange*, Pierre: Motifs imaginaires dans les romans de Th. F.: essai de sémantique discursive. In: RG 11, 1981, S. 87–104.

*Michielsen*, Jan: Ritual or romance: the outing in F's novels. In: Modern Language Studies 11, 1981, 2, S. 24–31.

*Johnson*, Marilyn Louise: Maturation in demise: Th. F's »l'Adultera«, »Schach von Wuthenow«, »Unwiederbringlich« and »Effi Briest«. Diss. Univ. of Washington 1981. (DA 42/01A, S. 234).

*Schultze-Motel*, Wolfram: Anmerkungen zu »Th. F. u. die Botanik«. In: Jb. f. Br. Lg. 32, 1981, S. 121–124. [Über einige botanische Aspekte in Fs Werk.]

*Müller-Seidel*, Walter: »Das Klassische nenne ich das Gesunde...«. Krankheitsbilder in Fs erzählter Welt. In: Schriften d. Th.-Storm-Ges. 31, 1982, S. 9–27.

*Kohlschmidt*, Werner: Fs Weinnachtsfeste. Eine Motiv-. und Strukturuntersuchung. In: Lit. Jb. d. Görres-Ges. NF 23, 1982, S. 117–141.

*von Faber-Castell*, Katharina: Arzt, Krankheit und Tod im erzählerischen Werk Th. Fs. 1983.

*Chambers*, Helen E.: Mond und Sterne in Fs Werken. In: FBl. 5, 1984, H. 5, S. 457–476.

*Mayer*, Dieter: Die Landpartie als literarisch-gesellschaftlicher Topos bei F. und nach der Jahrhundertwende. In: Literatur. Sprache. Unterricht. Festschrift f. Jakob Lehmann. Hrsg. v. Michael *Krejci* u. Karl *Schuster*, 1984, S. 63–70.

*Northcott*, Kenneth J.: Some topoi in F. In: GLL 38, 1984/85, S. 374–384.

*Knick*, Bernhard; *Korth*, Hildegard; *Aulepp*, Holger: Das grüne Cache-Nez – Psychophysische Empfindlichkeit u. Krankheitsgefühl. Beschreibungen u. Selbstbeobachtungen im erzählerischen Werk u. in den Briefen Th. Fs. In: Medizinhistorisches Journal 21, 1986, H. 1/2, S. 113–146.

*Müller*, Karla: Schloßgeschichten. Eine Studie zum Romanwerk Th. Fs. 1986. [»Graf Petöfy«, »Unwiederbringlich«, »Der Stechlin«].

*Kerekes*, Gábor: Th. Fs Berlin. – Romane einer Stadt. In: Germ. Jb. DDR-UVR 6, 1987, S. 91–101.

*Wruck*, Peter: Fs Berlin. Durchlebte, erfahrene u. dargestellte Wirklichkeit. In: Literarisches Leben in Berlin 1871–1933. Hrsg. v. P. *Wruck*. 1987, I, S. 22–87. [S. auch Vorabdruck: FBl. 6, 1986, H. 3, S. 286–311; H. 4, S. 398–415.]

114

*Jolles*, Charlotte: Weltstadt – verlorene Nachbarschaft. Berlin – Bilder Raabes u. Fs. In: Jb. d. Raabe-Ges. 1988, S. 52–75.

*Müller-Kampel*, Beatrix: Theater/Ideologie. Zur Theaterthematik in der Erzählprosa Fs und in der Trivialliteratur des späten 19. Jahrhunderts. In: FBl. 1988, H. 45, S. 78–86.

*Bovenschen*, Silvia: Th. Fs Frauen aus dem Meer. Auch ein Mythos der Weiblichkeit. In: Macht des Mythos – Ohnmacht der Vernunft? Hrsg. v. Peter *Kemper*. 1989, S. 359–383.

*Hanraths*, Ulrike: Das Andere bin ich. Zur Konstruktion weiblicher Subjektivität in Fs Romanen. In: TuK. Sonderbd. Th. F. 1989, S. 163–173.

*Jolles*, Charlotte: ‹Berlin wird Weltstadt›: Th. F. und der Berliner Roman seiner Zeit. In: Berlin. Literary Images of a City. Eine Großstadt im Spiegel der Literatur. Hrsg. v. Derek *Glass* [u.a.] 1989, S. 50–69.

*Müller-Kampel*, Beatrix: Theater-Leben. Theater und Schauspiel in der Erzählprosa Th. Fs. 1989.

*Müller-Kampel*, Beatrix: ‹Auch die Besten nehmen uns bloß so hin.› Bild und Funktion der Schauspielerin in der Erzählprosa Fs. In: RG 19, 1989, S. 123–142.

*Ritchie*, Gisela F.: Der Dichter u. die Frau. Literarische Frauengestalten durch drei Jahrhunderte. 1989. [Untersucht Frauengestalten in den Hauptwerken von Lessing, F. u. Brecht.]

*Ester*, Hans: Aus der Rolle gefallen: der Diener des Herrn bei F. In: Grenzgänger. Lit. u. Kultur im Kontext. Amsterdam 1990, S. 235–250. [über Fs Landpfarrer.]

*Guarda*, Sylvain: Th. F. und das ‹Schau-Spiel›. Die Künstlergestalten als Bedeutungsträger seines Romanwerks. 1990.

*Poser*, Hans: Katholisierende Elemente bei Th. F. In: Architectura poetica. Festschrift f. Johannes Rathofer. 1990, S. 461–469.

*Zuberbühler*, Rolf: ›Ja, Luise, die Kreatur‹: zur Bedeutung der Neufundländer in Fs Romanen. 1991.

*Entstehung und Arbeitsweise:*

*Rosenfeld*, Hans Friedrich: Zur Entstehung F.scher Romane. Groningen/Den Haag 1926.

*Wandel*, Christiane: Fs Arbeitsweise am Roman. In: Brandenburg. Jbb. 9, 1938, S. 69–77.

Zur Entstehungs- und Wirkungsgeschichte F.scher Romane. Aus den Kommentaren zur 8-bdigen Ausgabe der Romane u. Erzählungen, die zum 150. Geb. des Dichters im Aufbau-Verlag Berlin und Weimar erscheint. Redaktion: Gotthard Erler. (FBl. Sonderheft 2, 1969.) [Es handelt sich nur um eine Auswahl aus den Kommentaren.]

Th. F. Hrsg. v. Richard *Brinkmann* u. Waltraud *Wiethölter*. 2 Bde, 1973. (Dichter über ihre Dichtungen Bd. 12, 1 u. 2.) Durchgesehene u. erweiterte Fassg, neuer Titel: »Der Dichter über sein Werk«, 1977. (DTV) 2 Bde.

*Paschek*, Carl: Th. F. Der Umgang des Dichters mit Büchern und Bibliotheken. In: Bibliothek u. Wissenschaft 9, 1975, S. 158–181.

# III. Politik und Gesellschaft
## Persönlichkeit und Weltbild

Einige Ansichten der frühen Germanistik, die Fontane als Autor der »Preußischen Feldherrn« und der märkischen »Wanderungen« zum Verherrlicher Preußens und der preußischen Welt stempelten, zumal die Wirklichkeit der meisten seiner Romane die preußisch-deutsche Wirklichkeit war, haben lange, auch im allgemeinen literarischen Bewußtsein, nachgewirkt. Zwar hatte schon der erste Zusammenbruch des preußisch-deutschen Staates das Augenmerk auf Fontanes kritische Haltung und politische Weitsichtigkeit gelenkt, so daß *Krammer* in ihm einen »politischen Seher großen Stiles« sah. Dann hat die Zeit des Nationalsozialismus den ›preußischen‹ Fontane wieder aufleben lassen; ein eigenes Fontane-Bild aber hat diese Zeit nicht entwickelt, und sie hat ihn auch nicht für sich in Anspruch genommen; man behängte ihn allerdings mit den üblichen absurden Phrasen: »Er wurde hier [in England] gleichsam zu jenem englischen Preußen oder preußischen Engländer, dem nordischen Weltmann, der aus Blut und Kultur, Selbstzucht und Geist nur im norddeutschen und englischen Raume wachsen kann« (Einführung zur Briefausgabe »Heiteres Darüberstehen«, 1937, S. XV).

Seit der ersten ernsthaften Studie über den ›politischen‹ Fontane (*Mario Krammer*, 1922) ist dieses Thema häufig behandelt worden. Aber gerade auf diesem Gebiet ist eine solche Fülle von neuem Material zutage getreten, daß viele frühere Urteile gründlich revidiert werden mußten; dies geschah bereits in der Arbeit von *Charlotte Jolles* (1936) (s. auch das Kap. »Frühe Jahre« u. Lit. dazu). Auch wurden im Lichte veränderter Realitäten neue, vertiefte Einsichten gewonnen.

Die erste größere Spezialuntersuchung nach 1945 *(Ritscher)* brachte eigentlich nichts Neues und ist wenig ergiebig. Auch die von dem Historiker Joachim Remak geschriebene Studie »The Gentle Critic« berührt das Problem der doppelten Optik bei Fontane nur an der Oberfläche. Dagegen dringt *Attwood* »Fontane und das Preußentum« (1970) wesentlich tiefer in die Problematik von Fontanes politischer Gedankenwelt ein. Die Arbeit entstand aus dem Bemühen, sich mit zwei völlig entgegengesetzten Deutungen von Fontanes Verhältnis zum Preußentum auseinanderzusetzen. Attwood, der Fontanes Ansichten über das alte Preußentum und dessen moderner Entwicklung scharf scheidet, verarbeitet ein umfangreiches Material einschließlich der gesamten einschlägigen Literatur zu diesem Thema. Das Buch wird zu weiteren Erörterungen dieses schwierigen Problems anreizen, dessen Behandlung im Zeichen der kontroversen historischen Einschätzung Preußens steht.

Erst in der Epoche nach 1945 begann man sich wirklich intensiv mit dem zeit- und gesellschaftlichen Gehalt von Fontanes Romanen zu beschäftigen. 1948 hatte *Hans Poeschel* zum 50. Todestag des Dichters darauf hingewiesen, daß Fontanes Gedanken- und Gestaltenwelt durch die Geschichte ein »schärferes Profil« erhalten und eine »prophetische Aktualität« erfahren habe: »Stehen wir doch auf den Trümmern jener Welt, deren Wanken sein für alle Risse und Gewichtsverlagerungen auf jedem Gebiet seismographisch empfindlicher Geist unablässig registrierte.« (Dt. Beiträge 1948, S. 455). Diese Erkenntnis führte stärker als bisher zur Untersuchung dieser Aspekte im Romanwerk Fontanes. Der erste, der Fontanes Bedeutung und Rang als gesellschaftskritischen Realisten erkannte, war *Georg Lukács*. Sein Essay »Der alte Fontane« (erschienen 1951) bot wertvolle Ansätze zu einer Neubewertung Fontanes und enthält auch heute noch gültige Einsichten, selbst wenn manche seiner Urteile und Schlüsse fehlgehen. Lukács betont die politische Gebrochenheit Fontanes, sieht ihn als schwankende Gestalt, dem die Kritik an der preußisch-deutschen Gesellschaft fast »unbewußt« gelang. Als Lukács seinen Essay schrieb, war die *Friedlaender*-Korrespondenz noch nicht erschienen. Die Briefe Fontanes an Georg Friedlaender (veröffentlicht 1954) ließen durch die darin zutage tretende Radikalität von Fontanes Zeitkritik vieles jetzt in einem neuen Licht erscheinen und haben den Blickpunkt der Forschung entscheidend beeinflußt. Die gesellschaftskritische Seite seiner Romane trat jetzt in größerer Deutlichkeit hervor. Sie stand im Mittelpunkt der Betrachtungen soziologisch orientierter Forscher, vor allem in der ehemaligen DDR, in der einige Arbeiten aus marxistischer Sicht geschrieben wurden. Doch die gesamte Fontane-Forschung, auch die ästhetisch ausgerichtete, hat die Bedeutung des Politischen im weitesten Sinne des Wortes im Werk Fontanes erkannt, wie *Rychner* in seiner Stechlin-Interpretation: »Daß, wie Napoleon zu Goethe sagte, die Politik das Schicksal sei, hat kein deutscher Dichter in der zweiten Jahrhunderthälfte so wesentlich verstanden wie Fontane, weil er den Begriff des Politischen unmittelbarer auf den Menschen in allen seinen Lebensäußerungen zurückbezog als jene, die bloß die wechselnden Spielregeln wechselnder Interessen bedachten«. (Welt im Wort, S. 283). So ist für *Böckmann* (»Der Zeitroman Fontanes«) »Fontanes wesentliches Thema der Mensch in seiner Zeitlichkeit, die Macht der Zeit im Wandel der politisch-gesellschaftlichen Zustände und Ordnungen« (S. 81), und daher sind Fontanes Romane in »einem bedeutsamen und gewichtigen Sinn« (S.66) Zeitromane. Der Begriff des Wandels steht im Mittelpunkt von *Müller-Seidels* wichtigem Werk über »Th.F.: Soziale Romankunst in Deutschland« (1975), und zwar als Bewußtseinswandel. Müller-Seidel sieht Fontanes Romanwerk – was Gehalt und Form anbetrifft – als Spiegelung und Ausdruck des Bewußtseinswandels im 19.Jahrhundert. Er holt weit aus, um die mannigfachen Aspekte der Wandlung von Denkformen aufzudecken und daraus den Strukturwandel des gesellschaftlichen Lebens im 19.Jahrhundert zu erklären. Von hier dringt er zur Interpretation des Einzelwerkes Fontanes vor. Das Porträt Fontanes, das sich so ergibt, ist dem Bild, das Reuter in seiner biographisch angelegten Monographie entwirft, nicht unähnlich. Müller-Seidels umfassende Studie weist eine Fülle differenzierter Deutungen auf. Daneben gibt es eine Reihe von kleineren Spezialuntersuchungen zum Problem der Gesellschaft in Fontanes Werk –, denn »die Gesellschaft als solche bleibt für Fontane der thematische Ort seiner Kunst« (*Hermann Lübbe*, S.233). Man stellt fest, daß, wo es aussieht, als ob es sich nur um Einzelschicksale handle, diese zu ›typischen‹ Erscheinungen werden. Dies gilt vor allem für die weiblichen Charaktere, denen eine zentrale Bedeutung in Fontanes Romanwerk zukommt. Die stellvertretende Rolle der Frau im sozialen Bereich wird erkannt, ob es sich um »Glücksanspruch und Glücksverzicht« handelt *(Alexander v. Bormann, Hanni Mittelmann)* oder ob die Frau als »Modell und Paradigma für humane Existenzmöglichkeiten« in Anspruch genommen wird *(Norbert Frei)*. Daß Gesellschaftskritik bei Fontane gleichzeitig Moralkritik bedeutet, hat *Klaus Lazarowicz* aufgezeigt; er sieht in dem Begriff der Daseinslüge ein zentrales Thema nicht nur der epischen Werke sondern auch der epistolarischen Produktion. Müller-Seidel sieht Fontanes Gesellschaftskritik mit der Kritik an der deutschen Bildungsidee verknüpft.

Das Auseinanderklaffen der kritischen Äußerungen in Briefen und Romanen, das die Forschung immer wieder beunruhigt hat, ist am besten in *Brinkmanns* Formel zu fassen: »Der strenge Zeitgenosse, der versöhnliche Dichter«. Die Gründe der Divergenz sind verschiedener Art, aber liegen im wesentlichen in Fontanes ästhetischen Anschauungen, und die Realismusforschung hat sich mit der »wechselseitigen« Abhängigkeit von soziologischen und poetologischen Aspekten« (*Horst Turk*, S.411) durchaus befaßt. Wichtig dafür sind z.B. *Preisendanz'* Ausführungen über »verklärende Macht des Humors im Zeitroman Theodor Fontanes« (»Humor als dichterische Einbildungskraft«), und auch diejenigen von *Ohl* über »Die dialogische Facettierung der epischen Welt« (Bild und Wirklichkeit«). Auch *Hugo Aust* (1974) legt seiner Interpretation einzelner Romane den Begriff der ›Verklärung‹ zugrunde, aber nicht in formalästhetischer Bedeutung, »sondern als sinnorientierte ›Modelung‹ der erfaßten Wirklichkeit, die sich im konkreten Einzelfall als Versöhnung manifestieren kann.«

Auf diesem Gebiet liegt für die Deutung des Fontaneschen Werkes das zentrale Problem. Es bleibt daher die Aufgabe der Forschung, sich immer wieder damit auseinanderzusetzen. Einen weiteren wertvollen Beitrag bietet dazu *Karlheinz Gärtner* (»Th. F. Literatur als Alternative«) der zwischen »politischer Realität« und »poetischer Realität« unterscheidet.

Die Interpretationen der verschiedenen Werke zeigen immer wieder die Schwierigkeit einer Deutung auf: das Wort »Ambivalenz« ist fast zum Stichwort in der Fontane-Forschung geworden und manifestiert sich allein schon in Titeln von Studien: »Die Verbindlichkeit des Unverbindlichen« *(Brinkmann)*, »Skepsis und Glaube« *(Radbruch)*, »Social Conformity and Non-Conformity« *(Klieneberger)* und positiver ausgedrückt »Die Synthese von Alt und Neu« *(Heiko Strech)*. Die Ambivalenz dichterischer Aussage sowie die Widersprüchlichkeit auch theoretischer Ausführungen und der mehr spontanen Diskurse des Briefschreibers berühren das Problem der geistigen Persönlichkeit Fontanes und das Wesen seines Weltbildes. *Reuter*, der Fontanes Weg zu sich selbst, zu seinem ›Eigentlichen‹ Schritt für Schritt mit allen Um- und Abwegen, die die gesellschaftlichen und historischen Bedingungen verursacht haben, verfolgt, hat versucht, manchen Widerspruch zu lösen und zu einem eindeutigeren Fontanebild zu gelangen, das einigen Kritikern jedoch als zu eindeutig erscheint. Doch auch für Reuter bleiben »Skepsis und Hoffnung« wesentliche Fontanesche Elemente (S. 918).

Daß Fontane eine sehr sensible und komplexe Persönlichkeit war, hat *Thomas Mann* schon gleich nach den ersten Briefausgaben aufgezeigt. Die Formel vom ›Heiteren Darüberstehen‹ (Titel der Familienbriefe/Neue Folge) ist sehr bald als unrichtig erkannt worden. Es scheint kaum möglich, diese Persönlichkeit auf einen Nenner zu bringen. In den persönlichsten Äußerungen, in seinen Briefen, stehen neben Liebenswürdigkeit Ungeduld und Schärfe der Familie wie Freunden gegenüber; neben Heiterkeit und Humor stehen Mißmut und Enttäuschung. Wie sich die Persönlichkeit in seinem Werk widerspiegelt, welches Weltbild sich in seiner Dichtung kristallisiert, ist eine wichtige Frage. Sie wird in einer Studie von *Karl Richter* unter dem Titel »Resignation« untersucht. Der Begriff »Resignation« (mit dem der der Skepsis eng zusammenhängt) wird bei Richter einmal in einem umfassenden Sinn in seiner zeitgeschichtlichen Prägung und Bezogenheit aufgezeigt, weiter als spezifisch dichterische Struktur in Fontanes Romanen und darüber hinaus an der Lyrik und den Briefen erhellt. Dabei setzt sich der Autor mit der ganzen einschlägigen Literatur zum Weltbild Fontanes auseinander, worin auch die Untersuchungen zu Fontanes Religiosität einbegriffen sind *(Radbruch, Joachim Ernst)*. Trotz aller Komplexität von Fontanes Persönlichkeit bleibt *eine* Erkenntnis unangefochten: die einer humanen Persönlichkeit. Auf diese in allen Schriften Fontanes zum Ausdruck kommende Menschlichkeit ist nicht zuletzt die große Anziehungskraft seines Werkes zurückzuführen.

*Literatur zur Politik und Geschichte:*

*Davis*, Arthur L.: F. as a prophet of German political life. In: MLN 48, 1933, S. 449–452.

*Davis*, Arthur L.: F. as a political thinker. In: GR 8, 1933, S. 183–194.

*Davis*, Arthur L.: F. and the German Empire. In: GR 11, 1936, S. 258–273.

*Davis*, Arthur L.: F. and the German Revolution of 1848. In: MLN 50, 1935, S. 1–9.

*Davis*, Arthur L.: Th. F's relation to German conservative forces during the period 1849–1870. In: JEGP 35, 1936, S. 259–270.

*Jolles*, Charlotte: F. u. die Politik. Ein Beitr. zur Wesensbestimmung Th. Fs. Diss. Berlin 1937. (Teildruck 1936). Vollst. Druck: Berlin u. Weimar 1983.

*Fricke*, Hermann: Ein Berliner Taugenichts – Th. F. In: Berliner Hefte 3, 1948, H. 2, S. 135–145.

*Henning*, M.: F. um 1848. In: Welt u. Wort 3, 1948, S. 281–284.

*Linn*, Rolf Norbert: F. and the German Revolution of 1848. In: MLN 63, 1948, S. 450–457.

*Ritscher*, Helga: F., seine politische Gedankenwelt. 1953.

*Hagen*, Maximilian von: Th. Fs politische Wandlung. Zur Veröffentl. s. Altersbriefe an G. Friedländer. In: Die Welt als Geschichte 17, 1957, S. 106–112.

*Grappin*, P.: Th. F. et la révolution de 1848. In: EG 13, 1958, S. 18–31.

*Jürgensen*, Wilhelm: Th. F. im Wandel seiner politischen Anschauungen. In: DR 84, 1958, S. 561–569.

*Höfele*, Karl Heinrich: Th. Fs Kritik am Bismarckreich. In: Geschichte in Wissenschaft u. Unterricht 14, 1963, S. 337–342.

*Remak*, Joachim: The gentle critic. Th. F. and German politics, 1848–1898. Syracuse, New York. 1964.

*Wruck*, Peter, Preußentum u. Nationalschicksal bei Th. F. Diss. Berlin 1967.

*Attwood*, Kenneth: F. und das Preußentum. 1970.

*Watson*, David Hamilton: Prussia and the historical perspective in the works of Th. F. Diss. Univ. of Oregon, 1975. (DA 37/01 A, S. 353 DCJ 76–15 061).

*Gärtner*, Karlheinz: Th. F.: Literatur als Alternative. 1978.

*Gärtner*, Karlheinz: Literatur und Politik bei Th. F. In: Formen realist. Erzählkunst. 1979, S. 305–317.

*Zernack*, Klaus: Preußen-Mythos und preußisch-deutsche Wirklichkeit. Bemerkungen zu F. In: Ostmitteleuropa. Berichte u. Forschungen. Hrsg. v. Ulrich *Hausstein*. 1981, S. 252–265.

*Loster-Schneider*, Gudrun: Der Erzähler F. Seine politischen Positionen in den Jahren 1864–1898 und ihre ästhetische Vermittlung. 1986.

*de Bruyn*, Günter: Mein Liebling Marwitz oder Die meisten Zitate sind falsch. In: TuK Sonderb. Th. F. 1989, S. 11–29.

*Grawe*, Christian: Preußen 1803 bis 1813 im ›vaterländischen Roman‹: Willibald Alexis, George Hesekiel, Th. F. In: Literatur u. Geschichte 1788-1988. Hrsg. v. Gerhard *Schulz* (u. a.). 1990, S. 141–179.

*Zeit- und Gesellschaftskritik. Milieu:*

*Mostert*, Johanna: Th. F. u. die Gesellschaft. Diss. Bonn 1921.

*Wolter*, Hildegard: Probleme des Bürgertums in Fs Zeitromanen. 1935.

*Wegner*, Hans-Gerhard: Th. F. u. der Roman vom märkischen Junker. 1938.

*Zerner*, Marianne: Die sozialen Schichten in den Berlinern Romanen Th. Fs. Diss. Yale 1939.

*Resinkow*, S.: Das Gesellschaftsbild im Romanwerk Fs. Diss. Madison 1942. (Univ. of Wisconsin Summaries of Doctoral Dissertations 7, 1943, S. 317–320.)

*Schrader*, Ingeborg: Das Geschichtsbild Fs u. seine Bedeutung für die Maßstäbe der Zeitkritik in den Romanen. 1950.

*Billington*, W. C. R.: The Prussian aristocracy in the social novels of Th. F. Master of Arts Thesis, Birmingham 1946.

*Förstenau*, Joachim: Th. F. als Kritiker seiner Zeit. Aus Anlaß der Th. F.-Gedächtnisausstellung, Herbst 1948.

*Sielaff*, Erich: Th. F. als Gesellschaftskritiker. In: Heute u. Morgen, 1948, S. 791–795.

*Linn*, Rolf Norbert: Prussia and the Prussians in the works of Th. F. Diss. Univ. of California, Los Angeles 1949.

*Lange*, Hans (I. M.): Die gesellschaftlichen Beziehungen in den Romanen Th. Fs. Diss. Halle 1950.

*Robinson*, A. R.: F. as a social novelist. Diss. Edinburgh 1950.

*Schmitz*, Marianne: die Milieudarstellung in den Romanen aus Fs reifer Zeit: »Mathilde Möhring«, »Frau Jenny Treibel«, »Effi Briest« u. »Die Poggenpuhls«. Diss. Bonn 1950.

*Oberle*, Werner: Der adelige Mensch in der Dichtung. Eichendorff, Gotthelf, Stifter, Fontane. 1950.

*Bonacker*, C.: Die Überschichtungsstruktur des ostelbischen Deutschlands bei F. Diss. Heidelberg 1953.

*Oelschläger*, H.: Th. F.: Sein Weg zum Berliner Gesellschaftsroman. Diss. Marburg 954.

*Barlow*, D.: F. and the aristocracy. In: GLL NS 8, 1954/55, S. 182–191.

*Grassl*, Hans: Der alte Fontane u. seine Zeit. In: Hochl. 47, 1954/55, S. 67–75.

*Richter*, W.: Das Bild Berlins nach 1870 in den Romanen Th. Fs. Diss. Berlin 1955.

121

*Böckmann*, Paul: Der Zeitroman Fs. In: DU 11, 1959, H.5, S.59–81; auch in: *Preisendanz*. 1973, S.80–110.

*Müller-Seidel*, Walter: Gesellschaft u. Menschlichkeit im Roman von Th.F. In: Heidelberger Jbb.4, 1960, S.108–127; auch in: *Preisendanz*. 1973, S.169–200.

*Lazarowicz*, Klaus: Moral- u. Gesellschaftskritik in Th.Fs erzählerischem Werk. In: Festschr. für Hermann Kunisch. 1961, S.218–231.

*Lübbe*, Hermann: F. u. die Gesellschaft. In: Literatur u. Gesellschaft. Festgabe für Benno von Wiese. 1963, S.229–273; auch in: Preisendanz. 1973, S.354–400.

*Bramsted*, Ernst K.: Aristocracy and the Middle-Classes in Germany. Social Types in German Literature 1830–1900. Chicago & London 1964 (Revidierte Fassung v. 1937). Darin: »Th.F.: Ideal Public and Actual Public«, S.256–268; »Neutral Intelligentsia: Der Tunnel über der Spree«, S.313–319.

*Heynen*, Walter: »Was sollen mir da noch die Itzenplitze!« Variationen über ein F.-Thema. In: Der Bär von Berlin 15, 1966, S.71-98.

*Klieneberger*, H.R.: Social conformity and non-conformity in the novels of F. In: FMLS 4, 1968, S.387–395.

*Schulz*, E.W.: Fs Gesellschaftsbild. In: E.W.S.: Wort u. Zeit 1968, S.60–83.

*Zwoch*, Gerhard: Th.F. als Zeit- und Gesellschaftskritiker. Ein Beitrag zu s. 150. Geb. am 30.Dez. In: Aus Politik u. Zeitgeschichte. Beil z. Wochenztg Das Parlament, 20.Dez. 1969, S.3–14.

*Schroeder*, Marie-Jeanne: Die Rolle Berlins in seiner Bedeutung als Umwelt in Th.Fs Romanen. Diplôme de Licencié en Philologie Germanique. 1969/1970.

*Ellinger*, Edeltraud: Das Bild der bürgerlichen Gesellschaft bei Th.F. Diss. Würzburg 1970.

*George*, E.F.: Illusions and illusory values in F's works. In: FMLS7, 1971, S.68–75.

*Kremnitzer*, John: Fs Verhältnis z.d. Juden. Diss. NY Univ. 1972. (DA 33, 1972, S.2896A).

*Sommer*, Dietrich: Ideologischer Gehalt u. Struktur d. Romane u. Erzählungen Th.Fs. Diss. Halle 1972.

*Brate*, Gertrud H.: Über den Begriff der Ehre im Werke Th.Fs. Diss. City Univ. of N.Y. 1973. (DA 33/12A, S.6900 DCJ 73–14372.)

*Brinkmann*, Richard: Allerlei Glück – Allerlei Moral. In: *Preisendanz*. 1973, S.418–446. [Wiederabdruck aus R.B.: Th.F. Über die Verbindlichkeit des Unverbindlichen. 1967, S.84–115.]

*Demetz*, Peter: Der Roman der guten Gesellschaft. In: *Preisendanz*, 1973, S.233–264. [Wiederabdruck aus: P.D.: Formen des Realismus: Th.F. 1964, S.115–145.]

*Harrigan*, Renny Keelin: The Portrayal of the Lower Classes and the Petty Bourgeoisie in Th.F's Social Novels. Diss. Brown Univ. 1973. (DA 34/09A, S.5970 DCJ 74-03024.)

*Mommsen*, Katharina: Gesellschaftskritik bei F. u. Thomas Mann. 1973.

*Cartland*, Harry E.: The Prussian Officers in the Novels of Th.F. Diss. Brown Univ. 1974. (DA 37/01A, S.348 DCJ 76-15613.)

*Rothe-Buddensieg*, Margaret: Spuk im Bürgerhaus. Der Dachboden in der Prosaliteratur als Negation der gesellschaftlichen Realität. 1974. (Darin: F. u. die gelbe Gefahr, S. 134–163.)

*Moyse*, Sharon: Die Gesellschaft als Handlungselement in drei Romanen Fs: »L'Adultera«, »Cécile«, »Effi Briest«. Ottawa, National Libr. of Canada 1975. (Canadian theses on microfiches. 20189.)

*Rose*, Ingrid Barbara: Social stereotypes and female actualities: a dimension of the social criticism in selected works by F., Hauptmann, Wedekind and Schnitzler. Diss. Princeton Univ. 1976. (DA 37/03A, S. 1579 DCJ 76-20813)

*Retz*, Jae Carl: The narrator as an instrument of social criticism: studies in Th. F's narrative art. Diss. Univ. Oregon, 1976. (DA 37/06A, S. 3663 DCJ 76-27674).

*Cartland*, Harry, E.: The Prussian officers in F's novels: a historical perspective. In: GR 52, 1977, S. 183–193.

*Graves*, Robert Anthony: The integral personality. The relationship between the female characters and the world in selected works of Th. F. and Wilhelm Raabe. Diss. Univ. Bristol 1978.

*Harrigan*, Renny: The limits of female emancipation: a study of Th. F's lower class women. In: Mh 70, 1978, S. 117–128.

*Kienbaum*, Barbara: Die Frauengestalten in Th. Fs Berliner Romanen: Rolle und Funktion in der Darstellung des Konflikts zwischen Individuum u. Gesellschaft. Diss. Michigan State Univ. 1978. (DA 40 / 02A, S. 882 DEL 79-17732).

*Richter*, K.: Poesie der Sünde. Ehebruch und gesellschaftliche Moral im Roman Th. Fs. In: Formen realist. Erzählkunst, 1979, S. 44–51.

*Daemmrich*, H.: Situationsanpassung als Daseinsgestaltung bei Raabe und F. In: Formen realist. Erzählkunst, 1979, S. 244–251.

*Mittelmann*, Hanni: Die Utopie des weiblichen Glücks in den Romanen Th. Fs. 1980.

*Paulsen*, Wolfgang: Th. F. The philosemitic antisemite. In: Publ. of the Leo Baeck Inst. Yearbook 26, 1981, S. 303–322.

*Hohendahl*, Peter Uwe: Soziale Rolle und individuelle Freiheit. Zur Kritik des bürgerlichen Arbeitsbegriffs in Fs Gesellschaftsromanen. In: Arbeit als Thema in der deutschen Lit. vom Mittelalter bis z. Gegenwart, hrsg. v. R. Grimm u. J. Hermand, 1982, S. 74–101.

*Kübler*, Gunhild: Die soziale Aufsteigerin. 1982. (Darin über einige Frauengestalten in F.-Romanen.)

*Rüland*, Dorothea: Instetten [sic!] war ein Wagnerschwärmer. F., Wagner u. die Position der Frau zwischen Natur u. Gesellschaft. In: Jb. DSG 29, 1985, S. 405–425. [Wagner-Rezeption in Fs Romanen].

*Kolk*, Rainer: Beschädigte Individualität. Untersuchungen zu den Romanen Th. Fs. 1986.

*Speirs*, Ronald: F. u. die Dekadenz. In: Th. F. im lit. Leben s. Zeit, 1987, S. 134–148.

*Bance*, Alan: Fontane and the notion of progress. In: Publ. Engl. Goethe society 57, (1986–87) 1988, S. 1–18.

*Ossowski*, Miroslow: Die Milieuschilderung in Fs Berliner Romanen. In: Rocznik nauk.-dydakt. Z. 5/70, 1989, S. 85–101.

*Persönlichkeit und Weltbild:*

*Gellhaus*, A.: Sittliches Werten bei F. Diss. Bonn 1932.
*Wolff*, Heinz: Th. F. als Preuße. In: ZfdB 15, 1939, S. 160–168.
*Radbruch*, G.: Th. F. oder Skepsis u. Glaube. 1945; ²1948; Wiederabdruck u. d. T.: Th. F. Skepsis u. Glaube. In: G. R.: Gestalten u. Gedanken. ²1954, S. 155–200.
*Rose*, E.: Th. F's novels and the spirit of old age. In: GR 23, 1948, S. 254–262.
*Ernst*, Joachim: Die religiöse Haltung Th. Fs. Diss. Erlangen 1951.
*Ernst*, Joachim: Gesetz u. Schuld im Werk Fs. In: Zs. f. Religions- u. Geistesgesch. 3, 1951, S. 220–229 (Niederschlag und Weiterführung der Diss.)
*Minder*, R.: Schein u. Sein bei Th. F. In: Erziehung zur Menschlichkeit. Festschrift für Eduard Spranger. 1957, S. 421–426; umgearb. u. erweit. unter d. Titel: Über eine Randfigur bei F. In: R. M.: Dichter in der Gesellschaft 1966, S. 140–154; auch in: *Preisendanz*. 1973, S. 401–417.
*Sagave*, Pierre-Paul: Aspects du protestantisme dans les romans de F. In: EG 14, 1959, S. 22–39.
*Fujita*, Masaru: Die Weltanschauung Fs. In: Doitsu Bungaku 26, 1961, S. 86–94.
*Stockum*, Theodor C. van: Zu Th. Fs Lebensanschauung. In: Neophilologus 45, 1961, S. 123–138.
*Weber*, Werner: Th. F. In: Berliner Geist. 1963, S. 127–154.
*Moltmann-Wendel*, Elisabeth: Hoffnung – jenseits von Glaube u. Skepsis. Th. F. u. die bürgerliche Welt. 1964.
*Richter*, Karl: Resignation. Eine Studie zum Werk Th. Fs 1966.
*Schlaffer*, Heinz: Das Schicksalsmodell in Fs Romanwerk. Konstanz u. Auflösung. In: GRM 16, 1966, S. 392–409.
*Sommer*, Dietrich: Prädestination u. soziale Determination im Werk Th. Fs. In: Th. Fs Werk in unserer Zeit. 1966, S. 37-52.
*Spier*, Hedwig: Th. F. Weltbild u. Träger seines Gesellschaftsromans. Diss. Univ. of Washington 1967. (DA 28, 1967, S. 1409–1410A).
*Mommsen*, Katharina: Th. Fs ›freies Darüberstehen‹. In: Dichter und Leser. Studien zur Literatur, 1972, S. 89–93.
*Matthias*, Klaus: Th. F. – Skepsis und Güte. In: Jb. FDH, 1973, S. 371–439.
*Pütz*, Peter: Der Superlativ bei F. In: OGS 10, 1979, S. 139–149.
*Bange*, Pierre: Zwischen Mythos und Kritik: eine Skizze über Fs Entwicklung bis zu den Romanen. In: F. aus heutiger Sicht, 1980, S. 17–55.

# IV. Wirkungs- und Forschungsgeschichte

Die Rezeption von Fontanes Werken in der zeitgenössischen Presse, ein äußerst wichtiger Teil der Wirkungsgeschichte, ist zuerst zu einem Teil in der Dissertation von Gertrud *Herding* bibliographisch erfaßt und kritisch behandelt worden. In den siebziger Jahren wurde in dieser Hinsicht sehr viel erarbeitet, und die Resultate sind in den Werkausgaben sowie in den »Erläuterungen und Dokumenten« (Reclam) und in selbständigen Arbeiten und Artikeln (s. Bibliographie zu den Romanen) niedergelegt worden.

Eine naturgemäße kurze Auseinandersetzung mit der frühsten Forschung finden wir bereits im bibliographischen Anhang von *Wandreys* Werk (S. 407–412). *Reuter* hat dann in seiner Monographie der Wirkungsgeschichte ein eigenes Kapitel gewidmet und die großen Linien herausgearbeitet, sowie auch der Forschung im einzelnen Beachtung geschenkt, ohne ihr in jedem Falle gerecht geworden zu sein; das trifft vor allem auf die Leistung *Julius Petersens* zu. Auch in der Wirkungsgeschichte zeigt sich etwas von dem, was Müller-Seidel als ›Bewußtseinswandel‹ bezeichnet. Dazu kommt der Wandel in den Methoden der Literaturwissenschaft. Die schon zahlreichen Untersuchungen in den zwanziger und dreißiger Jahren – vorwiegend positivistisch und philologisch orientiert – legten das Fundament für die spätere Forschung, die erstaunlicherweise erst nach einer langen Pause wieder einsetzte. Das Jahrzehnt des Neubeginns liegt in einem Bericht von *Martini* vor (1960). Weitere Berichte folgen bis in die frühen achtziger Jahre. So kann hier auf Einzelheiten verzichtet werden, und es mag genügen, in großen Zügen die Entwicklung bis zur Gegenwart anzudeuten, da bereits in den früheren Abschnitten der jeweilige Stand der Forschung dargelegt wurde und auf weitere Aufgaben hingewiesen ist.

Wenn hier auch im wesentlichen nur auf die wissenschaftliche Literatur Bezug genommen werden kann, so darf nicht unerwähnt bleiben, daß die Wirkung der Persönlichkeit Fontanes und seines Werkes schon sehr früh eine Liebhaberliteratur ins Leben gerufen hatte. Diese Literatur von Semi-Spezialisten wie auch viel Literatur von Spezialisten ist in Tageszeitungen, kleineren Zeitschriften und Winkelblättern verstreut. Neben viel Unbedeutendem findet man darunter doch auch vor allem für Editionsarbeiten wichtiges biographisches Material. Das Fontane-Archiv hat drei große Sammlungen von Zeitungs- und Zeitschriftenausschnitten (darunter jetzt auch die der Emden-Sammlung der Universitätsbibliothek der Humboldt-Universität, Berlin), wodurch die Nutznießung des sonst schwer zugänglichen Materials möglich gemacht ist. Zu erwähnen sind ferner die bibliophilen Privatdrucke der zwanziger und dreißiger Jahre, oft Erstveröffentlichungen aus dem Nachlaß (u.a. vom Fontane-Abend). Diese bibliophilen Bemühungen um Fontane sind nun von *Rudolf Steude* 1981 in einem bibliophilen Druck zusammengestellt worden.

Die Grundlage für die wissenschaftliche Forschung wurde in den zwanziger und dreißiger Jahren bis hinein in die frühen vierziger Jahre durch die beiden Monographien von *Wandrey* und *Spiero* und durch eine Anzahl von Untersuchungen gelegt, die auch heute noch, nicht nur wegen des darin verarbeiteten und zum Teil verlorengegangenen Materials, von bedeutendem Nutzen sind. Dazu gehören die vielen aus den Archiven schöpfenden Arbeiten von *Rosenfeld* (1926), *Petersen* (1928, 1929), *Rost* (1931) bis zu *Kohler* (1940) und *Fürstenau* (1941). Zu den Briefeditionen jener Jahre s. den Abschnitt »Briefe und Tagebücher«.

Ein neuer Ansatz ist in den fünfziger Jahren durch die wichtige Edition der Briefe an Georg Friedlaender zu verzeichnen und in den sechziger Jahren vor allem durch die intensive *editorische* Arbeit. Paradoxerweise kam die unglückliche Situation des Fontane-Nachlasses am Ende des Krieges der Fontane-Forschung insofern zugute, als es hieß, Ordnung in das Chaos zu bringen und von vorne anzufangen. Das *Fontane-Archiv in Potsdam* wurde zum Mittelpunkt der Forschung, und diese Entwicklung gipfelte 1965 in der Entstehung der »*Fontane-Blätter*«, womit die Fontane-Forschung zum erstenmal ihr eigenes Veröffentlichungsorgan erhielt. Auf die Bedeutung der großen Monographie von *Reuter* und der biographischen Arbeiten von *Nürnberger* ist bereits hingewiesen worden.

In den fünfziger Jahren setzte dann auch die literaturkritische Forschung ein, zuerst mit Untersuchungen der zeit- und gesellschaftspolitischen Aspekte im Romanwerk Fontanes. Dieser Blickpunkt bestimmte jetzt immer stärker die Interpretation einzelner Werke und beherrscht *Müller-Seidels* umfassende Darstellung (1975). Fragen der epischen Technik hatten schon frühe Forscher behandelt, und einige dieser Studien *(Kricker, Tau, Gilbert, Waffenschmidt)* haben noch heute ihre Bedeutung. Doch hat die Literaturwissenschaft gerade auf poetologischem Gebiet inzwischen große Fortschritte gemacht, und *Günther Müllers* Strukturforschung, *Eberhard Lämmerts* Arbeit über »Bauformen des Erzählens« sowie *Franz Stanzels* Untersuchungen über Erzählsituationen haben sich auch auf die

Fontane-Forschung ausgewirkt. Vor allem hat die Auseinandersetzung mit dem Realismusbegriff, die Fragestellung nach Wirklichkeit und Kunstcharakter (*Brinkmann, Killy* und andere), die Arbeiten der sechziger Jahre bestimmt. Es sind hier bedeutende neue Erkenntnisse gewonnen worden zum Problem der Symbolik bei Fontane (*Günther, Ohl*), der Funktion des Humors *(Preisendanz)*, des Perspektivismus usw. Erneut wird die Aufmerksamkeit auf Fontanes Gesprächskunst gelenkt, die bereits *M. E. Gilbert* untersucht hatte; das so wichtige Strukturelement des Gesprächs wird jetzt in all seinen weitreichenden Funktionen aufgezeigt und untersucht (*Herman Meyer, Brinkmann, Ohl, Mittenzwei).* Diese poetologischen Forschungen werden fortgesetzt, wie gewichtige Veröffentlichungen der siebziger Jahre beweisen. In mehreren Untersuchungen macht sich der Einfluß der Wirkungsästhetik bemerkbar; am deutlichsten bei *Schmidt-Brümmer,* der die erzählerische Vermittlung der Realität in Bezug auf den Leser herausarbeitet. Der französische Germanist *Pierre Bange* unternimmt zum ersten Mal die psychokritische strukturalistische Analysenmethode (Charles Mauron, Lévi-Strauss, Lacan) am Romanwerk Fontanes und arbeitet eine allen Romanen zugrundeliegende Fundamentalstruktur heraus. (s. dazu Rez. unter Lit.) Die amerikanische Dissertation von *Paul Anderson* über Spielmotive bei Fontane hat ihren Ansatzpunkt in Wittgensteins sprachtheoretischen Beobachtungen (in den »Philosophischen Untersuchungen«) und, ausgehend von der Sprache als Spiel, verfolgt er die Hypothese, daß auch im literarischen Werk ein Spielpattern sichtbar wird. Was immer man über die Vielfalt und vielleicht auch die Esoterik der methodischen Ansätze und über die Resultate im einzelnen denken mag, die mannigfaltigen Versuche, tiefer in das Geheimnis der künstlerischen Gestaltung einzudringen, bringen mancherlei bisher Unbeachtetes ans Licht und regen dadurch immer wieder zu neuen Fragestellungen an.

Der 150. Geburtstag Fontanes im Jahre 1969 hat eine reiche Ernte auf verschiedenen Gebieten der Fontane-Literatur eingebracht, vor allem kürzere Allgemeinwürdigungen, Ausstellungen und Veröffentlichung von Dokumenten und Bildmaterial.

Trotz der Beliebtheit der werkimmanenten Interpretation in der Literaturwissenschaft der fünfziger Jahre hat sich diese Methode verhältnismäßig wenig in der Fontane-Forschung durchgesetzt; das liegt wohl daran, daß diese erst in den sechziger Jahren richtig einsetzte und vor allem mit Editionen. Es fehlte auch lange an Einzelanalysen und -interpretationen vieler Romane, doch wurden in den siebziger Jahren bis Anfang der achtziger Jahre mehrere derartige

Versuche unternommen, die fruchtbare Ergebnisse gezeitigt haben. »Effi Briest« und »Der Stechlin« stehen da an erster Stelle. Auch größere Arbeiten, die einen spezifischen Aspekt ins Auge fassen, fußen methodisch jetzt mehr und mehr auf Analysen einzelner Romane. So untersucht *Cordula Kahrmann*, um nur einige Beispiele zu nennen, an einer Reihe von Einzelinterpretationen Begriff sowie Form und Funktion des Idyllischen bei Fontane, *Aust* den Begriff der Verklärung und *Bance* die Verflechtung von Poesie und Prosa.

Auf soziologischem Gebiet ist man sehr viel weiter gekommen. Fontanes Verhältnis zur periodischen Presse ist erarbeitet worden und seine Korrespondenzen mit Verlegern und Redakteuren sind ediert.

Grundlegend für die weitere Forschung sind in der Sammlung »Dichter über ihre Dichtungen« die zwei von *Richard Brinkmann* und *Waltraud Wiethölter* herausgegebenen Fontane-Bände (1973, 1977²), die manchem Fontane-Forscher viel mühsame Arbeit ersparen werden; ferner die von *Christel Laufer* erarbeitete Verzeichnung und Erschließung der Werkhandschriften von »Unwiederbringlich«, »Effi Briest« und »Der Stechlin«. Auch die in der Dissertation von *Frederick Betz* begonnene Erarbeitung der zeitgenössischen Rezeption Fontanescher Romane (»Vor dem Sturm« u. »Der Stechlin«), die fortgesetzt wird, erschließt nützliche oft schwer zugängliche Quellen.

Das Werk von *Peter Demetz* (1964) erschien zu einer Zeit, als die Realismusforschung bereits in vollem Gange war und auch die Fontane-Literatur miteinbegriffen hatte. Es gab dennoch bedeutende Anregungen durch lebhafte Fragestellungen und Umwertung einzelner Werke, aber seine besondere Wirkung beruhte darauf, daß Demetz Fontane »aus den engumgrenzten Gärten der deutschen Literaturgeschichte in die Weiten der Weltliteratur« versetzte. Trotz zunehmender Übersetzungen von Fontanes Romanen in den westlichen wie östlichen Ländern (sogar fernöstlichen Ländern wie Japan, China und Korea) ist Fontane auch heute noch keineswegs zu einer in die Breite gehenden Weltgeltung gelangt. Aber die Fontane-Forschung im Ausland hat sich in den letzten Jahrzehnten doch sehr entwickelt, wie die bibliographischen Angaben beweisen und die gelegentlich in den »Fontane-Blättern« veröffentlichten Forschungsberichte aus dem Ausland. Nicht nur rein wissenschaftliche Untersuchungen gehören in diesen Bereich, sondern auch mit guten kritischen Einleitungen versehene Textausgaben für Studenten. So hat Fontane jetzt auch in der literarischen Forschung im Ausland an Bedeutung gewonnen, was im Zusammenhang steht mit der größeren internationalen Verbreitung des modernen deutschen Romans

(Thomas Mann, Broch u. a.), als dessen Vorläufer Fontane erkannt wird: »He is an important – not a dominating – figure in world literature, and he had a stimulating and liberating impact on the later development of the novel in German. [...] He was not only excellent himself but a cause of excellence in other men« (*Henry Hatfield*, The Renovation of the German Novel: Th. F.). Von diesen anderen Romanciers, auf die Fontane gewirkt hat, haben im besonderen Heinrich Mann und Thomas Mann, dessen Essays über Fontane immer noch zum Besten gehören, was über ihn geschrieben ist, offen bekannt, wieviel sie als Künstler dem Vorbild Theodor Fontane zu verdanken haben.

# V. Materialien

## 1. Der handschriftliche Nachlaß.
## Das Theodor-Fontane-Archiv

Der handschriftliche Nachlaß Fontanes hat in besonderem Maß unter ungünstigen Zeitverhältnissen zu leiden gehabt. Seine vor allem durch wirtschaftliche Krisen verursachte Aufsplitterung erreichte ihren Höhepunkt in einer großen Versteigerung von 1933, wodurch das im Besitz der Erben Fontanes befindliche und von dem Sohn Friedrich Fontane aufbewahrte Archiv endgültig auseinandergerissen wurde. Die Übernahme der Restbestände durch die Brandenburgische Provinzialverwaltung im Dezember 1935 und die Gründung des Theodor-Fontane-Archivs schien einer weiteren Zerstreuung Einhalt zu gebieten. Der Zweite Weltkrieg brachte jedoch nicht nur der Sammlung des Theodor-Fontane-Archivs, sondern auch anderen öffentlichen wie privaten Fontane-Sammlungen große Verluste. Einige dieser Verluste muß man wohl als endgültig betrachten, doch tauchen von Zeit zu Zeit verschollene Manuskripte auf dem Auktionsmarkt wieder auf. Auch sind bereits nach Kriegsende ins Ausland gelangte Manuskripte zurückgekommen. Eine gewisse Konsolidierung fand statt, als anläßlich der 30-Jahr-Feier des Theodor-Fontane-Archivs die Deutsche Staatsbibliothek der ehemaligen DDR ihre Fontane-Autographen dem Fontane-Archiv, das seit 1945 der Brandenburgischen Landes- und Hochschulbibliothek Potsdam angeschlossen war, als Dauerleihgabe übergab, eine Entwicklung, die zur Einverleibung des Archivs in die Deutsche Staatsbibliothek führte (1969), die 1990 der Stiftung Preußischer Kulturbesitz zufiel. Durch eine Vereinbarung zwischen dem Ministerium für Wissenschaft, Forschung und Kultur des wiedererstandenen Landes Brandenburg und der Stiftung Preußischer Kulturbesitz ist das Archiv wieder in die Trägerschaft des Landes Brandenburg zurückgekehrt (1. Jan. 1992). Der Sitz des Archivs, das sich zum Mittelpunkt der Fontane-Forschung entwickelt hat, bleibt in Potsdam. Die aus der Staatsbibliothek, der Bibliothek der Humboldt Universität und der Stadtbibliothek Berlin stammenden Leihgaben von Manuskripten verbleiben bis auf weiteres im Archiv.

*Laufer*, Christel: Zur Geschichte der F.-Hss. u. ihrer Verzeichnung. In: Fs Realismus. 1972, S. 157–167.

*Laufer*, Christel: Vollständige Verzeichnung u. Erschließung d. Werkhand-
schriften »Unwiederbringlich«, »Effi Briest«, »Der Stechlin« von Th. F.
Diss. Dr. eines Wissenschaftszweiges, Dt. Akad. d. Wissenschaften, Berlin
1973. [Exemplar im FAP.]
*Laufer*, Christel: Der handschriftliche Nachlaß Th. Fs. In: FBl. 3, 1974, H. 4,
S. 264–287; dies.: Zur Geschichte der Verzeichnung von F.-Handschriften.
In: Ebda 3, 1975, H. 5, S. 368–377. [Aus C. Laufers Diss., s. oben.]

Als wichtiges Ereignis berichtete Horst *Mauter* im Jahrbuch des Märkischen
Museums 1976 die Rückkehr von F.-Handschriften aus Polen. Es handelt
sich im wesentlichen um Seiten oder Kapitel von Romanmanuskripten.
*Christel Laufer* berichtet ausführlich darüber in »Formen realistischer Erzählkunst«, 1979, S. 274–281.
Durch den Austausch kriegsbedingt verlagerter Bibliotheksgüter zwischen
der ehemaligen DDR und der BRD konnten 1989 verschiedene Autographen Fontanes, die seit 1945 als vermißt galten, wieder in den Bestand des
Fontane-Archivs aufgenommen werden. Sie werden in den Fontane-Blättern bibliographisch erfaßt.
Weitere bibl. Angaben s. unter *Der Nachlaß*.

# 1. Der Nachlaß

## *Aufbewahrungsorte von Fontane-Manuskripten*

*Bibliothek der Humboldt-Universität, Berlin.* Die Universitätsbibliothek
besitzt neben ihrer Fontane-Sammlung das Archiv des »Tunnel über der
Spree«. Ferner Fontane-Briefe in anderen Nachlässen (Lepel, Lazarus
u.a.) Ein Teil der Mss. befindet sich als Leihgabe im FAP.
Dazu: Joachim *Krueger*: Das Archiv des »Tunnels über der Spree« und die
Fontane-Sammlung der Universitätsbibliothek. In: Forschen und Wir-
ken. Festschrift zur 150-Jahr-Feier der Humboldt-Universität zu Berlin.
Bd. 3, 1960, S. 439–447.
Joachim *Krueger*: Fontane-Autographen der Universitätsbibliothek Berlin:
Ein Verzeichnis. Im Anhang: Zwanzig wenig bekannte Briefe Fs. Bearb. u.
komm. v. Joachim Krueger, 1973.

*Märkisches Museum, Berlin.* Besaß vor dem Zweiten Weltkrieg die meisten
Romanmanuskripte, von denen heute noch folgende vorhanden sind: »Vor
dem Sturm« (unvollständig); »L'Adultera«; »Der Stechlin« (unvollständig); »Effi Briest« (es fehlt das 1. Kapitel); »Unterm Birnbaum«. Ferner:
»Meine Kinderjahre«; »Von Zwanzig bis Dreißig«; »Onkel Dodo«; Teile
der »Wanderungen durch die Mark Brandenburg« (1861–1882) und Entwurfsmaterial dazu. »Der Krieg gegen Frankreich 1870–1871« (unvollständig). Entwurfsmaterial zu den kleinen Geschichten. »Hoppenrade«. –
Jetzt wieder zurückgekommen sind umfangreiche Teile von »Quitt«,
»Frau Jenny Treibel«, »Die Poggenpuhls«; ferner einzelne Kapitel oder
Blätter von »Ellernklipp«, »Schach von Wuthenow«; »Graf Petöfy«, »Cécile«, »Stine« und »Unwiederbringlich«.

Dazu: Joachim *Schobeß*: Der Nachlaß Theodor Fontanes 1898–1965. In: ZfBibl. 79, 1965, S. 740 f.

Das Märkische Museum u. seine Sammlungen. Hrsg. v. Märkischen Museum. 1974.

Horst *Mauter* zu »Neuerwerbungen«. Jb. des Märkischen Museums 2, 1976, S. 90 f.

Christel *Laufer*: Fontane-Handschriften im Märkischen Museum. Vor 75 Jahren wurden sie von den Erben des Dichters übereignet. In: Neues Deutschland v. 23./24. 9. 1978, S. 15.

Christel *Laufer*: Verloren geglaubte Fontane-Manuskripte wieder im Märkischen Museum. In: Formen realistischer Erzählkunst, 1979, S. 274–281. Dann in: Jb. des »Märkischen Museums 6–7, 1980–1981, S. 70–77.

*Staatsbibliothek zu Berlin – Preußischer Kulturbesitz.* Umfangreicher Fontane-Nachlaß. Ferner: Autographen und Handschriften im Nachlaß Karl Bleibtreu u. Sammlung Darmstaedter. Ein Teil der Mss. befindet sich als Leihgabe im FAP.

Dazu: Kurt *Schreinert*: Die F.-Neuerwerbungen d. Stiftung Preußischer Kulturbesitz. In: Jb. PK 1963, S. 115–122.

Joachim *Schobeß*: Der Nachlaß Th. Fs 1898–1965. In: ZfBibl. 79, 1965, S. 739 f. u. 744 f. (Detaillierte Aufstellung).

Über die ursprünglich im Besitz der Preußischen Staatsbibliothek befindlichen Briefe, die im Zweiten Weltkrieg ausgelagert waren und zum Teil als verschollen oder verloren gelten, zum Teil in der Jagellonischen Bibliothek, Krakow, aufbewahrt werden, berichtet die Einführung zu: Die Briefe Th. Fs. Verzeichnis und Register. Hrsg. v. Charlotte *Jolles* u. Walter *Müller-Seidel*. 1988. (Auch in FBl. 47, 1989, S. 53–62.)

Weitere Aufbewahrungsorte in Berlin: *Akademie der Künste* (Archiv der Preußischen Akademie der Künste); *Amerika-Gedenkbibliothek; Archiv der Akademie der Wissenschaften der ehemaligen DDR; Landesarchiv; Stadtbibliothek.*

Dazu: Joachim *Schobeß*: Der Nachlaß Th. Fs. 1898–1965. In: ZfBibl. 79, 1965.

*Deutsches Literaturarchiv im Schiller-Nationalmuseum, Marbach* (Handschriftenabteilung und Cotta-Archiv)

Dazu: *Hofmann/Kuhn*: Handschriften des Deutschen Literaturarchivs. Theodor Fontane. Zusammengestellt von Anneliese Hofmann u. Dorothea Kuhn. In: Jb. DSG 13, 1969, S. 641–651. (enthält Inventar der Handschriftenabteilung und des Cotta-Archivs.)

Neuerwerbungen werden regelmäßig im Jb. der Deutschen Schiller-Gesellschaft in ihrem Jahresbericht verzeichnet.

*Geheimes Staatsarchiv Preußischer Kulturbesitz. Dienststelle Merseburg.* (Der Bestand wird in den nächsten Jahren nach Berlin zurückgeführt.)

Dienstliche Briefe und Berichte von F. und über ihn in verschiedenen Akten-Konvoluten. Einiges liegt in Fotokopien im FAP vor.

Dazu: Charlotte *Jolles*: F. u. die Politik. Ein Beitrag zur Wesensbestimmung Th. Fs. 1983, S. 189–191.

*Theodor-Fontane-Archiv, Potsdam*
Dazu: Joachim *Schobeß*: Bestandsverzeichnis Teil 1,1: Th. F. Hss. Potsdam
1962. (Bespr. H.-H. Reuter in WB 11, 1965, S. 303–307.)
Hannelore *Wolter*: Bestandsverzeichnis Teil 1,2: Th. F. Verzeichnis der Fami-
lien-Brief-Abschriften aus dem Nachlaß der Familie Theodor Fontanes.
Potsdam 1963.
Joachim *Schobeß*: Bestandsverzeichnis Teil 2. Literatur von und über Th. F.
2., verm. Aufl. Potsdam 1965.
Joachim *Schobeß*: Der Nachlaß Theodor Fontanes 1898–1965. Dreißig Jah-
re Theodor-Fontane-Archiv in öffentlicher Hand. In: ZfBibl. 79, 1965,
S. 729–745.
*Schobeß*, Joachim: Die Bibliothek Th. Fs. In: FBl. 2, 1973, H. 8, S. 537–563.
Hans *Ester*: F. u. die DDR. Das Theodor-Fontane-Archiv der Deutschen
Staatsbibliothek in Potsdam. In: Duitse Kroniek (Amsterdam) 27, 1975,
S. 158–163.
Regelmäßige Berichte über Neuerwerbungen in »Fontane-Blätter« 1965 ff.

*Goethe- und Schiller-Archiv der Stiftung Weimarer Klassik, Weimar.*
Dazu: Karl-Heinz *Hahn*: Bestandsverzeichnis. 1961, S. 83 f., 138, 179 (Rodenberg Nachlaß), 263 f.
Th. Fs Briefwechsel mit Joseph Kürschner. Hrsg. v. Günter *Effler* in: FBl. 51,
1991, S. 16–27.

Weitere Aufbewahrungsorte von F.-Handschriften, einschließlich solcher im
Ausland, sind verzeichnet in: Joachim *Schobeß*: Der Nachlaß Th. Fs
1898–1965. In: ZfBibl. 79, 1965 sowie in: Die Briefe Th. Fs. Verzeichnis
und Register. Hrsg. v. Charlotte *Jolles* u. Walter *Müller-Seidel*, 1988,
S. XXIV–XXV (63 Stätten sind hier verzeichnet).
Die British Library, London, besitzt Briefabschriften aus der Sammlung Em-
den (Originale im Besitz der Bibliothek der Humboldt-Universität, Berlin).

*Weitere Literatur:*
*Hellmut Meyer* u. *Ernst*: Th. F. – August von Kotzebue. Zwei deutsche Dich-
ternachlässe. Katalog 35, Versteigerung 9. Oktober 1933, Seite 66–112.
*Frels*, Wilhelm: Deutsche Dichterhandschriften von 1400 bis 1900. 1934.
*Fontane*, Friedrich: Der literarische Nachlaß Th. Fs u. d. Preußische Staats-
bibliothek. Neuruppin, 1935. (Privatdruck)
Das Th.-F.-Archiv der Brandenburgischen Provinzial-Verwaltung. In: Her-
mann *Fricke*: Emilie F. 1937, S. 116–135.
*Jolles*, Charlotte: Der Nachlaß Th. Fs. In: Brandenburg. Jbb. 9, 1938,
S. 90–92. (Übersicht über Gesamtnachlaß nach Stand von 1938.)
*Robinson*, Alan R.: A report on the present day distribution of the F. ma-
nuscripts. In: MLR 51, 1956, S. 572–575.
*Schobeß*, Joachim: Ein Blick in das F.-Archiv der Brandenburg. Landes- u.
Hochschulbibliothek. In: Marg. 1959, H. 5/6, S. 24–26.
Gelehrten- und Schriftstellernachlässe in den Bibliotheken der DDR. T. 1,
1959; T. 2, 1968; T. 3 (Nachträge, Ergänzungen, Register), 1971.

*Schobeß*, Joachim: Die Bibliothek Th. Fs. In: Marg. 1963, Heft 14, Seite 2–22.

*Lohrer*, Liselotte: Bestandsverzeichnis d. Cotta-Archivs. In: Dichter u. Schriftsteller. 1963.

*Fricke*, Hermann: Das Th.-F.-Archiv. Einst u. jetzt. In: Jb. f. Br. Lg. 15, 1964, S. 165–181.

*Brückmann*, Kurt: Das Th.-F.-Archiv gestern, heute u. morgen. In: Th. Fs Werk in unserer Zeit. 1966, S. 113–120.

*Schobeß*, Joachim: Über den Wiederaufbau des F.-Archivs. In: FBl. 1, 1966, H. 3, S. 86–90.

*Fricke*, Hermann: Der Sohn des Dichters. In memoriam Friedrich Fontane. In: Jb. f. Br. Lg. 17, 1966, S. 24–51. [Friedrich F. als Verleger u. als Verwalter des F.-Nachlasses.]

*Sasse*, H.-C.: The unknown F.: Sketches, fragments, plans. In: GLL 20, 1966/67, S. 25–33.

*Stolzenberg*, Max-Ulrich Frhr. v.: Einige weitere Standorte v. F.-Hss. u. -Briefen. In: FBl. 2, 1969, H. 1, S. 63–64.

Die Ereignisse im »Roten Luch« 1945 bis 1946 u. der Wiederaufbau des Th.-F.-Archivs. Ein abschließender Bericht. In: FBl. 2, 1971, H. 4, S. 276–282.

*Kunisch*, Hermann: Julius Petersens F.-Nachlaß. Bericht u. Edition. [Mit Textpublikationen.] In: Jb. PK 20, 1983. 1984, S. 267–325.

*Keiler*, Otfried: 50 Jahre Fontane-Archiv im Staatlichen Besitz. In: FBl. 6, 1986, H. 3, S. 325–335.

*E[ster]*, H[ans]: Die Fontane-Blätter: Quelle u. Organ d. F.-Forschung. In: Duitse Kroniek (Amsterdam) 40, 1990, 3/4, S. 69 f.

## 2. Gesamtausgaben

Wenn die Zersplitterung von Fontanes handschriftlichem Nachlaß dem Forscher einige Mühe verursacht, so bereitet ihm auch die Wahl einer Werkausgabe gewisse Schwierigkeiten. Von den hier aufgeführten Gesamtausgaben ist die 21bdige Ausgabe von 1905–1910 (Verlag F. Fontane u. Co.) jahrzehntelang die Grundlage für die Forschung gewesen, daneben waren es später die beiden von Paul Schlenther im S. Fischer-Verlag besorgten Ausgaben.

Jetzt stehen uns drei große Ausgaben zur Verfügung, von denen erst eine abgeschlossen ist. 1959 wurde die sogenannte *Nymphenburger Ausgabe* (NyA) begonnen und 1962 die *Hanser-Ausgabe* (HA).

Beide wuchsen allmählich zu Gesamtausgaben heran, ohne daß von Anfang an bestimmte und einheitliche Richtlinien für die Textgestaltung ausgearbeitet waren. Erst im Laufe der Jahre verfeinerte sich die editorische Arbeit. Einzelne Bände weisen auf gewisse Probleme der Textgestaltung hin. Beide Ausgaben ziehen Erstveröffentlichungen und Zeitschriftenvorabdrucke für die Textgestaltung heran. Die

Hanser-Ausgabe, die in der 1. Auflage die unzuverlässige Dominik-Ausgabe mit herangezogen hatte, bringt in der revidierten 2. Aufl. der erzählenden Schriften (die seit 1970 erscheint) eine sorgfältige Textwiedergabe, mit einer Auswahl von Varianten und einem wissenschaftlichen Apparat zur Entstehungsgeschichte, Rezeption usw. Durch diese erweiterte Neubearbeitung hat die Hanser-Ausgabe wesentlich an Bedeutung gewonnen. Der Hauptwert beider Ausgaben liegt in der ausführlichen und sorgfältigen Kommentierung und der Erfassung zahlreichen bisher unbekannten Materials. Die Nymphenburger Ausgabe hat in dieser Beziehung Vollständigkeit erstrebt. Mit der 3. Abteilung – 1975 fertiggestellt – ist sie zu 24 Bänden (z. T. Doppelbände) angewachsen und bietet eine Fülle von Material, das jetzt der Auswertung harrt. Die Hanser-Ausgabe begnügt sich bei den kritischen und journalistischen Schriften mit einer Auswahl, bringt aber auch eine mehrbändige kommentierte Briefauswahl. Sie bringt nach und nach einige Bände in einer revidierten 3. Auflage heraus, so bisher Bd. 1–3 der Abt. I und die »*Wanderungen*« in Abt. II.

Die dritte Ausgabe, von der seit 1969 als erste Abteilung acht Bände Romane und Erzählungen vorliegen, wird vom *Aufbau-Verlag* besorgt. Ihr gebührt das Verdienst, sich nach Prüfung verschiedener Vorlagen zum ersten Mal um einen gesicherten Text bemüht zu haben; in einigen Fällen bietet diese Ausgabe auch kurze Lesartenverzeichnisse. Bei einzelnen Texten wurden die Manuskripte herangezogen. Orthographie und Interpunktion sind wie bei den beiden anderen Ausgaben behutsam den heute geltenden Regeln angeglichen. Die Ausgabe enthält neben Textkommentierung wertvolle Übersichten zur Entstehungs- und Wirkungsgeschichte des jeweiligen Erzählwerks. Die »*Wanderungen durch die Mark Brandenburg*« sind jetzt vollständig in 7 Bänden erschienen; Bd. 6 und 7 enthalten unbekanntes und vergessenes Material. 1982 kamen als dritte Abteilung die *Autobiographischen Schriften* heraus und 1989 die *Gedichte* in 3 Bänden.

Die Verdoppelung und Verdreifachung der Ausgaben in der Gegenwart hat möglicherweise den Beginn einer historisch-kritischen Edition in weitere Ferne gerückt als erwünscht. Doch sind sie mit ihrem reichhaltigen Material und den in Kommentaren und im Anhang enthaltenen Forschungsergebnissen eine wertvolle Grundlage für eine solche Edition. Allerdings werden derartige Projekte aus vielen, nicht zuletzt ökonomischen Gründen, immer seltener, und Lese- und Studienausgaben mit hohen wissenschaftlichen Ansprüchen setzen sich immer mehr durch. (Siehe dazu: Gotthard *Erler*: Plädoyer für einen Editionstyp. In: Zs. f. Germanistik 3, 1980, S. 257–384.)

*Wichtige Gesamtausgaben:*

Th. F.: Gesammelte Romane und Novellen. 12 Bde. Bd 1-9. Berlin: Emil Dominik; Bd. 10-12 Berlin: F. Fontane & Co. 1890/91. (Erste geschlossene Ausgabe, nach dem ersten Verleger als Dominik-Ausgabe bezeichnet. Keine zuverlässige Grundlage für die Textkritik. Dazu: *Erler*, Gotthard: Die Dominik-Ausgabe. Eine notwendige Anmerkung. In: FBl. 1, 1968, H. 7, S. 354-357).

Th. F.: Gesammelte Werke. 21 Bde in 2 Serien. Berlin: F. Fontane & Co. 1905-1910. I. Serie: Romane und Novellen. 10 Bde. II. Serie: Gedichte. Autobiographisches [Reisebücher]. Briefe. Kritiken. Nachlaß. 11 Bde.

Th. F.: Gesammelte Werke. Jubiläumsausgabe. 2 Reihen zu je 5 Bden. I. Erzählende Werke (Auswahl); Einl. v. Paul Schlenther. II. Autobiographische Werke. Briefe; Einl. v. Ernst Heilborn. Berlin: S. Fischer 1919-1920.

Th. F.: Gesamtausgabe der erzählenden Schriften. 9 Bde. Reihe I: Bd 1-5, Einl. v. Paul Schlenther. Reihe II: Bd 1-4. Anhang: »Fs Persönlichkeit« v. Ernst Heilborn. Berlin: S. Fischer 1925.

Th. F.: Sämtliche Werke. 1959 ff. Hrsg. v. Edgar Groß, Kurt Schreinert, Rainer Bachmann, Charlotte Jolles, Jutta Neuendorff-Fürstenau, Peter Bramböck. = Nymphenburger Ausgabe – zit.: NyA

Abt. I. Bd 1-8: Das gesamte erzählende Werk.

Abt. II. Bd 9-13 a: Wanderungen durch die Mark Brandenburg.

Abt. III. Bd 14-24: Meine Kinderjahre. Christian Friedrich Scherenberg und das literarische Berlin (14). Von Zwanzig bis Dreissig (15). Kriegsgefangen; Aus den Tagen der Okkupation (16). Aus England und Schottland (17). Unterwegs und wieder daheim (18, 18 a). Politik und Geschichte (19). Balladen und Gedichte (20). Literarische Essays und Studien (21/1,2). Causerien über Theater (22/1-3). Aufsätze zur bildenden Kunst (23/1,2). Fragmente u. frühe Erzählungen. Nachträge (24).

Kriegsbücher (Faksimile-Ausgabe), 6 Bde.

Th. F.: Werke, Schriften und Briefe [zuerst: Sämtliche Werke]. Hrsg. v. Walter Keitel u. Helmuth Nürnberger. 1962 ff. = Hanser-Ausgabe – zit.: HA

Abt. I. Bd 1-6: Romane, Erzählungen, Gedichte; 2. (revidierte) Aufl.: Sämtliche Romane, Erzählungen, Gedichte, Nachgelassenes. 7 Bde. Bd. 1-3 liegen seit 1990 in 3. durchgesehener u. im Anhang erweiterter Aufl. vor, hrsg. v. Helmuth Nürnberger.

Abt. II Bd. 1-3: Wanderungen durch die Mark Brandenburg. Hrsg. v. Walter Keitel u. Helmuth Nürnberger. Anmerkungen v. Jutta Fürstenau-Neuendorff. 3. revidierte Aufl. 1987.

Abt. III. Bd. 1-5: Erinnerungen. Ausgewählte Schriften u. Kritiken. Hrsg. v. Jürgen Kolbe, Siegmar Gerndt, Helmuth Nürnberger, Heide Streiter-Buscher, Walter Keitel, Christian Andree. – Aufsätze u. Aufzeichnungen (1). Theaterkritiken (2). Reiseberichte u. Tagebücher (3/1). Autobiographisches (4). Zur deutschen Geschichte u. Kunstgeschichte (5). Bd. 3/2 noch nicht erschienen.

Abt. IV. Briefe. Bd. 1-5. Hrsg. v. Otto Drude, Helmuth Nürnberger, Gerhard Krause, Christian Andree, Manfred Hellge. –: Bd. 1: 1833-1860;

Bd. 2: 1860–1878; Bd. 3: 1879–1889; Bd. 4: 1890–1898. Bd. 5/1: Register. Hrsg. v. Helmuth Nürnberger, bearb. v. Walter Hettche. Bd. 5/2: Kommentar in Vorbereitung.
Th. F.: Romane und Erzählungen. 8 Bde. Hrsg. v. Peter Goldammer, Gotthard Erler, Anita Golz, Jürgen Jahn. 1969. = Aufbau Ausgabe. (Dazu: S. *Goldammer*, Peter: Probleme der F.-Edition. In: Fs Realismus, 1972, S. 121–128.)
Abt. II: Wanderungen durch die Mark Brandenburg. Bd. 1–4. Hrsg. v. Gotthard Erler u. Rudolf Mingau 1976–1979; Bd. 5: (Fünf Schlösser). Hrsg. v. Gotthard Erler u. Rudolf Mingau unter Mitarbeit v. Therese Erler 1987; Bd. 6 u. 7: I. Dörfer und Flecken im Lande Ruppin; II. Das Ländchen Friesack und die Bredows. Unbekannte u. vergessene Geschichten aus der Mark Brandenburg. Hrsg. v. Gotthard Erler unter Mitarbeit von Therese Erler 1991.
Abt. III: Autobiographische Schriften 3 Bde. Hrsg. v. Gotthard Erler, Peter Goldammer u. Joachim Krueger, 1982. Bd. 1: Meine Kinderjahre. Bd. 2: Von Zwanzig bis Dreißig. Bd. 3/1: Scherenberg, Tunnelprotokolle, Autobiographische Aufzeichnungen aus dem Nachlaß, Kleine autobiographische Dokumente. Bd. 3/2: Anmerkungen zu Bd. 3/1, Register, Zeittafel.
Abt. IV: Gedichte. 3 Bde. Hrsg. v. Joachim Krueger u. Anita Golz. 1989.

*Kleinere Werkausgaben:*

Fs Werke in 5 Bden. Ausgew. u. eingel. v. Hans-Heinrich *Reuter*. Berlin u. Weimar: 1964.
Nymphenburger Taschenbuch-Ausgabe in 15 Bden. Komm. v. Kurt *Schreinert*, zu Ende geführt v. Annemarie *Schreinert*. München: 1969. – In 5 Bden. »Wanderungen durch die Mark Brandenburg«; ebda 1971.
In der Hanser-Bibliothek erschien: »Romane u. Erzählungen«, Auswahl in 3 Bden. Hrsg. v. Helmuth *Nürnberger* 1985. – »Wanderungen durch die Mark Brandenburg«, ebda 1991. (Identisch mit der großen Hanser-Ausgabe.)
Die meisten Erzählwerke sowie auch die »Wanderungen«-Bände liegen jetzt als Taschenbuch bei mehreren Verlagen vor. Besonders hervorzuheben sind Reclam, Textausgaben sowie die Reihe »Erläuterungen und Dokumente«; ferner: »Werke und Schriften« in der »Fontane Bibliothek« bei Ullstein, die die meisten Bände der Hanser-Ausgabe als Taschenbuch enthält, zusätzlich auch den »Schleswig-Holsteinischen Krieg im Jahre 1864« und den »Deutschen Krieg von 1866« bringt.

*Sammelveröffentlichungen aus dem Nachlaß:*

Th. F. Aus dem Nachlaß. Hrsg. v. Joseph *Ettlinger*. 1908; Wiederabdruck in: Ges. Werke, 1905–1911, Serie II, Bd 9.
Das Fontane-Buch, hrsg. von Ernst *Heilborn*. 1919; 6/9. Aufl. 1921.
Th. Fs engere Welt. Aus dem Nachlaß hrsg. v. Mario *Krammer*, 1920.
Allerlei Gereimtes von Th. F. Hrsg. v. Wolfgang *Rost*. 1932.
Th. F. Bilderbuch aus England. Hrsg. v. Friedrich *Fontane*. 1938.

Th. F.: Aus meiner Werkstatt. Unbekanntes u. Unveröffentlichtes, ges. v. Albrecht *Gaertner*. 1950.
Veröffentlichungen aus dem Nachlaß enthält auch: Theodor Fontane. Der Dichter über sein Werk. Für die Taschenbuchausgabe durchgesehene u. erweiterte Fassung. Hrsg. v. Richard Brinkmann in Zusammenarbeit mit Waltraud Wiethölter. Bd. 1 u. 2. 1977. (Zuerst unter d. Titel: Th. F. Dichter über ihre Dichtungen. 1973.)
Einzelveröffentlichungen aus dem Nachlaß sind an anderen Stellen verzeichnet.

*Zur Editionstechnik:*

*Behrend*, Fritz: Aus Th. Fs Werkstatt. 1924. (Privatdruck)
*Seiffert*, Hans Werner: Untersuchungen zur Methode der Herausgabe deutscher Texte. 1963.
*Goldammer*, Peter: Probleme der Fontane-Edition. In: Fs Realismus, 1972, S. 121–128.
*Erler*, Gotthard: Plädoyer für einen Editionstyp. In: Zs. f. Germanistik 3, 1980, S. 257–384.
*Mugnolo*, Domenico: Vorarbeiten zu einer kritischen F.-Ausgabe. Zu »Schach von Wuthenow«, »Cécile«, »Unwiederbringlich«. Mit e. Vorwort v. Otfried Keiler. 1985. (Beiträge aus der Deutschen Staatsbibliothek).
*Anderson*, Paul Irving: Psychographie und Korrektur. Plädoyer für die Faksimile-Herausgabe der Handschriften Fs. In: FBI. 6, 1987, H. 5, S. 516–526.
*Goldammer*, Peter: Auch auf den Text kommt es an. Zur Diskussion um eine kritische F.-Ausgabe. In: FBl. 6, 1987, H 6, S. 672–700.
*Hettche*, Walter: Über Nutzen, Notwendigkeit und Möglichkeit einer kritischen Edition der Werke Th. Fs. In: FBl. 6, 1987, H 5, S. 527–533.
*Mugnolo*, Domenico: Zur Arbeit mit Werkhandschriften Fs. In: Th. F. im lit. Leben s. Zeit, 1987, S. 576–585.

## 3. Briefe und Tagebücher

Die ersten Ausgaben von Fontanes Briefen: »*Familienbriefe*«, hrsg. von Fontanes Schwiegersohn K. E. O. Fritsch, und »*Briefe, Zweite Sammlung*« [An die Freunde], hrsg. von O. Pniower und Paul Schlenther, erfolgten 1905 bzw. 1910. Wie dies bei Briefausgaben, die verhältnismäßig kurze Zeit nach dem Tode des Autors erscheinen, häufig der Fall ist, sind auch in diesen beiden Ausgaben aus Rücksicht auf Familienmitglieder und noch lebende Zeitgenossen viele Kürzungen vorgenommen und Namen sind abgekürzt oder verschlüsselt worden (s. Vorwort zur Ausgabe der »Familienbriefe« von 1905). Darüber hinaus aber wurden Eingriffe verschiedener Art gemacht, die sich philologisch nicht rechtfertigen lassen, wie vor allem die Zusammenlegung von Briefen, Umdatierungen usw. Das Verdienst beider Ausgaben besteht darin, daß sie einen beträchtlichen Teil des Briefwerkes Fontanes frühzeitig der Öffentlichkeit zugänglich gemacht haben. Bis jetzt haben sie der Fontane-Forschung zugrunde gelegen, genügen aber in keiner Weise mehr den wissenschaftlichen Ansprüchen der heutigen Forschung; doch wird man weiter auf sie zurückgreifen müssen, soweit die darin enthaltenen Briefe nicht neu ediert oder sogar etwa verloren oder verschollen sind. Spätere Ergänzungsausgaben wie »*Heiteres Darüberstehen. Familienbriefe. N. F.*« und »Briefe an die Freunde. Letzte Auslese« zeigen ebenfalls Eingriffe. Auch sie werden durch eine philologisch einwandfreie Ausgabe ersetzt werden müssen. Eine beträchtliche Anzahl der in diesen vier Ausgaben enthaltenen Briefe ist bereits in der vierbändigen Ausgabe der »*Briefe*« des Propyläen-Verlages (1968–1971) wort- und buchstabengetreu nach den Originalen neu ediert und kommentiert worden. Auch die zweibändige kommentierte Ausgabe der »*Briefe*« im Aufbau-Verlag (1968; 2. Aufl. 1980) beruht auf den Originalen bzw. den im Theodor-Fontane-Archiv befindlichen Abschriften.

Die Verluste von Originalbriefen geben den vorhandenen Briefabschriften eine gewisse Bedeutung; doch können diese Abschriften, nach Aussage Friedrich Fontanes oft wohl von einer Maschinenschreiberin in seinem Büro angefertigt, nicht als unbedingt zuverlässig gelten.

Die vierbändige Hanser-Briefausgabe ist 1982 abgeschlossen worden (nur der Kommentar steht noch aus) und ist bisher die umfangreichste Ausgabe, mit einer Anzahl bisher ungedruckter Briefe. Sie ist wort- und buchstabengetreu nach Originalen gedruckt, soweit es möglich war, oder nach philologisch einwandfreien Wiedergaben, aber auch weniger zuverlässige Drucke dienten als Unterlagen. Die Ausgabe zeigt deutlich, ebenso wie die Ausgabe des Briefwechsels Storm-F., die Schwierigkeiten, die eine kritische Gesamtausgabe einmal bewältigen muß.

1910 kam der erste geschlossene Briefwechsel *Fontane-Wolfsohn* heraus, der unter Einbeziehung weiteren Materials nach dem Stand der heutigen Forschung neu bearbeitet worden ist. Der Briefwechsel *Fontane-Heyse*, nach den Urschriften von E. Petzet herausgegeben und kommentiert, liegt seit 1929 vor; diese Ausgabe ist jetzt durch eine neue, von G. Erler besorgte und ergänzte Edition (1972) überholt.

Von 1940 an erschienen weitere sorgfältig edierte und kommentierte geschlossene Briefwechsel oder Brieffolgen an Freunde: *Fon-*

*tane-Lepel* (1940) – bedarf einer Neubearbeitung –, an *Georg Friedlaender* (1954) und Korrespondenzen mit Verlegern und Redakteuren (*Rodenberg, Kletke*, 1969). Der Briefwechsel mit *Wilhelm* und *Hans Hertz* erschien Anfang 1972; mit Rudolf v. Decker 1988. Briefe an *Brockhaus, Wilhelm Friedrich* und andere Verleger wurden in den Fontane-Blättern veröffentlicht. Eine vollständige Ausgabe des Briefwechsels *Fontane-Storm* ist 1981 herausgekommen. Es werden jetzt in der Forschung häufiger Stimmen laut, die für derartige Einzelkorrespondenzen, getrennt und geschlossen, plädieren, anstatt einer Briefauswahl. Fontanes Briefwechsel mit *Wilhelm* und *Henriette von Merckel* ist 1987 erschienen und eine Veröffentlichung von Reisebriefen (»Jenseits von Havel und Spree«) 1984.

Angesichts der Bedeutung von Fontanes Briefwerk sowie der Problematik der frühen Ausgaben und der handschriftlichen Überlieferung ist eine historisch-kritische Edition von Fontanes Briefen eine unbedingte Forderung der wissenschaftlichen Forschung. Eine bibliographische Verzeichnung des gesamten Briefwerks, das zum Teil verstreut in schwer zugänglichen Zeitschriften und Tageszeitungen vorliegt oder noch unveröffentlicht ist, ist 1988 fertig geworden.

Bedauerlich ist der Verlust so vieler Jahrgänge der *Tagebücher* Fontanes. Sie enthalten weniger Reflexionen als notizenhafte Aufzeichnungen, die für eine Biographie, die Entstehungsgeschichte seiner Werke und für die Arbeit an den Briefeditionen von größtem Wert sind. Einige Jahrgänge sind immerhin im Druck erschienen.


*Briefausgaben:*

Th. Fs Briefe an seine Familie. (Hrsg. v. K. E. O. *Fritsch*.) 2 Bde, 1905. [= Ges. Werke, 2. Serie, Bd. 6 u. 7]

Briefe Th. Fs. Zweite Sammlung. [An seine Freunde.] Hrsg. v. Otto *Pniower* u. Paul *Schlenther*. 2 Bde. 1910 [= Ges. Werke, 2.Serie, Bd. 10 u. 11.]

Th. Fs Briefwechsel mit Wilhelm Wolfsohn. Hrsg. v. Wilhelm *Wolters*. 1910.

Vierzig Jahre. Bernhard v. Lepel an Th. F. Briefe an 1843 bis 1883. Hrsg. v. Eva A. v. Arnim. 1910.

Der Briefwechsel von Th. F. u. Paul Heyse. 1850–1897. Hrsg. v. Erich *Petzet*. 1929.

Neunundachtzig bisher ungedruckte Briefe u. Handschriften von Th. F. Hrsg. u. mit Anm. versehen v. Richard *von Kehler*. 1936.

*Fricke*, Hermann: Emilie F. 1937. [Briefe an Th. F.]

Th. F.: Heiteres Darüberstehen. Familienbriefe. N. F. Hrsg. v. Friedrich *Fontane* mit einer Einf. v. Hanns Martin *Elster*. 1937.

Th. F. u. Bernhard von Lepel. Ein Freundschaftsbriefwechsel. Hrsg. v. Julius *Petersen*. 2 Bde. 1940.

Th. F.: Briefe an die Freunde. Letzte Auslese. Hrsg. v. Friedrich *Fontane* u. Hermann *Fricke*. 2 Bde. 1943. [Im Zweiten Weltkrieg vor Auslieferung durch Brand zum größten Teil vernichtet; daher, besonders Bd. 1, schwer zugänglich.] [Nachdruck geplant.]

Storm-Fontane. Briefe der Dichter u. Erinnerungen von Th. F. Einf. u. Erl. v. Erich *Gülzow*. 1948. [Auswahl.]

Th. F.: Briefe an Friedrich Paulsen. In 500 Faks. Drucken. 1949.

Th. F.: Briefe an Georg Friedlaender. Hrsg. u. erl. v. Kurt *Schreinert*, 1954.

Th. F.: Leicht zu leben ohne Leichtsinn. Briefe, ausgew. u. eingel. v. Friedrich *Seebass*. 1958.

Th. F.: Von Dreißig bis Achtzig. Sein Leben in seinen Briefen. Hrsg. v. Hans-Heinrich-*Reuter*. 1959. (Sammlung Dieterich. Bd 248.) – Dann: Nymphenburger Verlagshandlung, München 1970.

Th. F. u. München. Briefe u. Berichte. Hrsg. v. Werner *Pleister*, Vorw. v. Hans *Schmeer*. 1962.

Th. F.: Briefe. Eine Auswahl. Hrsg. v. Christfried *Coler*. 2 Bde. 1963. [= Werke in Einzelausgaben.]

Fs Briefe in zwei Bänden. Ausgew. u. erl. v. Gotthard *Erler*. 1968. 2. verbesserte Aufl. Berlin u. Weimar 1980; München 1980.

Th. F.: Briefe, 4 Bde. Hrsg. v. Kurt *Schreinert*. Zu Ende geführt u. mit einem Nachw. vers. v. Charlotte *Jolles*. Erste wort- u. buchstabengetreue Edition nach d. Hss. 1: An den Vater, die Mutter u. die Frau. 1968; 2: An die Tochter u. an die Schwester [Lise]. 1969; 3: An Mathilde v. Rohr. 1971; 4: An Karl u. Emilie Zöllner u. andere Freunde 1971. [= Propyläen-Briefausgabe]

Th. F.: Briefe an Hermann Kletke. In Verbindung m. d. Deutschen Literaturarchiv Marbach a. N. hrsg. v. Helmuth *Nürnberger*. 1969.

Th. F.: Briefe an Julius Rodenberg. Eine Dokumentation. Hrsg. v. Hans-Heinrich *Reuter*. 1969.

Der Briefwechsel zwischen Th. F. u. Paul Heyse. Hrsg. v. Gotthard *Erler*. 1972.

Th. F.: Briefe an Wilhelm u. Hans Hertz. 1859–1898. Hrsg. v. Kurt *Schreinert*. Vollendet u. mit e. Einf. vers. v. Gerhard *Hay*, 1972. [Dazu: *Reuter*, Hans-Heinrich: Fs Briefe an Wilhelm u. Hans Hertz; zugleich notwendige Anmerkungen zur Unteilbarkeit der Philologie. In: ZfdPh. 92, 1973, SH S. 149–163.]

Mete Fontane: Briefe an die Eltern. 1880–1882. Hrsg. u. erl. v. Edgar R. *Rosen*. 1974.

Th. F.: Briefe aus den Jahren 1856–1898. Hrsg. v. Christian *Andree*. Berliner Handpresse 1975.

Th. F.: Briefe Bd 1–4. Hrsg. v. Helmuth *Nürnberger*, [u.a.] 1976–1982. = HA Abt. IV. Bd. 5/1 Register, 1988.

Th. F.: Ein Leben in Briefen. Hrsg. v. Otto *Drude*. 1981. [Auswahl aus HA].

Theodor Storm – Th. F.: Briefwechsel. Kritische Ausgabe. In Verb. mit der Th.-Storm-Ges. Hrsg. v. Jacob *Steiner*. 1981.

Th. F.: Jenseits von Havel u. Spree. Reisebriefe. Hrsg. v. Gotthard *Erler*. 1984.

Die Fontanes und die Merckels. Ein Familienbriefwechsel 1850–1870. Hrsg.
v. Gotthar *Erler*. 2 Bde. 1987. [Vorabdruck v. Briefen in: FBl. 6, 1985, H. 2,
S. 131–154. Siehe auch: Th. F. im lit. Leben s. Zeit. 1987, S. 418–441.]

Th. F.: Briefe an den Verleger Rudolf von Decker. Mit sämtlichen Briefen an
den Illustrator Ludwig Burger und zahlreichen weiteren Dokumenten.
Hrsg. v. Walter *Hettche*. 1988. [Siehe auch Nachdruck v. Briefen mit leicht
veränderter Einleitung in FBl. 1989, H. 48, S. 24–59.]

Th. Fs Briefwechsel mit Wilhelm Wolfsohn. Hrsg. v. Christa *Schultze*. 1988.
[Siehe auch FBl. 6, 1987, H. 5, S. 481–501 mit Vorabdruck v. Briefen.]

*Erstveröffentlichungen von Briefen in Sammelwerken, Jahrbüchern und
Zeitschriften nach 1945:*

*Gittner*, Herrmann: Th. F. u. Friedrich Witte. Eine Apothekerfreundschaft.
(1. Veröffentlichung eines unbekannten F. Briefes.) In: Süddt. Apotheker-
Ztg Jg. 86, 1946, Nr. 8.

Unveröffentlichte Briefe an Professor Lazarus. In: Th. F.: Aus meiner Werkstatt. Unbekanntes u. Unveröffentlichtes. Hrsg. v. Albrecht *Gaertner*.
1950, S. 90–92.

Ungedruckte Briefe aus dem Landesarchiv Berlin. Mitg. v. Joachim *Lach-
mann*. In: Jb. d. Vereins d. Gesch. Berlins, 1953, S. 125–142.

Th. F. Aus Briefen an Maximilian Harden. Hrsg. v. Hans *Pflug*. In: Merkur
10, 1956, S. 1091–1098.

Einige unbekannte F.-Briefe. Hrsg. v. Joachim *Krueger*. In: Marg. 1959,
H. 5/6, S. 27–33.

Th. F. privat. Acht Familienbriefe. Hrsg. v. Hermann *Fricke*. In: Der Bär von
Berlin, 8, 1959, S. 69–83.

*Lohrer*, Liselotte: F. u. Cotta [mit 14 ungedr. Briefen Fs an Hermann Hauff,
Otto Braun, Adolf Kröner u. d. Redaktion d. Gartenlaube]. In: Festgabe f.
Eduard Berend. 1959, S. 439–466.

*Neuendorff-Fürstenau*, Jutta: Briefe Th. Fs an Friedrich Wilhelm Holtze. In:
Jb. DSG 4, 1960, S. 358–376.

*Schreinert*, Kurt: Allerlei Ungedrucktes über u. von Th. F. [u. a. 14 Briefe]. In:
ebda, S. 377–399.

Th. F. Unveröffentlichte Aufzeichnungen u. Briefe. Hrsg. v. Hans-Heinrich
*Reuter*. In: SuF 13, 1961, S. 704–749.

Th. F.: Briefe an die Tochter. Einf. v. Kurt *Schreinert*. In: NR 78, 1967,
S. 54–61. (Vorabdr. aus Propyläen – Briefausgabe Bd 2).

*Goldammer*, Peter: Ein unbekannter Briefwechsel zwischen F. u. Storm. In:
WB 14, 1968, S. 423–436.

*Erler*, Gotthard: Th. F.: Briefe. In: SuF 21, 1969, S. 1290–1293.

Th. Fs Briefe an Ludwig Pietsch. Engel. u. kommentiert v. Christa *Schultze*.
In: FBl. 2, 1969, H. 1, S. 10–59.

Abdrucke unveröffentlichter Briefe, z. T. nach Abschriften im FAP. In:
FBl. 1, 1968, H. 6, S. 237–242; 1, 1968, H. 7, S. 309–313; 1, 1969, H. 8,
S. 385–387; 2, 1969, H. 1, S. 1–3; 2, 1970, H. 2, S. 77–83; 2, 1970, H. 3,
S. 149–150.

Th. F.: Briefe an Emilie vom 17. Januar bis 1. Februar 1859. Eingel. u. kommentiert v. Karlheinz *Dederke*. In: F. u. Berlin. 1970, S. 49–83.

*Nürnberger*, Helmuth: Unbekannte Briefe Th. Fs an Otto Ernst. In: Neue Zürcher Ztg, 18. April 1971.

*Steinsdorff*, Sibylle von: F. an Richard Kahle. Ein unveröffentlichter Brief aus dem Jahre 1873. In: Sprache u. Bekenntnis. Sonderbd. des Literaturwissenschaftl. Jbs 1971, S. 249–255.

*Bonwit*, Marianne: Einige späte Briefe v. Th. F. an Fritz Mauthner u. an d. Pegnesischen Blumenorden. In: DVjs. 46, 1972, S. 469–476.

*Erler*, Gotthard: F. u. Hauptmann In: FBl. 2, 1972, H. 6, S. 393–402. [Mit Briefabdrucken.]

*Meyer-Camberg*, Ernst: Ungedrucktes von Th. F. In. Jb. FDH, 1972, S. 369–376.

*Müller-Seidel*, Walter: Fs Preußenlieder: Anläßlich eines unveröffentlichten Briefes vom 18. Mai 1847. In: Deutsche Weltliteratur von Goethe bis Ingeborg Bachmann: Festgabe für J. Alan Pfeffer. 1972, S. 140–147.

Zwei unveröffentlichte Briefe Th. Fs [Datum 1843]. Gedr. im Anhang des Artikels v. Joachim *Schobeß*: Th. F. und der Revolutionär Max Dortu waren Regimentskameraden. In: FBl. 2, 1972, H. 7, S. 500 f.

Th. F.: Unveröffentlichte Briefe an den Verlag Brockhaus. Mitget v. Christa *Schultze*. In: FBl. 2, 1972, H. 7, S. 457–464.

*Stephan*, Waltraud: F. an Unbekannt. Ein unveröffentlichter Brief. In: DVjs. 46, 1972, S. 477–478.

Unveröffentlichte Briefe an Pol de Mont. Ein Beitrag zu Fs Theorie der Ballade. Mitget. v. Jean *Gomez*. In: FBl. 2, 1972, H. 7, S. 465–474.

Th. F.: Ein Briefwechsel mit seiner Frau. Mitg. u. komm. v. Gotthard *Erler* [2 Briefe]. In: FBl. 3, 1974, H. 2, S. 102–108.

*Hay*, Gerhard: F. als Kritiker Heinrich Seidels. Zu unveröffentlichten Briefen Fs. In: FBl. 2, 1973, H. 8, S. 563–574.

*Hellge*, Manfred: F. und der Verleger Wilhelm Friedrich. [Mit Briefen Fs an Wilhelm Friedrich.] In: FBl. 3, 1973, H. 1, S. 9–53.

*Krueger*, Joachim: Zu Fs Aufsatz »Die gesellschaftliche Stellung der Schriftsteller«. Mit einem unbekannten Brief des Dichters [an Fritz Mauthner]. In: FBl. 2, 1973, H. 8, S. 593–598.

*Krueger*, Joachim: Fontane-Autographen der Universitätsbibliothek Berlin: Ein Verzeichnis. Im Anhang: Zwanzig wenig bekannte Briefe Fs. Bearb. u. komm. v. Joachim Krueger. 1973.

*Belke*, Ingrid: ›Der Mensch ist eine Bestie...‹: ein unveröffentlichter Brief Th. Fs an den Begründer der Völkerpsychologie, Moritz Lazarus. In: Leo Baeck Inst. Bulletin 13, 1974, S. 32–50.

Th. Fs Briefe an Richard Dehmel. Mitget. v. Helmuth *Nürnberger*. In: FBl. 3, 1974, H. 3, S. 189–199.

Vier Briefe Philippine Fontanes an Wilhelm Wolfsohn (1842–1848). Mitget. u. komm. v. Christa *Schultze*. In: FBl. 3, 1974, H. 4, S. 288–300.

Th. F.: Zwei unveröffentlichte Briefe [an Professor Dr. med. Georg Salomon]. In: FBl. 3, 1975, H. 6, S. 401 f.

*Baur*, Uwe: Zur Rezeption der »Effi Briest« von Th. F.; mit zwei Briefen Fs zu dem Roman: In: Jb. d. Raabe-Ges. 1975, S. 7–15.

Th. F.: Ein unveröffentlichter Brief an den Brandenburger Verleger Wiesike. Hrsg. u. komm. v. Günter *Mangelsdorf*. In: FBl. 3, 1976, H. 7, S. 481–483.

*Hofmeister*, Rudolf A.: Ein in Chicago gefundener, unbekannter Brief Paul Heyses an. Th. F. In: FBl. 3, 1976, H. 7, S. 483–485.

Th. F.: Briefe an Gottlieb Wilhelm Schinkel. Mitg. u. komm. v. Gotthard *Erler*. In: FBl. 3, 1976, H. 8, S. 557–560.

*Laufer*, Christel: Ein wiederentdeckter Rilke-Brief [an Th. F.]. In: Rilke-Studien, hrsg. v. Edda *Bauer*, Berlin/Weimar 1976, S. 209–215.

*Kurth-Voigt*, Lieselotte E.: Briefe Th. Fs an Ludwig Pietsch. In: Jb. DSG 21, 1977, S. 31–87.

Unveröff. Briefe von Emilie Rouanet-Kummer u. Th. F. an Karl Wilhelm u. Bertha Kummer. Hrsg. u. Komm. v. Joachim Schobeß. In: FBl. 4, 1977, H. 1, S. 2–10.

Zwei unveröff. Briefe Th. Fs. Hrsg. u. komm. v. Rudolf A. *Hofmeister*. In: FBl. 4, 1977, H. 1, S. 10–11.

Vier Briefe Fs an seine Tochter Mete. Hrsg. u. komm. v. Charlotte *Jolles*. In: FBl. 4, 1977, H. 1, S. 19–26.

*Schultze*, Christa: Zur Entstehungsgeschichte von Th. Fs Aufzeichnungen über Paul u. Rudolf Lindau (mit einem unveröff. Entwurf Fs. u. unbekannten Briefen). In: FBl. 4, 1977, H. 1, S. 27–58.

Th. F.: Sieben unveröff. Briefe an Verlagsbuchhändler, Verleger, Herausgeber u. Redakteure 1855 bis 1895. Hrsg. u. mit Anmerkungen versehen v. Joachim *Schobeß*. In: FBl. 4, 1977, H. 2, S. 82–85.

*Kratzsch*, Konrad: Th. F. u. Paula Conrad. Zwei bisher unveröffentlichte Briefe des Dichters aus den Beständen des Goethe- u. Schiller-Archivs in Weimar. In: Impulse, Folge 1, 1978, S. 260–267.

Th. F.: Ein unveröff. Brief aus dem Jahre 1870 u. seine Hintergründe. Mitg. u. komm. von Gotthard *Erler*. In: FBl. 4, 1979, H. 5, S. 345–347.

Th. F.: Briefe an Hermann Kletke. Mitg. u. komm. v. Joachim *Krueger*. In: FBl. 4, 1979, H. 5, S. 347–349.

Th. F.: Drei unveröff. Briefe an Friedrich Witte. Mitg. u. komm. v. Gotthard *Erler*. In: FBl. 4, 1979, H. 5, S. 349–352.

Emilie F., geb. Labry: Unveröff. u. unbekannte Briefe an den Sohn Th. F. u. an seine Frau Emilie. Mitg. u. komm. v. Joachim *Schobeß*. In: FBl. 4, 1979, H. 5, S. 352–356.

*Hay*, Gerhard: Th. F. an Wilhelm Hertz. Ein Nachtrag zur Briefedition. In: JbDSG 25, 1981, S. 97–103.

Emilie Fontane: Briefe an Otto Brahm. Hrsg. u. komm. v. Joachim *Krueger*. In: FBl. 4, 1981, H. 8, S. 663–665.

Zu Fs *Jenseit des Tweed*; ein unveröff. Brief Th. Fs an Hermann Costenoble. Hrsg. u. komm. von Lieselotte E. Kurth-Voigt. In: FBl. 4, 1981, H. 8, S. 666–670.

Zwei Briefkopien aus dem Besitz v. Martin Hesekiel. In: FBl. 4, 1981, H. 8, S. 671.

*Davidis*, Michael: Der Verlag von Wilhelm Hertz. Beiträge zu einer Geschichte der Literaturvermittlung im 19. Jh., insbesondere zur Verlagsgeschichte der Werke von Paul Heyse, Th. F., u. Gottfried Keller. In: Archiv f.d. Gesch. d. Buchwesens (AGB) Bd 22, 1981. (Anhang: Briefe Fs an Wilhelm und Hans Hertz, Sp. 1524–1527).

Emilie Fontane und Paul Heyse. Briefe um F. Hrsg. u. erl. v. Joachim Krueger. In: FBl. 5, 1983, H. 3, S. 280–286.

Fontane-Briefe aus dem Familiennachlaß *Eggers* im Stadtarchiv Rostock. Hrsg. u. erl. v. Gunther Pistor. In: FBl. 5, 1983, H. 3, S. 271–280.

*Cheval*, René: F. und der französische Kardinal. Ein unentdeckter Briefwechsel (1870–75) mit Césaire Mathieu, Erzbischof von Besançon. In: Jb. DSG 27, 1983, S. 19–58.

Die Briefe Th. Fs an Fritz Mauthner. Ein Beitrag zum literarischen Leben Berlins in den 80er und 90er Jahren des 19. Jahrhunderts. Hrsg., eingeleitet u. komm. v. Frederick *Betz* u. Jörg *Thunecke*. (Teil I). In: FBl. 5, 1984, H. 6, S. 507–560. (Teil II). In: FBl. 6, 1985, H. 1, S. 7–53.

*Jolles*, Charlotte: »Dutzende von Briefen hat Theodor Fontane mir geschrieben...«. Neuentdeckte Briefe Fs an Eduard Engel. In: Jb. DSG 28, 1984, S. 1–59.

Th. F.: Briefe an Moritz Lazarus. Hrsg. und komm. v. Joachim *Krueger*. In: FBl. 5, 1984, H. 5, S. 412–417: 2. Folge: FBl. 6, 1986, H. 4, S. 369–383.

Th. F.: Briefe an unbekannte Empfänger. Hrsg. u. komm. v. Joachim *Krueger*. In: FBl. 5, 1984, H. 6, S. 560–569.

Th. F. und Wilhelm Bölsche. Eine Dokumentation. Hrsg. u. komm. v. Helmut *Richter*. In: FBl. 5, 1984, H. 5, S. 387–412.

Th. F.: Drei Briefe an Otto Brahm. Hrsg. u. komm. v. Joachim *Krueger*. In: FBl. 6, 1985, H. 2, S. 127–130.

*Schultze*, Christa: Ein Briefwechsel zwischen Th. F. und Karl August Varnhagen von Ense aus dem Jahre 1852. In: FBl. 6, 1985, H. 1, S. 3–5.

Franz Kugler: Briefe an Th. F. Eine Auswahl aus den Jahren 1853 und 1854. Eingel., hrsg. u. komm. v. Roland *Berbig*. In: FBl. 6, 1986, H. 3, S. 255–286.

F. und Elisabeth Mentzel. Drei bisher unveröffentlichte Briefe. Eingel., hrsg. u. komm. v. Walter *Hettche*. In: FBl. 6,, 1986, H. 3, S. 253–255.

Die Fontanes und die Wittes. Ergänzungen zur Freundschaft zwischen beiden Familien nach Materialien aus dem Rostocker Stadtarchiv. Mitget. u. komm. v. Gunter *Pistor*. In: FBl. 6, 1986, H. 4, S. 391–397.

*de Bruyn*, Günter: Ein unveröffentlichter F.-Brief aus der »Wanderungs«-Zeit. In: FBl. 6, 1987, H. 6, S. 603–606.

*Schultze*, Christa: Th. Fs u. Wilhelm Wolfsohns Begegnungen 1848/49 in Berlin – mit Briefen Fs aus der Frühzeit ihrer Freundschaft. Mit einer Abb. In: FBl. 6, 1987, H. 5, S. 481–501.

*Fulda*, Ludwig: Briefwechsel 1882–1939. Zeugnisse des literarischen Lebens in Deutschland. Hrsg. v. Bernd *Gajek* u. Wolfgang *v. Ungern Sternberg*. 2 Bde 1988. [Darin auch Briefwechsel mit F.]

Briefe Julius Rodenbergs an Th. F. Hrsg., eingeleitet und komm. v. Walter *Hettche*. In: FBl. 1988, H. 45, S. 20–44. [Enthält Auseinandersetzung mit H.-H. Reuters negativer Beurteilung Rodenbergs.]

Franz Kugler und Th. F.: I. Briefe Kuglers an F. aus den Jahren 1850–1858. Hrsg. v. Roland *Berbig*. In: FBl. 1989, H. 47, S. 3–19. – II. F. *Kuglers* Empfehlungsschreiben an Johann Georg v. Cotta u. sein Gesuch an Emil Illaire. In: FBl. 1989, H. 48, S. 3–21.

145

Fünf Briefe Th. Fs an Eugen Zabel. Hrsg. v. Christa *Schultze*. In: FBl. 1989, H. 47, S. 20–26.

›... Wie zum Dilettantismus prädestiniert‹. Th. F. und Friedrich Eggers. Neues und wenig bekanntes Material. (Mit drei Briefen Fs.) Hrsg. v. Roland *Berbig*. In: FBl. 1990, H. 49, S. 12–23.

Eine unvermutete Entdeckung. Brief Th. Fs an Adolph v. Menzel. Hrsg. v. Manfred *Horlitz*. In: FBl. 1990, H. 49, S. 6–12.

Th. F. über den ›Eroticismus‹ und die ›Husumerei‹ Storms: Fs Briefwechsel mit Hedwig Büchting. Hrsg. v. Dieter *Lohmeier*. In: Schr. d. Storm Ges. 39. 1990, S. 26–45.

Ein bisher unbekannter F.-Brief. In: FBl. 1990, H. 50, S. 9. [Unvollständig: Abdruck aus Hartung & Hartung, München, Auktionskatalog 60/1989.]

Th. Fs Briefwechsel mit Joseph Kürschner. Hrsg. v. Günter *Effler*. In: FBl. 1991, H. 51, S. 16–27. [Aus dem Kürschner-Nachlaß im Goethe- und Schiller-Archiv, Weimar.]

Strümpfe u. Schopenhauer. Ein bisher unbekannter Brief Th. Fs an Karl Ferdinand Wiesike. Hrsg. v. Walter *Hettche*. In: FBl. 52, 1991, S. 4–7.

Briefe Césaire Mathieus an Emilie u. Th. F. aus den Jahren 1870–1871. Hrsg. v. John *Osborne*. In: FBl. 53, 1992, S. 5–11.


*Literatur (über Briefe):*

*Bertram* Ernst: Th. Fs Briefe. In: Mitteilungen der literarhistor. Gesellschaft zu Bonn 5, 1910, H. 6, S. 169–200; Wiederabdruck in: E. B.: Dichtung als Zeugnis. 1967, S. 43–67.

*Mann*, Thomas: Der alte F. In: Die Zukunft 19, 1910, H. 1; Wiederabdruck in: Das F.-Buch. 1919, 1921, S. 35–62 (Zu d. Briefausgaben 1905 u. 1910); auch in: *Preisendanz*. 1973, S. 1–24.

*Mann*, Thomas: Noch einmal der alte F. In: Weltwoche, Zürich 5. 2. 1954; Wiederabdruck in: Th. M.: Nachlese. 1956 (Zu der Friedlaender-Briefausgabe).

*Poser*, W.: Gesellschaftskritik im Briefwerk Fs. Diss. Frankfurt a. M. 1957.

*Reuter*, Hans-Heinrich: Fs Briefe an seine Familie. Ergebnis einer vergleichenden Untersuchung im F.-Archiv. In: WB 7, 1961, S. 795–800.

*Reuter*, Hans-Heinrich: Zu Aufzeichnungen u. Briefen Th. Fs. In: SuF 13, 1961, S. 750–756.

*Schreinert*, Kurt: Die F.-Neuerwerbungen der Stiftung Preußischer Kulturbesitz. In: Jb. PK 1963, S. 115–122.

*Gravenhorst*, Traud: F. schreibt an einen Schlesier. In: Schlesien 10, 1965, S. 97–100. (Über Briefe an Georg Friedlaender.)

*Grundmann*, Günther: Namen nehmen Gestalt an. Persönliche Erinnerungen zu Fs Briefwechsel mit Georg Friedlaender. In: Schlesien 12, 1967, S. 203–215.

*Erler*, Gotthard: »Ich bin der Mann der langen Briefe«. Bekanntes u. Unbekanntes über Fs Briefe. In: FBl. 1, 1968, H. 7, S. 314–330.

*Mey*, Hans Joachim: F. in seinen Briefen. Selbstverständnis u. Kritik. In: Der Bär von Berlin 19, 1970, S. 51–73.

*Nürnberger*, Helmuth: Fs Briefe an Hermann Kletke. In: Fs Realismus. 1972, S. 169–181.

*Reuter*, Hans-Heinrich: Fs Tochter. Zur Erstveröffentlichung ihrer Briefe. In: SuF 27, 1975, S. 1297–1304.

*Erler*, Gotthard: Th. F. u. Paul Heyse. In: FBl. 3, 1976, H. 8, S. 588–600. [Vorwort z. Ausg. des Briefwechsels.]

*Rosen*, Edgar R.: Der letzte Brief. Ein Beitrag zum Verständnis der Fschen Familienkrise im Jahre 1898. In: Mitt. der Technischen Univ. Carolo-Wilhelmina zu Braunschweig 14, 1979, H. 3/4.

*Nürnberger*, Helmuth: Fs Briefstil. In: F. aus heutiger Sicht, 1980, S. 56–80. – S. auch: Probleme der Brief-Edition: Kolloquium der Deutschen Forschungsgemeinschaft, 1977, S. 163–186.

*Reich-Ranicki*, Marcel: F., der unsichere Kantonist. Bruchstücke einer großen Konversation. In: Nachprüfung. Aufsätze über deutsche Schriftsteller von gestern, 1977, 2. Aufl. 1980, S. 9–15. (Zuerst in Die Zeit 16. 6. 1972.)

*Herrmann*, Helene: Neue Briefe Fs. Nachdruck aus Nord u. Süd 133 (1910), H. 406, S. 315–322. In: FBl. 5, 1982, H. 1, S. 12–22.

*Lohmeier*, Dieter: Einige Ergänzungen zur neuen Ausgabe des Briefwechsels zwischen Storm u. F. In: Schriften der Th.-Storm-Ges. 31, 1982, S. 43–49.

*Steiner*, Jacob: Schlußworte des Herausgebers anläßlich der Übergabe der krit. Ausgabe des Briefwechsels Th. Storm – Th. F. In: Schriften der Th.-Storm-Ges. 31, 1982, S. 64–66.

*Ester*, Hans: »De conversaties per brief van Th. F.« In: Maatstaf (Amsterdam) 35, Nr. 11/12. 1987, S. 169–180.

*Ester*, Hans: »Das Geistreiche geht mir am leichtesten aus der Feder.« Th. F. als Briefschreiber. In: Zeit-Schrift 3, 1989, H. 6, S. 7–27.

*Brügmann*, Margret: Eine Klavierspielerin ohne Klavier: Anmerkungen zu Martha Fs (1860–1917) Briefen an die Eltern. In: Amsterdamer Beiträge z. neueren Germanistik 28, 1989, S. 211–234.

*Jolles*, Charlotte: Fs brieflicher Nachlaß. Bestand u. Edition. Einführung. In: FBl. 1989, H. 47, S. 53–62. [Nachdruck aus: Die Briefe Th. Fs. Verzeichnis u. Register. 1988.]

*Rosenfeld*, Hans-Friedrich: Zum Briefwechsel Theodor Storm – Th. F. In: Euph. 84, 1990, S. 449–451.

*Chevanne*, Reine: La Correspondance entre F. et monseigneur Césaire Mathieu: son écho dans l'oeuvre romanesque. In: Le texte et l'idée 6, 1991, S. 85–115.

*Rosenfeld*, Hans-Friedrich: Vom Schicksal Fontanescher Briefentwürfe. In: Euph. 86, 1992, S. 90–106.


*Tagebuch- und Notizbuchaufzeichnungen:*

| | |
|---|---|
| 1844 Mai/Juni) | Erste englische Reise. Gekürzt in Th. F.: Bilderbuch aus England, hrsg. v. Friedrich Fontane. 1938, S. 3–41. Dann ungekürzt: NyA Bd 17, S. 455–503. (Ms. im FAP). |

| | |
|---|---|
| 1852 (Apr./Sept.) | Zweite englische Reise. Erstveröffentlichung: NR 25, 1914, H.10, S.1385–1408. – Dann: Bilderbuch aus England, S.45–76. – Dann: NyA Bd17, S.504–533. (Ms. verschollen) |
| 1855 (Sep./Okt.) | Tagebuchaufzeichnungen mit Brief an Dr. L. Metzel. 11. Sept.–19. Okt. 1855. Erstveröffentlichung: Charlote Jolles: Th. F. u. die Ära Manteuffel. Aus einem dienstlichen Briefwechsel. In: Forschungen zur Brandeburg. u. Preuß. Geschichte, Bd50 (1938), S.60–66. – Dann: NyA Bd17, S.534–542. (Ms. im Geheimen Staatsarchiv, Preußischer Kulturbesitz, Dienststelle Merseburg). |
| 1855–1857 | Auszüge aus den Tagebüchern 7. Sept. 1855 bis 3. Dez. 1857. Erstveröffentlichung: Bilderbuch aus England S.115–132. – Dann: NyA Bd17, S.545–561. (Ms. z. T. verschollen; z. T. im FAP.) |
| 1864 (Sept.) | Fontanes Tagebuch [der dänischen Reise] 9.–27. Sept. 1864. In: Jørgen Hendriksen: Theodor Fontane og Norden. København 1935, S.115–136. – Dann: NyA Bd18a, S.917–931. |
| 1864 | Reisenotizen aus Schleswig-Holstein 1864. Hrsg. u. komm. v. Sonja *Wüsten*. In: FBl.4, 1979, H.5, S.356–392. |
| 1865 | Rheinreise, [Notizbuchaufzeichnungen.] Hrsg. und komm. v. Sonja Wüsten. In: FBl.2, 1971, H.4, S.225–251. – Dann: NyA Bd18a, S.1135–1161. |
| 1867, 1873 | Reisen in Thüringen. Notiz- u. Tagebuchaufzeichnungen aus den Jahren 1867 und 1873. Hrsg. u. komm. v. Sonja Wüsten. FBl. Sonderheft 3, 1973. |
| 1874 (Sept.–Nov.) 1875 (Aug.–Sept.) | Tagebuch der italienischen Reisen. In: NyA Bd 23/2, S.7–77; 79–127. |
| 1874, 1878, 1881, 1882 | In: Theodor Fontane, Briefe und Tagebuch. Hrsg. v. Mario Krammer. NR 30, 1919, H.12, S.1446–1450. (Nur kurze Auswahl). |
| 1884–1898 | Tagebuch (Aus seinen letzten Lebensjahren). In: Fotane-Buch, S.121–197. Wiederabdruck in: NyA Bd24, S.1126–1172. |

Die Tagebücher vom 14. Dez. 1855 – 21. Nov. 1856; 22. Nov. 1856 – 4. Okt. 1858; 1. Jan. 1866 – 31. Dez. 1882 befinden sich im FAP; ebenso 67 Notizbücher, die neben Notizen zu Romanwerken auch tagebuchartige Reise-Aufzeichnungen enthalten, von denen einige schon veröffentlicht sind (siehe oben). Siehe die Veröffentlichung einer Inhaltsübersicht dieser bedeutenden Quellen in Sonderheft 4 der FBl., 1976, S. 64–66.

## 4. Bibliographische Hilfsmittel. Ausstellungskataloge

Es gibt nur Teilbibliographien, die nach zeitlichen oder sachlichen Gesichtspunkten geordnet sind.

*Remak*, Henry H.: F.-Bibliographie unter besonderer Berücksichtigung von seltenen u. Privatdrucken. Magisterthese Indiana Univ. 1937.

*Fürstenau*, Jutta: Überblick über Veröffentlichungen der einzelnen Wanderungskapitel. In: F. u. die märkische Heimat. 1941, S. 165–190.

*Herding*, Gertrud: Bibliographisches Verzeichnis von Zeitungs- u. Zeitschriftenveröffentlichungen über Th. F. bis 1943. In: Th. F. im Urteil der Presse. Diss. München 1945.

*Jolles*, Charlotte: Zu Fs literarischer Entwicklung. Bibliographische Übersicht über seine Beiträge in Zeitschriften, Almanachen, Kalendern u. Zeitungen 1839–1858/59. In: Jb. DSG 4, 1960, S. 400–424. S. auch Bibliographische Übersicht (ergänzt) in: Charlotte *Jolles*: F. u. die Politik. 1983. Bibliographie der Beiträge Fs im »Salon« und der »DR«; Besprechungen u. längere Erwähnungen Fontanescher Werke in der »DR«. In: Th. F. Briefe an Julius Rodenberg, hrsg. von H.-H. *Reuter*, 1969, S. 299–305.

*Schobeß*, Joachim: Literatur von u. über Th. F. [soweit im FAP gesammelt.] 1965. (2. verm. Aufl.)

*Houben*, Heinrich Hubert: Die Sonntagsbeilage der Vossischen Ztg. 1858–1903. 1904.

*Schlawe*, Fritz: Literarische Zeitschriften 1885–1910. 1961, ²1965. (Slg Metzler. 10.)

*Schlawe*, Fritz: Die Briefsammlungen des 19. Jhs. Gesamtregister der Briefschreiber 1815–1915. 2 Bde. 1969.

*Schultze*, Christa u. *Volkov*, E. M.: Materialien zu einer Bibliographie der ins Russische übersetzten Werke Th. Fs und der über ihn in russischer Sprache erschienenen Literatur (1891–1973). In: FBl. 3, 1974, H. 3, S. 213–218.

Die Briefe Th. Fs Verzeichnis u. Register. Hrsg. v. Charlotte *Jolles* u. Walter *Müller-Seidel*. Bearb. v. Rainer *Bachmann*, Walter *Hettche* u. Jutta *Neuendorff-Fürstenau*. 1988 [S. dazu: Gotthard *Erler*. Ein säkulares Ereignis. Zur Ausgabe des F.-Briefverzeichnisses. In: FBl. H. 47, 1989, S. 62–64.]

Fs Theaterrezensionen sind jetzt bibliographisch vollständig erfaßt im Anhang von NyA Bd 22, 3; Fs Aufsätze zur bildenden Kunst im Anhang von NyA Bd 23, 2.

In den »*Fontane-Blättern*« (von 1965 an) wird regelmäßig neue F.-Literatur verzeichnet.

*Ausstellungskataloge:*

Th. F. 1819. 1969. Stationen seines Werkes. Eine Ausstellung des Deutschen Literaturarchivs im Schiller-Nationalmuseum Marbach a. N. (Ausstellung und Katalog bearb. v. Walther *Migge*.) 1969.

Th. F. Zum 150. Geburtstag. Eine Ausstellung der Landesgeschichtlichen Vereinigung f. d. Mark Brandenburg mit Unterstützung der Amerika-Gedenk-Bibliothek. (Ausstellung: Hans-Ulrich *Mehner* u. Hans-Werner *Klünner*.) 1969.

Th. F. 1819–1898. Ausstellung des Archivs der Akademie der Künste innerhalb der Veranstaltungen der Abt. Literatur zum 150. Geburtstag Th. Fs. Akademie der Künste, Berlin 19. Dez. 1969–18. Jan. 1970.

Th. F. Dichtung u. Wirklichkeit. Ausstellungskatalog. Hrsg. v. Verein z. Erforschung u. Darstellung der Geschichte Kreuzbergs e. V. u. dem Kunstamt Kreuzberg. 1981.

## 5. Monographien

Die neuere Fontane-Forschung hat gerade auf dem Gebiet des Biographischen Wertvolles geleistet. An erster Stelle steht *Hans-Heinrich Reuters* zweibändige Monographie (1968), die neben kleinsten biographischen Einzelheiten durch »Einbeziehung von Zeit und Umwelt« eine perspektivenreiche Zusammenschau bietet. Wohl mögen bei dem Versuch, in der Entwicklung Fontanes einen Nexus aufzudecken, »eine sich durch die Jahrzehnte ziehende Kette von Ursachen und Folgen, von Fragen und Antworten, Ankündigungen und Erfüllungen«, die Linien gelegentlich zu bestimmt gezogen sein: die neuen Perspektiven erhellen Leben, Persönlichkeit und Werk des Dichters sowie die inneren Zusammenhänge in mannigfacher und eindrucksvoller Weise. Wenn auch die Meinungen über dieses neue Fontanebild im einzelnen auseinandergehen, so ist Reuters biographisches Werk doch als grundlegend für die Forschung zu betrachten, wo es bereits deutliche Spuren hinterlassen hat. Auch *Helmuth Nürnbergers* kleine Biographie (1968), die sich auf Selbstzeugnisse des Dichters stützt, bringt wertvolle neue Einsichten. Daneben sind Einzelheiten von Fontanes Leben in zahlreichen Zeitschriftenartikeln neu erarbeitet und vor allem auch in den Kommentaren der jüngsten Editionen.

*Wandreys* Monographie (1919), deren Gewicht nicht auf dem Biographischen, sondern auf den Werkanalysen liegt, ist trotz mancher überholten Urteile immer noch mit Gewinn zu lesen. *Spieros* Arbeit (1928) war dagegen mehr aufs Biographische ausgerichtet; er konnte sich dabei auf eine größere Sekundärliteratur stützen, deren Verzeichnung wie auch einige faktische Einzelheiten noch von Nutzen sind. Die kürzeren früheren Monographien und Würdigungen haben, trotz einiger wertvoller kritischer Beobachtungen, heute im wesentlichen nur noch die Bedeutung, uns die Veränderung des Fontane-Bildes deutlich zu machen, und gehören so zur Wirkungsgeschichte.

Dagegen verdient die ein Jahr nach Fontanes Tod erschienene Literaturgeschichte von R. M. Meyer hervorgehoben zu werden. Meyers kritische Würdigung Fontanes erweist sich noch heute als fruchtbar (s. K. *Mommsens* Studie über Fontane und Hofmannsthal). Er hat den »klaren und festen« Realismus des »ersten eigentlichen Großstädters in der deutschen Literatur« richtig einzuschätzen verstanden und lange vor Bekanntwerden des Briefwerks, allein aus der Kenntnis der Romane, die Formel geprägt: »Ein Demokrat in der Weltanschauung, ist er ästhetischer Aristokrat.« Meyer hat den Erfolg Fontanes dessen unvergleichlicher Redeführung zugeschrieben.

Von den neueren Monographien, die nicht biographisch angelegt sind, ist *Richard Brinkmanns* (1967, 1977²) zu nennen, die den Kern des Fontaneschen Realismus begreifbar machen will, und *Walter Müller-Seidels* (1975, 1980²), die Fontanes Erzählwerk als soziale Romankunst erfaßt. Die Tatsache, daß innerhalb von sieben Jahren drei englische Monographien erschienen sind, zeugt von der wachsenden Bedeutung Fontanes in der ausländischen Germanistik und Komparatistik. *Alan R. Robinsons* Monographie (1976) ist, wie der Untertitel andeutet, eine Einführung und verbindet Biographie mit elementaren Werkanalysen für Schüler und Studenten. *Henry Garland* (1980) und *Alan Bance* (1982) konzentrieren ihre subtile literarische Kritik auf die bedeutendsten Romane Fontanes. Während *Garlands* Darstellung noch als Einführung des Dichters in den englischen Leserkreis anzusehen ist, ist *Bances* Monographie bereits für Kenner geschrieben.

Zwischen 1978 und 1980 erschienen gleich drei Veröffentlichungen, die keinen literaturwissenschaftlichen Anspruch erheben und sich an eine Leserschaft von Nicht-Spezialisten wenden. Die Publikation von *Hans Scholz* ist »belletristisch-feuilletonistisch-essayistisch« mit eingeschalteter Anthologie von Fontane-Zitaten. Seine erbbiologische Argumentation, die, in mehreren Kapiteln ausgeführt, zur Überbetonung der französisch-hugenottischen Herkunft verleitet, scheint mir bedenklich. *Kurt Schober* will, wie der Untertitel »In Freiheit dienen« besagt, ein ideal-preußisches Ethos herausarbeiten, das Fontanes journalistischem und erzählerischem Werk zugrunde liege. Er verfährt aber bei der Behandlung der Romane ganz unanalytisch. *Werner Pleister* bietet eine Anthologie aus

Schriften und Briefen Fontanes und seiner Zeitgenossen sowie aus der Literaturkritik und bringt wie *Scholz* ein reichhaltiges Bildmaterial. In den achtziger Jahren bis 1992 erschienen wieder mehrere umfangreiche Monographien sowie kleinere Profile Fontanes.

*Monographien und Würdigungen:*

*Servaes*, Franz: Th. F. Ein litterarisches Porträt. 1900. (Vorabdruck in: Pan, 5, 1899, S. 153–160).

*Meyer*, Richard M.: Th. F. In: Deutsche Literaturgeschichte des Neunzehnten Jahrhunderts, 1899; ADB Bd. 48, 1904, S. 617–624; dann in: R. M. M.: Gestalten u. Probleme. 1905, S. 203–214.

*Ettlinger*, Josef: Th. F. Ein Essai. (1904).

*Stern*, Adolf: Th. F. In: Studien z. Lit. d. Gegenwart, 1905, S. 195–224.

*Brandt*, Rolf: Th. F. (mit zahlreichen Abb.) Velhagen u. Klasings Volksbücher. (1913).

*Wandrey*, Conrad: Th. F. 1919. Dazu: Thomas *Mann*: Anzeige eines Fontane-Buches. In: Berliner Tageblatt 25. 12. 1919; dann in Th. M.: Rede u. Antwort, 1922.

*Hayens*, Kenneth: Th. F. A critical study. London 1920. [Nur Werkanalyse.]

*Maync*, Harry: Th. F.: 1819–1919. 1920; Wiederabdruck in: H. M.: Deutsche Dichter. 1928, S. 187–238.

*Roethe*, G.: Zum Gedächtnis Th. Fs. In: DR 46, 1920; S. 105–135.

*Kricker*, G.: Th. F. Der Mensch, der Dichter u. sein Werk. 1921.

*Krammer*, Mario: Th. F. 1922.

*Spiero*, Heinrich, F. Mit 7 Abb., darunter 1 Faks. 1928.

*Seidel*, Heinrich Wolfgang: Th. F. 1940.

*Altenberg*, Paul: Th. F. 1819–1898. In: Die großen Deutschen. 1957, Bd 4, S. 113–125; dann in: Genius der Deutschen. 1968, S. 316–333.

*Uhlmann*, A. M.: Th. F. Sein Leben in Bildern. 1958.

*Roch*, Herbert: F., Berlin u. das 19. Jh. 1962.

*Brinkmann*, Richard: Th. F. Über die Verbindlichkeit des Unverbindlichen. 1967. 2. Aufl. 1977.

*Reuter*, Hans-Heinrich: F. 2 Bde. Verlag der Nation, Berlin, u. Nymphenburger Verlagshandlung, München, 1968. (Im Anhang Zeittafel u. reichhaltiger bibliogr. Apparat.) [Rez. v.: J. Schobeß, FBl. 1, 1968, H. 6, S. 301–303; K. Ihlenfeld, NR 80, 1969, S. 792–796; W. Andrews, GR 44, 1969, S. 228–230; G. Wolandt, Lit., Mus., Fine Arts 2, 1969, S. 36–38; W. Lincke, Germanistik 10, 1969, S. 141–142; H. Richter, NDL 17, 1969, H. 12, S. 166–172; B. Völker-Hezel, RLV 36, 1970, S. 220–222; G. Friedrich, Euph. 64, 1970, S. 236–238; P. U. Hohendahl, GRM NF 20, 1970, S. 361–362; K. H. Gehrmann, Dt. Studien 9, 1971, H. 35, S. 293–302; siehe auch: *Remak*, Henry H. H.: Kritische Gedanken über F. anläßlich einer Fontanebiographie. In: Mh. 65, 1973, S. 27–38.]

*Nürnberger*, Helmuth: Th. F. in Selbstzeugnissen u. Bilddokumenten. 1968. (Rowohlts Monographien.)

*Reuter*, Hans-Heinrich: Th. F., Grundzüge und Materialien einer historischen Biographie. 1969. (Biographien. Reclam, Leipzig.)

*Haffner*, Sebastian: Th. F. In: Preußische Porträts. 1969, S. 203—220.

*Müller-Seidel*, Walter: Th. F. Soziale Romankunst in Deutschland. 1975.
2. Aufl. 1980.

*Robinson*, Alan R.: Th. F. An introduction to the man and his work. Cardiff
1976.

*Haffner*, Sebastian: Th. F. In: Große Deutsche. 1978, S. 145–159.

*Scholz*, Hans: Th. F. 1978.

*Reuter*, Hans-Heinrich: Th. F. In: Deutsche Dichter des 19. Jhs. Hrsg. v. B.
v. Wiese, 1979, S. 630–676.

Th. F.: Das große Fontane-Buch. Hrsg. v. Werner *Pleister*. 1980.

*Schober*, Kurt: Th. F. In Freiheit dienen. 1980.

*Garland*, Henry: The Berlin Novels of Th. F. Oxford 1980.

*Bance*, Alan: Th. F. The major novels. Cambridge 1982.

*Wirsing*, Sibylle: Im Rahmen des Möglichen. Th. F. – ein Annäherungsver-
such. In: Literarische Profile. Deutsche Dichter von Grimmelshausen bis
Brecht. Hrsg. v. Walter Hinderer. 1982, S. 172–183.

*Aggeler*, Rose: Th. F. 1983.

*Verchau*, Ekkhard: Th. F.: Individuum u. Gesellschaft. 1983.

*von Forster*, Ursula: Zum 85. Todestag Th. Fs. [Nach Lebenserinnerungen
seines Sohnes Theodor.] In: FBl. 5, 1984, H. 5, S. 418–420.

*Heller*, Erich: Th. F.: The extraordinary education of a Prussian apothecary.
In: Heller: In the age of prose. Literary and philosophical essays. Cambridge 1984; S. 233–250.

*Ahrens*, Helmut: Das Leben des Romanciers, Dichters u. Journalisten Th. F.
1985.

*Bernd*, Clifford Albrecht: Th. F. (1819–1898). In: European Writers. The Ro-
mantic Century. New York 1985, 6, S. 1299–1322.

*Jolles*, Charlotte: Fontane, Theodor. In: Metzler Autorenlexikon. Hrsg. v.
Bernd *Lutz*, 1986, S. 155–158.

*Sichelschmidt*, Gustav: Th. F. Lebensstationen eines großen Realisten. 1986.

*Schmelzer*, Hans Jürgen: Der junge F. 1987.

*Friedrich*, Gerhard: Fs preußische Welt: Armee, Dynastie, Staat. 1988.

*Paulsen*, Wolfgang: Im Banne der Melusine. Th. F. u. sein Werk. 1988.

*Dittberner*, Hugo: Reimen und Richten. Der lange Anfang des Romandicht-
ers F. In: TuK Sonderbd. Th. F., 1989, S. 88–102.

*Grawe*, Christian: Th. F. In: Deutsche Dichter, Leben u. Werke deutschspra-
chiger Autoren. Hrsg. v. G. E. *Grimm* u. F. R. *Max*. Bd. 6, 1989, S. 126–151.

*Tau*, Max: Einführung in Leben und Werk Th. Fs anläßlich der norwegischen
Ausgabe von »Effi Briest« (Oslo 1976). Hrsg. v. Ernst *Braun*. In: FBl. 1990,
H. 49, S. 48–68.

*Andersen*, Paul Irving: Der Durchbruch mit »Grete Minde«. Ein Probe-Ka-
pitel aus Fs Biographie. In: FBl. 52, 1991, S. 47–68.

*Schmelzer*, Hans Jürgen: Der alte F. 1992.

*Chroniken:*

*Wegner*, Hans-Gerhard: Kleine Chronik von Fs Leben u. Werk. In: Brandenburg. Jbb. 9, 1938, S. 84–89.

*Fricke*, Hermann: Th. F. Chronik seines Lebens. 1960. [Eine aufgrund des inzwischen wieder aufgetauchten Nachlaß-Materials revidierte erweiterte Auflage dieser wichtigen Publikation wäre wünschenswert.]

*Mauelshagen*, Claudia: Vita Th. F. In: TuK Sonderbd. Th. F., 1989, S. 242–257. [Fehlerhaft, nur mit Vorsicht zu benutzen.]

*Bildnisse*

*Küchler*, Gerhard: F.-Denkmäler, F.-Bildnisse (mit 12 Abb.). In: Jb. Br. Lg. 20, 1969, S. 41–48.

*Klünner*, Hans-Werner: Th. F. im Bildnis. In: Festschrift der Landesgeschichtlichen Vereinigung für die Mark Brandenburg zu ihrem hundertjährigen Bestehen. Hrsg. v. Eckart Henning u. Werner Vogel. 1984, S. 279–307.

*Hettche*, Walter: Ein bisher unbekanntes Fontane-Bildnis. In: FBl. 1989, H. 48, S. 22–23.

# 6. Literatur zu Einzelaspekten

*Zur Rezeption (s. auch Lit. zu den einzelnen Romanen):*

*Herding*, Gertrud: Th. F. im Urteil der Presse: ein Beitrag zur Geschichte der literarischen Kritik. Diss. München 1946.

*Poeschel*, Hans: Zum Gedenken Th. Fs. In: Dt. Beiträge 1948, S. 454–462.

*Küsel*, Herbert: Potsdamerstraße 134c: Th. F. nach fünfzig Jahren (1). Der Wanderer in den Marken: Th. F. nach fünfzig Jahren (2). In: Gegenwart H. 69 u. 70, 1948. Auch in: H. K.: Zeitungs-Artikel 1973, S. 121–137; 138–147.

*Luther*, Arthur: Th. F. In: Studien z. deutschen Dichtung. [o.D.] S. 128–150.

*Mann*, Heinrich: Th. F., gestorben vor 50 Jahren. [1949] In: H. M.: Briefe an Karl Lemke 1917–1949. 1963, S. 174–176.

*Remak*, Henry H. H.: Th. F., eine Rückschau anläßlich seines 50. Todestages. In: Mh. (Wisconsin) 42, 1950, S. 307–315.

*Samuel*, Richard: Th. F. (1819–1898). In: AUMLA 1954, H. 2, S. 1–12; auch in: R. S.: Selected writings. 1965, S. 112–122.

*Robinson*, Alan R.: Th. F. and German studies today. In: ML 37, 1955/56, S. 138–141.

*Andrews*, J. S.: The reception of F. in nineteenth-century Britain. In: MLR 52, 1957, S. 403–406.

*Rowley*, Brian A.: Th. F. A German novelist in the European tradition? In: GLL 15, 1961/62, S. 72–88.

*Homeyer*, Fritz: Der Fontane-Abend in Berlin (1927–1933). In: F. H.: Deutsche Juden als Bibliophilen u. Antiquare. 1963, S. 75–77.

*Heiseler*, Bernt von: Plädoyer für F. In: Zeitwende. Die Neue Furche 35, 1964, S. 465–470.

*Köppl*, Gertrud: Deutsche Dichter im Wandel des Urteils. Th. F. In: Der junge Buchhandel 8, 1965, S. 188–194.

*Walkó*, György: Wie alt ist der alte F.? Aus ungarischer Sicht betrachtet. (Übers. v. Károly Manhercz.) In: FBl 2, 1972, H. 6, S. 402–407.

*Schobeß*, Joachim: Die »Fontane-Blätter«. Eine Publikation d. Fontaneforschung. In: Zs. f. d. Bibliothekswesen H. 2, 1974, S. 118–120.

Für Fontane. [Eine Umfrage u. die Antworten] zusammengestellt von Berthold *Spangenberg*. Privatdruck. München 1976.

*Tontsch*, Ulrike: Der ›Klassiker‹ Fontane. Ein Rezeptionsprozeß. 1977.

*Ester*, Hans: Th. F. und Thomas Mann. Zur Geschichte und Bedeutung eines Essays. In: Literatur als Dialog. Festschrift für Karl Tober. Johannesburg 1979, S. 307–316.

*Tontsch*, U.: Das Dichterdenkmal als Vehikel nationaler Wertevermittlung. Zur Rezeption Fs zwischen 1900 und 1914. In: Formen realist. Erzählkunst, 1979, S. 381–394.

*Tontsch*, Ulrike: F. im Lesebuch. Mechanismen der Rezeptionslenkung am Beispiel der Vermittlungsinstanz Schule. In: F. aus heutiger Sicht, 1980, S. 282–294.

*Göbel*, Joachim: Th. F. im Literaturunterricht der allgemeinbildenden Schule in der DDR. Eine Übersicht. In: FBl. 4, 1979, H. 5, S. 399–406.

*Steude*, Rudolf: Bibliophile Bemühungen um Th. F. Jahresgabe des Berliner Bibliophilen Abends. 1981.

*Jørgensen*, Sven-Aage: Doch die Verhältnisse, sie sind nicht so! Zur Fontanerezeption in einigen DDR-Romanen. In: Literaturwissenschaft u. Geistesgeschichte. Festschrift für Richard Brinkmann, 1981, S. 813–823.

*Ester*, Hans: Th. F. in het oordeel van de literaire kritiek tot 1910. In: Lezen laten lezen, 'S-Gravenhage, 1981, S. 91–107.

*Müller*, Joachim: Th. Fs Gegenwärtigkeit. In: Universitas 39, 1984, S. 851–859.

*Berg-Ehlers*, Luise: F. u. der Konservatismus. Überlegungen zu Spezifika der F.-Rezeption der Konservativen Presse am Beispiel der »Neuen Preußischen (Kreuz-)Zeitung«. In: Th. F. im lit. Leben s. Zeit, 1987. S. 187–215.

*Ester*, Hans: Th. F. u. Paul Schlenther. Ein Kapitel Wirkungsgeschichte. In: Th. F. im Leben s. Zeit. 1987. S. 216–246.

*Masanetz*, Michael: Th. Fs Frühwerk in den liberalen Rezensionsorganen des Nachmärz. Eine rezeptionsgeschichtliche Studie zur Bestimmung der poetologischen Position des Autors in den 50er Jahren. In: Th. F. im Leben s. Zeit. 1987, S. 166–186.

*Sagarra*, Eda: Die literarischen Zeitgenossen Th. Fs im Spiegel der britischen Zeitschriftenpresse 1839–1898. In: Th. F. im Leben s. Zeit, 1987, S. 247–267.

*Mullen*, Inga E.: German realism in the United States: the American reception of Meyer, Storm, Raabe, Keller and F. – 1988.

*Krause*, Edith H.: Th. F. Eine rezeptionsgeschichtliche u. übersetzungskritische Untersuchung. 1989.

*Mecklenburg*, Norbert: Einsichten und Blindheiten. Fragmente einer nichtkanonischen Fontane-Lektüre. In: TuK Sonderbd. Th. F. 1989, S. 148–162 [Auseinandersetzung mit einigen bisherigen F.-Interpretationen.]

*Berg-Ehlers*, Luise: Th. F. u. die Literaturkritik. Zur Rezeption eines Autors in der zeitgenössischen konservativen u. liberalen Berliner Tagespresse. 1990.

*Sommer*, Lothar: Fontane-Abend – Berlin (1927–1933) – eine Dokumentation. In: FBl. 1990, H. 49, S. 68–91.

*Zum 150. Geb.:*

*Jolles*, Charlotte: Th. F. Zwischen Spree u. Themse. In: Jb. PK 1969, Bd 7 (1970), S. 53–78.

*Ihlenfeld*, Kurt: Berlinisch leben mit Fontane. Berliner Reden (23). 1969.

*Reuter*, Hans-Heinrich: Th. F. In: SuF 22, 1970, S. 440–456.

*Heynen*, Walter: F. im Gespräch. Auch ein Spiegelbild des Dichters. In: Der Bär von Berlin 19, 1970, S. 7–50.

*Demetz*, Peter: Kitsch, Belletristik, Kunst: Th. F. Vortr. z. 150. Geb. Berlin, Akademie d. Künste, 1970. Dann: Th. F. als Unterhaltungsautor. In: Trivialliteratur, hrsg. v. A. Rucktäschel u. H. D. Zimmermann, 1976, S. 190–204.

*Küchler*, Gerhard: Der 150. Geburtstag von Th. F. – 30. Dezember 1969. In: Jb. f. Br. Lg. 21, 1970, S. 169–177.

Fs Realismus: wissenschaftliche Konferenz z. 150. Geburtstag Th. Fs in Potsdam: Vorträge u. Berichte. Im Auftr. d. Deutschen Staatsbibliothek hrsg. v. Hans-Erich Teitge u. Joachim Schobeß, 1972. [Rez. v. Günter Hartung, FBl. 2, 1973, H. 8, S. 608–611 und WB 21, 1975, Nr. 8, S. 178–182.].

*Forschungsberichte:*

*Poeschel*, Hans: Th. F. heute gesehen. Bemerkungen gelegentlich einiger Neuerscheinungen der F.-Literatur. In: Die Literatur 42, 1939/40, S. 322–325.

*Endres*, F.: Kunst u. Leben. Neue F.-Literatur. In: Das Innere Reich 8, 1942, S. 556–559.

*Martini*, Fritz: Forschungsbericht zur deutschen Literatur des Realismus. In: DVjs. 34, 1960, S. 650–657. (Auch als Sonderdruck 1962, S. 70–77.)

*Reuter*, Hans-Heinrich: Entwurf eines kritischen Überblicks über den Stand u. die Perspektiven der gegenwärtigen F.-Forschung anläßlich des F.-Symposions in Potsdam. In: WB 12, 1966, S. 674–699.

*Sagave*, Pierre-Paul: F.-Forschung an der Universität Paris. In: FBl. 1, 1969, H. 8, S. 423–426.

*Bange*, Pierre: F. L'année du cent-cinquantenaire. IN: EG 24, 1969, S. 572–580.

*Eyssen*, Jürgen: Th. F. Eine Zusammenstellung der wichtigsten deutschsprachigen Literatur seit 1964. In: Buch u. Bibliothek. Febr. 1972, S. 194–197.

*Gomez*, Jean: Eine Vaterschaft? – F. u. d. Literaturkritik in der DDR. In: RLV 39, 1973, S. 137–144.

*Kahrmann*, Berndt u. Cordula: Bürgerlicher Realismus. T. 1: Keller, F., Raabe. [Forschungsbericht.] In: WW 23, 1973, S. 53–68.

*Nations*, Elisabeth Schmidt: F.-Kritik 1960–1971. Diss. Univ. of Iowa, 1973. (DA 34/09A, S. 5923 DCJ 74-07 408).

*Rühle*, Jürgen: F. in der DDR. In: Deutschland-Archiv 3, 1974, S. 244–253. [Der Titel ist irreführend. Der Artikel bietet einen guten Überblick über d. F.-Forschung in d. DDR u. BRD.]

*Schultze*, Christa u. *Volkov*, E. M.: Materialien zu einer Bibliographie der ins Russische übersetzten Werke Th. Fs und der über ihn in russischer Sprache erschienenen Literatur (1891–1973). In: FBl. 3, 1974, H. 3, S. 213–218.

*Volkov*, E. M.: F. in der russischen und sowjetischen Kritik. Übers. [aus d. Russ.] von Christa Schultze. In: FBl. 3, 1975, H. 6, S. 416–429.

*Ester*, Hans: Zwischen Skepsis und Glauben. Die Fontaneforschung im Zeichen der Nachwirkung Thomas Manns. In: Duitse Kroniek (Amsterdam), 27. Dez. 1975, S. 144–157.

*Ester*, Hans: Die Anfänge d. F.-Forschung in der DDR. In: AGer 9, 1976, S. 161–175.

*Škreb*, Zdenko: Fragen zum deutschen Realismus: Fontane. [Forschungsbericht.] In: Jb. d. Raabe-Ges., 1979, S. 155–185.

*Wunberg*, Gotthart u. *Funke*, Rainer: Th. F. (1819–1898). [Forschungsbericht.] In: Deutsche Lit. d. 19. Jhs [1830– 1895]. 1. Bericht: 1960–1975. In: JIG Reihe C, Bd. 1, 1980, S. 99–105.

*Paulsen*, Wolfgang: Zum Stand der heutigen Fontane-Forschung. In: Jb. DSG 25, 1981, S. 474–508.

*Betz*, Frederick: Fontane scholarship, literary sociology and Trivialliteraturforschung. In: IASL 8, 1983, S. 200–220.

*Nürnberger*, Helmuth: Fs preußische Welt. Zu einigen neueren Untersuchungen und Editionen. In: LWU 22, 1989, S. 340–359.

*Ester*, Hans: Die Fontaneforschung im Wandel der Zeiten. In: Duitse Kroniek (Amsterdam) 40, 1990, 3/4, S. 19–32.

*Ester*, Hans: »Iedere tijd zijn eigen Fontane, of: De terugkeer naar de begrafenispreek van dominee Lorenzen«. In: Maatstaf (Amsterdam) 38, Nr. 9/10, 1990, S. 134–145. (Über die Wandlungen des F.-Bildes vom 19. Jhd. bis heute.)


*Fontane in den Medien:*

*Heinkel*, E.: Epische Literatur im Film. Eine Untersuchung im besonderen Hinblick auf die doppelte Filmfassung von Th. Fs »Effi Briest«. Diss. München 1958.

*Gerth*, Angelika: Der dramatisierte Roman Th. Fs im Westdeutschen Fernseh-Spiel. Diss. Wien 1972.

*Greiner*, Ulrich: Fs Bitterkeit oder Angstapparat aus Kalkül. Frankf. Allg. Ztg. 26. Okt. 1974.

*Boll*, Karl Friedrich: Über die Verfilmung von Werken Fs und Storms. In: Schriften der Th.-Storm-Ges. 25, 1976, S. 61–74.

*Lützen*, Wolf Dieter u. *Pott*, Wilhelm Heinrich: »Stechlin« für viele. Zur historisierenden Bearbeitung einer literarischen Vorlage im Fernsehen. In: Literatur in den Massenmedien – Demontage von Dichtung? Hrsg. v. F. Knill [u. a.], 1976, S. 103–130.

*Schanze*, Helmut: Fs »Effi Briest«. Bemerkungen zu einem Drehbuch von Rainer Werner *Fassbinder*. In: Literatur in den Massenmedien – Demontage von Dichtung? Hrsg. v. F. Knill [u.a.], 1976, S. 131–138.

*Hoeltz*, Nikola: F. – mediengerecht? In: Kürbiskern 1979, Nr. 2, S. 91–104.

*Biener*, Joachim: Zur Aneignung von Fs Epik durch Film und Fernsehen. In: FBl. 4, 1981, H. 8, S. 713–728.

*Wolff*, Jürgen: Verfahren der Literaturrezeption im Film, dargestellt am Beispiel der Effi-Briest-Verfilmungen von *Luderer* u. *Fassbinder*. In: DU 33, 1981, 4, S. 47–75.

*Gast*, Wolfgang u. *Vollmers*, Burkhard: F., Plenzdorf, Goethe – sehen oder lesen? Literaturverfilmungen sind besser als ihr Ruf. In: Diskussion Deutsch 12, 1981, S. 432–:453.

*Gast*, Wolfgang: Fs »Cécile« als Fernsehspiel. In: Literaturwissenschaftl. Grundkurs, hrsg. v. H. Brackert [u.a.] 1981, S. 241–269.

*Fabian*, Franz: Noch einmal »Der Schritt vom Wege«. [Über den Film »Effi Briest«.] In: FBl 5, 1982, H. 1, S. 82–83.

*Schachtschabel*, Gaby: Der Ambivalenzcharakter der Literaturverfilmung. Mit e. Beispielanalyse von Th. Fs Roman »Effi Briest« und dessen Verfilmung von Rainer Werner Fassbinder. 1984.

*Kuhn*, Anna K.: Modes of alienation in Fassbinder's »Effi Briest«. In: Seminar 21, 1985, S. 272–285.

*Gast*, Wolfgang: Verfilmte Literatur im Fernsehen. Fs »Schach von Wuthenow« als DDR-Fernsehspiel. In: Literatur und Medien in Wiss. u. Unterricht. Festschrift f. *Albrecht Weber*. 1987, S. 275–284.

*Lohmeier*, Anke-Marie: Symbolische und allegorische Rede im Film. Die »Effi Briest«-Filme von Gustav Gründgens und Rainer Werner Fassbinder. In: TuK Sonderbd. Th. F. 1989, S. 229–241.

*Müller-Kampel*, Beatrix: F. dramatisiert. Franz Pühringers »Abel Hradscheck u. sein Weib«. In: FBl. 1989, H. 48, S. 60–68.

*Schmidt*, Eva M. J.: War Effi Briest blond? Bildbeschreibungen u. kritische Gedanken zu vier »Effi Briest«-Verfilmungen. In: Literaturverfilmungen. Hrsg. v. F.-J. *Albersmeier* u. V. *Roloff*. 1989, S. 122–154.

*Übersetzungsprobleme:*

*Valk*, E. M.: The challenge to the translator of F's fiction. In: Formen realist. Erzählkunst, 1979, S. 600–601.

*Zimmermann*, U.: Translating »Jenny Treibel«. In: Formen realist. Erzählkunst, 1979, S. 602–609.

*Wittig-Davis*, Gabriele A.: F. auf englisch – Ein zu weites Feld? In: FBl. 6, 1987, H. 5, S. 555–561. [Zu: Th. F. Short Novels and other writings. Hrsg. v. Peter Demetz. New York 1982.]

*Krause*, Edith H.: Th. F. Eine rezeptionsgeschichtliche u. übersetzungskritische Untersuchung. 1989. [Bezieht sich auf den anglo-amerik. Raum.]

*Epische Technik und Realismusprobleme:*

*Kricker*, Gottfried: Th. F. Von seiner Art u. epischen Technik. 1912. Neudruck 1973.

*Tau*, Max: Der assoziative Faktor in der Landschafts- u. Ortsdarstellung Th. Fs. 1928. (Auch unter dem Titel: Landschafts- und Ortsdarstellung Th. Fs. 1928 = Epische Gestaltung. Bd. 1.)

*Gilbert*, Mary-Enole: Das Gespräch in Fs Gesellschaftsromanen. 1930.

*Rost*, Wolfgang E.: Örtlichkeit u. Schauplatz in Fs Werken. 1931.

*Waffenschmidt*, Heinrich: Symbolische Kunst in den Romanen Th. Fs. 1932.

*Paul*, A.: Der Einfluß W. Scotts auf die epische Technik Fs. 1934.

*Wandel*, Christiane: Die typische Menschendarstellung in Th. Fs Erzählungen. 1938.

*Genschmer*, Fred: Th. F. A study in restraint. In: Mh. (Wisconsin) 33, 1941, S. 265–274.

*Kloster*, Elfriede: Die Technik der Gesellschaftsszene in den Romanen Friedrich Spielhagens u. Th. Fs. Diss. Frankfurt 1945.

*Siebenschein*, Hugo: K. půdorysu humoru v německem písemnictví 19. stoleti. [Die Struktur des Humors in der deutschen Literatur des 19. Jhs.] 7: F. In: Časopis pro mod. filol. 31, 1947/48, S. 24 ff. (Französ. Zsfassg: Philologica 4, 1949, S. 31–32).

*Brinkmann*, R.: Das Bild vom Menschen bei Th. F. Diss. Tübingen 1949. – Ders.: Th. F. Über die Verbindlichkeit des Unverbindlichen. 1967.

*Altmann*, Hans: Die Dichtung Fs, ein Spiel vom Leben. Diss. Bonn 1950.

*Garnerus*, Karl: Bedeutung u. Beschreibung des Binnenraumes bei Storm, Raabe u. Fontane. Diss. Köln 1952.

*Osiander*, R.: Der Realismus in den Zeitromanen Th. Fs. Eine vergleichende Gegenüberstellung mit dem französischen Zeitroman [Stendhal, Balzac, Flaubert]. Diss. Göttingen 1953.

*Cary*, John R.: Antithesis as a Principle of Structure and Technique in the Novels of Th. F. Diss. Johns Hopkins Univ. 1954.

*David*, Claude: Th. F. ou la crise du Réalisme. In: Critique. Déc. 1957, S. 1011–1028.

*Rudolph*, Ekkehart: Die Darstellung des redenden Menschen in den epischen Prosadichtungen Th. Fs. Diss. Jena 1957. [Teilweise in: Wissenschaftliche Zeitschrift der Universität Jena. Ges.- u. Sprachwiss. Reihe 7, 1957/58, S. 393–428.].

*Schneider*, Franz Karl: The concept of realism in the novel. A re-examination. diss. Univ. of Washington 1959. (DA 20, 1960, S. 2785–2786.)

*Braun*, Ernst: Symbol and portent in Th. F.'s works. Diss. Univ. of Wisconsin 1960. (DA 21, 1961, S. 1562.)

*Meyer*, Herman: Das Zitat als Gesprächselement in Th. Fs Romanen. In: WW 10, 1960, S. 221–238; später als Th. F. »L'Adultera« u. »Der Stechlin« in: H. M.: Das Zitat in der Erzählkunst. 1961, ²1965, S. 155–185. Auch in: *Preisendanz*. 1973, S. 201–232.

*Oppenheimer*, Fred Eugene: Literary Allusion in the Novels of Th. F. Diss. Univ. of Wisconsin 1961. (DA 22, 1961, S. 2005).

*Frye*, Lawrence O.: The unreal in F's novels. In: GR 37, 1962, S. 106–115.

159

*Killy*, Walther: Fs »Irrungen, Wirrungen«. In: W. K.: Wirklichkeit u. Kunstcharakter. Neun Romane des 19. Jhs. 1963, S. 193–211. Auch in: *Preisendanz*. 1973, S. 265–285.

*Preisendanz*, W.: Die verklärende Macht des Humors im Zeitroman Th. Fs. In: Humor als dichterische Einbildungskraft. Studien zur Erzählkunst des poetischen Realismus. 1963, ²1976, S. 214–241. Auch in: *Preisendanz* 1973, S. 286–328.

*Wölfel*, Kurt: »Man ist nicht bloß ein einzelner Mensch.« Zum Figurenentwurf in Fs Gesellschaftsroman. In: ZfdPh. 82, 1963, S. 152–171; auch in: *Preisendanz*. 1973, S. 329–353.

*Demetz*, Peter: Formen des Realismus. Th. F. Kritische Untersuchungen, 1964, ²1966. – (Ullstein 1973).

*Stoppel*, William A.: Th. F's Technique of forewarning as compared with selected works of Storm and Meyer. Diss. State Univ. of Iowa 1964. (DA 25, 1964, S. 2521).

*Guckel*, Ausrele Venclova: The motif, theory and practical illustrations from the novels of F. Diss. Univ. of Illinois 1965. (DA 26, 1965, S. 2751–2752).

*Turk*, Horst: Realismus in Fs Gesellschaftsroman. Zur Romantheorie u. zur epischen Integration. In: Jb. der Wittheit zu Bremen 9, 1965, S. 407–456.

*Schlaffer*, Heinz: Das Schicksalsmodell in Fs Romanwerk. In: GRM NF 16, 1966, S. 392–409.

*Turner*, David: A study of the art of suggestion in the prose fiction of Th. F. with special reference to the function of the reader. M. A. Thesis, London, 1966.

*Günther*, Vincent J.: Das Symbol im erzählerischen Werk Fs. 1967.

*Hayes*, Charles Nelson: Symbol and correlative in Th. F's fiction. Diss. Brown Univ. 1967. (DA 28, 1967/68, S. 3143A).

*Jolles*, Charlotte: »Gideon ist besser als Botho.« Zur Struktur des Erzählschlusses bei F. In: Fschr. f. Werner Neuse. 1967, S. 76–93.

*Thanner*, Josef: Die Stilistik Th. Fs. Untersuchung zur Erhellung des Begriffes »Realismus« in dt. Literatur. The Hague, Paris 1967. [Das Titelwort »Stilistik« ist irreführend.]

*Ohl*, Hubert: Bilder, die die Kunst stellt. Die Landschaftsdarstellung in d. Romanen Th. Fs. In: Jb. DSG 11, 1967, S. 469–483. (Auch in: *Preisendanz*. 1973, S. 447–464.)

*Ohl*, Hubert: Bild u. Wirklichkeit. Studien zur Romankunst Raabes u. Fs. 1968.

*Kolbe*, Jürgen: Die Erneuerung: »Die Wahlverwandtschaften« u. d. Romane Th. Fs. In: J. K.: Goethes »Wahlverwandtschaften« u. d. Roman d. 19. Jahrhunderts. 1968, S. 156–195.

*Mittenzwei*, Ingrid: Die Sprache als Thema. Untersuchungen zu Fs Gesellschaftsromanen. 1970.

*Koltai*, Eugene: Untersuchungen zur Erzähltechnik Th. Fs, dargestellt an den Werken »Vor dem Sturm«, »Irrungen, Wirrungen« u. »Effi Briest«. Diss. New York 1969. (DA 30, 1969/70, S. 2488–2489A).

*Fuchs*, Hardy Ottmar: Die Funktion des Sprichwortes bei Th. F. Diss. Michigan State Univ. 1970. (DA 31, 1970/71, S. 4158–4159A).

*Martini*, Fritz: Ironischer Realismus. Keller, Raabe u. Fontane. In: Ironie u. Dichtung, hrsg. v. Albert Schaefer, 1970, S. 113–141.

*Mohr*, Barbara H.: Irony in the Novels of Society and Period Novels of Th. F. Diss. Harvard Univ. 1970. (Kein DA).

*Nef*, Ernst: Der Zufall u. die »Menschenordnung« im Spätwerk Th. Fs. In. E. N.: Der Zufall in der Erzählkunst. 1970, S. 84–96.

*Brüggemann*, Diethelm: Fs Allegorien. In: NR 82, 1971, H. 2, S. 290–310; H. 3, S. 486–505. [Setzt dem Begriff ›Symbolik‹ den Begriff ›Allegorie‹ entgegen.]

*Schmolze*, Gerhard: Wie ›realistisch‹ war F.? Beobachtungen bei ost-westlichen F.-Interpretationen. In: Zeitwende 42, 1971, S. 40–51.

*Hillebrand*, Bruno: Th. F.: Der skizzierte Raum. In: B. H.: Mensch u. Raum im Roman. Studien zu Keller, Stifter, F. 1971, S. 229–283.

*Lente*, Johanna van: The Functions of the Minor Characters in the Novels of Th. F. Diss. Northwestern Univ. 1972. (DA 32, 1972, S. 5205A.)

*Reuter*, Hans-Heinrich: Fs Realismus. In: Fs Realismus. 1972, S. 25–64.

*Harms*, Kathy: Formale Aspekte im Romanwerk Th. Fs. Diss. Northwestern Univ. 1973. (DA 34/07A, S. 4262 DCJ 73–30607.) [Untersuchungen z. Vielheitsroman u. Einheitsroman.]

*Honnefelder*, Gottfried: Die erzähltechnische Konstruktion d. Wirklichkeit bei Th. F.: zur Funktion des Briefes im Roman. In: ZfdPh. 92, 1973, SH, S. 1–36.

*Fleig*, Horst: Sich versagendes Erzählen (Fontane). 1974.

*Aust*, Hugo: Th. F.: »Verklärung«. Eine Untersuchung zum Ideengehalt seiner Werke. 1974.

*Bange*, Pierre: Ironie et dialogisme dans les romans de Th. F. Grenoble 1974. [Rez. v. Pierre-Paul Sagave in: FBl. 3, 1974, H. 4, S. 315–317; v. Renate Böschenstein in: Germanistik 1976, H. 1, S. 253.]

*Devine*, Marianne C.: Erzähldistanz bei Th. F. Untersuchungen zur Struktur s. tragischen Gesellschaftsromane. Diss. Univ. of Connecticut 1974. (DA 35/04A, S. 2262 DCJ 74–21763.)

*Grieve*, Heide: Aspects of F's narrative technique. The development of his novels in the context of German and European prose fiction. Ph. D. Thesis Norwich, 1974.

*Honnefelder*, Gottfried: Der Brief im Roman. Untersuchungen zur erzähltechnischen Verwendung des Briefes im deutschen Roman. 1975. (Das Fontane-Kapitel bereits in ZfdPh. 1973, Sonderheft.)

*Pelster*, Theodor: Th. Fs Einschätzung von Rede und Rhetorik. In: Muttersprache 86, 1976, S. 169–206.

*Neumeister-Taroni*, Brigitta: Th. F. Poetisches Relativieren – Ausloten einer uneindeutigen Wirklichkeit. 1976.

*Ohl*, Hubert: »Verzeitlichung des Raumes« u. »Verräumlichung der Zeit«. In: Zeitgestaltung in d. Erzählkunst, hrsg. v. Alex *Ritter*, 1978, S. 229–246. (Zuerst in H. Ohl, Bild u. Wirklichkeit, 1968.)

*Michielsen*, Gertrude: The preparation of the future. Techniques of anticipation in the novels of Th. F. and Thomas Mann. 1978.

*Gärtner*, Karlheinz: Th. F., Literatur als Alternative. Eine Studie zum »poetischen Realismus« in seinem Werk. 1978.

*Kafitz*, Dieter: Th. F. [Effi Briest] In: Figurenkonstellation als Mittel der Wirklichkeitserfassung. Dargest. an Romanen der zweiten Hälfte des 19. Jhs, 1978, Kap. IV, S. 123–160.

*Brinkmann*, Richard: Der angehaltene Moment: Requisiten – Genre – Tableau bei F. In: DVjs. 53, 1979, S. 429–462. Dann: Formen realist. Erzählkunst, 1979, S. 360–380; ferner in: R. B.: Wirklichkeiten, Essays zur Literatur, 1982, S. 221–286.

*Sommer*, D.: Soziale Einsicht u. Realismusauffassung beim späten F. In: Formen realist. Erzählkunst, 1979, S. 300–304.

*Schuster*, I.: Akribie u. Symbolik in den Romananfängen Fs. In: Formen realist. Erzählkunst, 1979, S. 318–324.

*Mommsen*, K.: Vom ›Bamme-Ton‹ zum ›Bummel-Ton‹. Fs Kunst der Sprechweisen. In: Formen realist. Erzählkunst, 1979, S. 325–334.

*Morgenthaler*, Walter: Bedrängte Positivität. Zu Romanen von Immermann, Keller, F. 1979.

*Neuse*, W.: Erlebte Rede u. innerer Monolog in der erzählenden Prosa Th. Fs. In: Formen realist. Erzählkunst, 1979, S. 347–359.

*Fleig*, H.: Bilder Fs gegen den Tod. In: Formen realist. Erzählkunst, 1979, S. 457–470.

*Mockey*, Fernande: War F. ein Gesellschaftsmensch? In: FBl. 4, 1979, H. 6, S. 509–520. [Zur Persönlichkeit Fs u. zur lit. Darstellung des Gesellschaftsgesprächs.]

*Haß*, Ulrike: Th. F. Bürgerlicher Realismus am Beispiel seiner Berliner Gesellschaftsromane. 1979.

*Leckey*, R. Geoffrey: Some aspects of balladesque art and their relevance for the novels of Th. F. 1979.

*Peck*, Jeffrey Marc: Hermeneutic theory and practice: language and understanding in Kleist, Grillparzer and F. Diss. Univ. of Carlifornia, Berkeley, 1979. (DA 41/01A, S. 268 DEM 80–14841).

*Fries*, Marilyn Sibley: The changing consciousness of reality. The image of Berlin in selected novels from Raabe to Döblin. Bonn 1980.

*Frei*, Norbert: ›Kunst ist ein ganz besonderer Saft.‹ Th. F. – von den Mühen des Schreibens. In: Sprachkunst XII, 1981, S. 297–310.

*Hauschild*, Brigitte: Geselligkeitsformen und Erzählstruktur. Die Darstellung von Geselligkeit und Naturbegegnung bei Gottfried Keller u. Th. F. 1981.

*Wilhelm*, Gisela: Die Dramaturgie des epischen Raumes bei Th. F. 1981.

*Ertl*, Wolfgang: Die Personennamen in den Romanen Th. F. In: FBl. 5, 1982, H. 2, S. 204–214.

*Guthke*, Karl S.: Fs Finessen. ›Kunst‹ oder ›Künstelei‹? In: Jb. DSG 26, 1982, S. 235–261. Auch in *K. G.*: Erkundungen. 1983. – *Ders.* F's craft of fiction: art or artifice? In: Essays in Honor of James Edward Walsh. Cambridge, Mass. 1983, S. 67–94.

*Liver*, Claudia: Glanz und Versagen der Rede. Randbemerkungen zu Fs Gesellschaftsroman. In: AION(T) 24, 1981 [1982], S. 5–33.

*Gloganev*, Walter: Die Schönheiten des Trivialen oder: Bürger im Niemandsland. Th. F. zwischen Naturalismus und poetischem Realismus. In: OL 39, 1984, S. 24–37.

*Lamping*, Dieter: ›Schönheitsvoller Realismus‹: die Landschaftsbilder Fs. In: WW 34, 1984, S. 2–10.

*Preisendanz*, Wolfgang: Zur Ästhetizität des Gesprächs bei F. In: Das Gespräch, hrsg. v. K. *Stierle* u. R. *Werning*. 1984, S. 473–487.

*Böschenstein*, Renate: Fs ›Finessen‹: zu einem Methodenproblem der Analyse ›realistischer‹ Texte. In: Jb. DSG 29, 1985, S. 532–535.

*Lehrer*, Mark: The Nineteenth Century ›Psychology of exposure‹ and Th. F. In: GQ 58, 1985, S. 501–518.

*MhicFhionnbhairr*, Andrea: Anekdoten aus allen fünf Weltteilen: the anecdote in Fs fiction and autobiography. 1985.

*Voss*, Lieselotte: Literarische Präfiguration dargestellter Wirklichkeit. Zur Zitatstruktur s. Romanwerks. 1985.

*Walter-Schneider*, Margret: ›Personen, die nicht da waren, wissen immer alles am besten.‹ Bemerkungen zum Realismus in Fs Romanen. In: ZfdPh. 104, 1985, S. 223–244.

*Müller*, Karla: Schloßgeschichten. Eine Studie zum Romanwerk Th. Fs. 1986. [»Graf Petöfy«, »Unwiederbringlich«, »Der Stechlin«]

*Plett*, Bettina: Die Kunst der Allusion. Formen literarischer Anspielungen in den Romanen Th. Fs. 1986. [In Anhang A: detaillierter Überblick über die literarischen Anspielungen in Fs Romanen geordnet nach den einzelnen Romanen. In Anhang B: Überblick über die zitierten Dichter.]

*Andermatt*, Michael: Haus und Zimmer im Roman: die Genese des erzählten Raums bei E. Marlitt, Th. F. und F. Kafka. 1987.

*Hasubek*, Peter: ›Erzählungen schließen mit Verlobung oder Hochzeit.‹ Zum Problem des Romanschlusses der Gesellschaftsromane Th. Fs. In. LfL 1987, S. 135–150.

*Paul*, Jean-Marie: ›Ein weites Feld‹: l'échec de la communication dans l'œuvre narrative de F. In: Le texte et l'idée, No. 2. 1987, S. 137–175.

*Zimmermann*, Hans-Jürgen: ›Das Ganze‹ und die Wirklichkeit. Th. Fs perspektivischer Realismus, 1988.

*Schulz*, Eberhard W.: ›Das Literarische macht frei ...‹: über aphoristische Sätze Fs und ihre epische Integration. In: Literaturwiss. Jb. 30, 1989, S. 141–161.

*Swales*, Martin: Möglichkeiten und Grenzen des Fontaneschen Realismus. In: TuK Sonderbd. Th. F. 1989, S. 75–87.

*Doebeling*, Marion: Ästhetische Implikationen von Fs ›Vortrefflichkeitsschablone‹: Stil, Symbol, Detail. In: In Search of the Poetic Real. 1989, S. 107–117.

*Korte*, Hermann: Ordnung u. Tabu. Studien zum poetischen Realismus. 1989. [Darin Studie zu Cécile.]

*Liebrand*, Claudia: Das Ich und die Anderen. Fs Figuren und ihre Selbstbilder. 1990.

*Grawe*, Christian: ›Es schlug gerade...‹: Zur Gestaltung eines Zeitelements in Fs Romanen. In: FBl. 1991, H. 51, S. 141–156.

*Kirby*, Sara Sophia: The function of folklore in F's novels. MPhil Diss. London 1991. [Ms.]

*Lehrer*, Mark: Intellektuelle Aporie und literarische Originalität. Wissen-

schaftliche Studien zum deutschen Realismus: Keller, Raabe u. F. 1991. [zu
»Effi Briest« u. »Frau Jenny Treibel«.]
*Mecklenburg*, Norbert: Figurensprache und Bewußtseinskritik in Fs Roma-
nen. In: DVjs. 65, 1991, S. 674–694.

*Stil und Prosa:*

*Schultz*, Albin: Das Fremdwort bei Th. F. (Briefe; »Grete Minde«; »L'Adul-
tera«; »Irrungen, Wirrungen«). Ein Beitrag zur Charakteristik des moder-
nen realistischen Romans. Diss. Greifswald 1912.
*Wenger*, Erich: Th. F. Sprache u. Stil in seinen modernen Romanen. Diss.
Greifswald 1913.
*Krause*, Joachim: F. u. der Dialekt. 1932.
*Sauer*, Adolf Karl: Das aphoristische Element bei Th. F. Ein Beitrag zur Er-
kenntnis seiner geistigen u. stilistischen Eigenart. 1935, Nachdruck 1967.
*Biehahn*, Erich: Berlinisches, allzu-Berlinisches in der Sprache Th. Fs. In:
MSp. 77, 1967, S. 311–312.
*Khalil*, Iman Osman: Das Fremdwort im Gesellschaftsroman Th. Fs. Zur li-
terarischen Untersuchung eines sprachlichen Phänomens. 1978.

*Soziologische Betrachtung:*

*Lohrer*, Liselotte: F. u. Cotta. In: Festgabe f. Eduard Berend. 1959,
S. 439–466.
*Becker*, Eva D.: »Zeitungen sind doch das Beste.« Bürgerliche Realisten u.
der Vorabdruck ihrer Werke in der periodischen Presse. In: Gestaltungs-
geschichte u. Gesellschaftsgeschichte. Festschrift für Fritz Martini. 1969,
S. 382–408.
*Hellge*, Manfred: F. und der Verleger Wilhelm Friedrich. In: FBl. 3, 1973,
H. 1, S. 9–53.
*Liesenhoff*, Carin: F. und das literarische Leben seiner Zeit. Eine literatur-so-
ziologische Studie. 1976.
*Konieczny*, Hans-Joachim: Th. F. und »Westermann's illustrirte deutsche
Monats-Hefte«. In: FBl. 3, 1976, H. 8, S. 573–588.
*Hellge*, Manfred: Der Verleger Wilhelm Friedrich und das »Magazin für die
Literatur des In- und Auslandes«. Ein Beitrag zur Literatur- und Verlags-
geschichte des frühen Naturalismus in Deutschland. In: Arch. f. d. Gesch.
d. Buchwesens (AGB) Bd. 16, 1977. (Über F. Sp. 985–1027; auch
Sp. 981–984 u. 1171–1174.)
*Konieczny*, Hans-Joachim: Fs Erzählwerk in Presseorganen des ausgehen-
den 19. Jhs. Diss. Paderborn 1978.
*Windfuhr*, M.: Fs Erzählkunst unter den Marktbedingungen ihrer Zeit. In:
Formen realistischer Erzählkunst, 1979, S. 335–346.
*Davidis*, Michael: Der Verlag von Wilhelm Hertz. Beiträge zu einer Geschichte der Literaturvermittlung im 19. Jh., insbesondere zur Verlagsgeschichte der Werke von Paul Heyse, Th. F. und Gottfried Keller. In: Arch.
f. d. Gesch. d. Buchwesens (AGB) Bd 22, 1981. (Th. F. Sp. 1381–1426; Anhang: Verlagsverträge Sp. 1477 ff., Briefe Fs an Wilhelm u. Hans Hertz
Sp. 1524–1527).

*Conrad*, Paul: Krippenstapeliana. In: FBl. 5, 1982, H. 1, S. 59–66.

*Betz*, Frederick: Fontane scholarship, literary sociology and Trivialliteraturforschung. In: IASL 8, 1983. S. 200–220.

*Kampel*, Beatrix: F. u. die Gartenlaube. Vergleichende Untersuchungen zu
Prosaklischees. In: Th. F. im lit. Leben s. Zeit, 1987, S. 496–524.

*Wruck*, Peter: Th. F. in der Rolle des vaterländischen Schriftstellers. Bemerkungen zum schriftstellerischen Sozialverhalten. In: Th. F. im lit. Leben s.
Zeit, 1987, S. 1–39.

*Literarische Beziehungen und Vergleiche*

*Amerika und amerikanische Literatur:*

*Keune*, Manfred E.: Das Amerikabild in Th. Fs Romanwerk. In: Amsterdamer Beitr. z. neueren Germanistik 2, 1973, S. 1–25. Dann in: Deutschlands
literar. Amerikabild, hrsg. von A. Ritter, 1977, S. 338–362.

*Martini*, Fritz: Auswanderer, Rückkehrer, Heimkehrer. Amerikaspiegelungen im Erzählwerk von Keller, Raabe, u. F. In: Amerika in der deutschen
Literatur, hrsg. v. S. Bauschinger [u. a.], 1975, S. 178–204.

*Hoffmeister*, Werner: Der realistische Gesellschaftsroman bei Th. F. und William Dean Howells: eine deutsch-amerikanische Parallele. In: FBl. 3, 1976,
H. 8, S. 600–607.

*England und englische Literatur:*

*Schönemann*, Friedrich: Th. F. u. England. Vortrag. In: PMLA 30, 1915,
S. 658–671.

*Shears*, Lambert Armour: The influence of Walter Scott on the novels of
Th. F. New York 1922.

*Paul*, Adolf: Der Einfluß Walter Scotts auf die epische Technik Th. Fs 1934.

*Downs*, Brian W.: Meredith and F. In: GLL 2, 1938, S. 201–209.

*Neuendorff*, Otto: Fs Gang durch englische Dichtung. Zu Fs Vortrag über
Tennyson. – Th. F.: Tennyson. In: Brandenburg. Jbb. 9, 1938, S. 35–42;
43–51.

*Kohn-Bramstedt*, E.: Marriage and Misalliance in Thackeray and F. In: GLL
3, 1939, S. 285–297.

*Jolles*, Charlotte: Th. F. and England. A critical study in Anglo-German literary relations in the nineteenth century. Master of Arts Thesis London
1947.

*Packer*, William A.: »Karl Stuart«: a neglected phase in the development of
Th. F's attitude toward England. In: Papers of the Michigan Academy of
Science... 38, 1952, S. 467–474.

*Holznagel*, S.: Jane Austens »Persuasion« und Th. Fs »Der Stechlin«. Eine
vergleichende morphol. Untersuchung. Diss. Bonn 1956.

*Knorr*, Herbert: Th. F. u. England. Diss. Göttingen 1961.

*Krueger*, Joachim (Hrsg.): Wilhelm Shakespeare »Hamlet, Prinz von Dänemark«, übers. v. Th. F. 1966.

*Jolles*, Charlotte: Fs Studien über England. In: Fs Realismus. 1972. S. 95–104.

*Grieve*, Heide: F. und Scott. Die Waverly-Romane u. »Vor dem Sturm«. In:
FBl. 3, 1974, H. 4, S. 300–312.

*Eberhardt*, Wolfgang: F. u. Thackeray. 1975.

*Hadi*, Waiel Tak: Die England-Reisen Th. Fs. Zu den Anschauungen deutscher Schriftsteller über England in der Mitte des 19. Jhs. Diss. Leipzig 1976.

*Wittig-Davis*, Gabriele A.: Novel associations: Th. F. and George Eliot within the context of nineteenth century realism. Diss. Stanford Univ. 1978. Druck 1983.

*Klieneberger*, H. R.: F. and Trollope. In: Formen realist. Erzählkunst, 1979, S. 428–432.

*Reuter*, H.-H.: Die englische Lehre. Zur Bedeutung und Funktion Englands für Fs Schaffen. In: Formen realist. Erzählkunst, 1979, S. 282–299.

*Klieneberger*, H. R.: F. and English Realism. In: H. R. K.: The Novel in England and Germany, London 1981, S. 145–183.

*Malcolm*, David: Contemporary and radical themes in George Eliot's and Th. F's fictions. Diss. London 1981.

*Gillespie*, George: Das Englandbild bei F., Moltke u. Engels. In: Viktorianisches England in deutscher Perspektive. Hrsg. v. Adolf M. *Birke* u. Kurt *Kluxen*. 1983, S. 91–108.

s. auch Literatur (England) S. 13.


*Frankreich und die französische Literatur:*

*Karlsson*, G. L.: France in F's life and works. Diss. University of Pittsburgh 1958. (DA 19, 1959, S. 2091).

*Schorneck*, Hans-Martin: F. u. die Franzosen. Diss. Göttingen 1967.

*Schorneck*, Hans-Martin: F. u. die französische Sprache. In: FBl. 2, 1970, H. 3, S. 172–186.

*Sagave*, Pierre-Paul: Th. F. et la France de 1870/71. In: IASL 1, 1976, S. 160–177.

*Sagave*, Pierre-Paul: Krieg und Bürgerkrieg in Frankreich. Erlebnis und Dichtung bei Th. F. In: FBl. 4, 1979, H. 6, S. 452–471.

*Layton*, Lynne Bonnie Goldberg: F. and Flaubert: the defeat of subjectivity? Diss. Washington Univ. 1981. (DA 42 / 04A, s. 1625 DEN 81-01740.)

*Sagave*, Pierre-Paul: Th. F. u. die französische Revolution. In: FBl. 5, 1983, H. 3, S. 286–294.

Zu *Flaubert* s. auch Lit. zu »Effi Briest«.


*Italien*

*Grevel*, Lilo: F. in Italien. In: GRM 36, 1986, S. 414–432.


*Der Norden:*

*Hendriksen*, Jørgen: Th. F. og Norden. København 1935.

*Riedler*, Hertha: F. u. der Norden. In: Brandenburg. Jbb 9, 1938, S. 52–55.

*Jessen*, Karsten: Th. F. und Skandinavien. Diss. Kiel 1975.

*Jessen*, Karsten: Th. F. und Dänemark. In: FBl. 4, 1978, H. 3, S. 226–245.

*Polen:*

Sommer, Dietrich: Das Polenbild Fs als Element nationaler Selbstverständigung u. -kritik. In: WB 16, 1970, H. 11, S. 173–190.

Sudhof, Siegfried: Das Bild Polens im Werk Th. Fs. In: Germanica Wratislaviensia 34, 1978, S. 101—111.

Müller-Seidel, W.: F. und Polen. eine Betrachtung zur deutschen Literatur im Zeitalter Bismarcks. In: Formen realist. Erzählkunst, 1979, S. 433–447.

*Rußland und russische Literatur:*

Messer, Richard: Ruský duchovní výboj. In: Slovesná věda 1, 1947/48, S. 136–144. [Russischer Einfluß auf F.]

Glaettli, W. E.: Fs Haltung gegenüber Rußland. In: Mh. (Wisconsin) 44, 1952, S. 202-206.

Schultze, Christa: Th. Fs frühe Begegnung mit der russischen Literatur. In: Zs. für Slawistik 8, 1963, S. 330–348.

Hock, E. Th.: Fs Verhältnis zur Erzählkunst Turgenevs. In: I. S. Turgenev u. Deutschland, Materialien u. Untersuchungen. Bd. 1, Hrsg. v. Gerhard Ziegengeist, 1965. S. 303–329.

Schultze, Christa: Th. F. u. die russische Literatur. In: FBl. 1, 1965, H. 2, S. 40–55.

Eliason, Lynn Russell: The problem of the generations in the fiction of Turgenev and Th. F. Diss. University of Colorado 1970. (DA 31, 1970/71, S. 2911A).

Eliason, Lynn R.: A nineteenth-century solution to the problem of the generations – Turgenev and Th. F. In: Germano Slavica, 1973, Nr. 2, S. 29–34.

Schultze, Christa: Die Gogol'-, Kol'cov- u. Turgenev-Lesungen A. Viederts 1854/55 im Berliner »Tunnel über der Spree« mit einem von B. v. Lepel u. drei von Th. F. verfaßten Protokollen. In: Zs. f. Slawistik, Bd. 29, 1974, H. 3, S. 393–406.

Volkov, E. M.: Th. F. und Lev Tolstoj. Übers. aus dem Russ. von Gerhard Strozyk. In: FBl. 4, 1977, H. 2, S. 85–107.

Charpiot, Roland: Une rencontre Tourgueniev – F. »Terres vierges« (1877) et »Stine« (1881). In: Revue de littérature comparée 53, 1979, S. 176–207.

Schwoebel, Willi Hans: The influence of Turgenev on the narrative technique of F. Diss. Michigan State Univ. 1981 (DA 42 / 064A, s. 2694 DEN-26550).

*Sorben:*

Mětšk, Frido: Th. F. u. die Sorben. In: Fs. Realismus. 1972, S. 183–190. [Dazu: Johannes Kunstmann: »Mußhelden« Th. Fs: Klinke [Klinka] und Kitto. In: FBl. 3, 1974, H. 2, S. 134–140.]

*Deutsche Landschaften:*

Jürgensen, Wilhelm: Th. F. u. Schleswig-Holstein. In: Nordelbingen 26, 1958, S. 174–183.

Schindler, Karl: Weitere Beziehungen Th. Fs zu Schlesien. In: Schlesien 14, 1969, S. 215–219.

*Dziallas*, Paul: Marginalien zu Th. F. u. Schlesien. In: ebda 15, 1970, S. 52–54.

*Richter*, Fritz K.: Th. F. u. die Krummhübler Laboranten. In: Schlesien 18, 1973, S. 110–112.

*Richter*, Fritz K.: Th. F. in Schlesien. In: Jb. d. Schles. Friedrich-Wilhelms-Univ. zu Breslau 19, 1978, S. 117–187.

*Storch*, Dietmar: Th. F., Hannover und Niedersachsen. 1981.

### Dichter und andere Persönlichkeiten:

*Thunecke*, Jörg: ›Das Geistreiche geht mir am leichtesten aus der Feder.‹ Fs Theaterkritiken (1870–1889) im Kontext zeitgenössischer Rezensionen von *Friedrich Adami* u. *Karl Frenzel.* In: Th. F. im lit. Leben s. Zeit, 1987, S. 303–336.

*Thomas*, Lionel: Th. F. u. *Willibald Alexis.* In: FBl. 2, 1972, H. 6, S. 425–435.

*Müller-Seidel*, Walter: F. u. *Bismarck.* In: Nationalismus in Germanistik u. Dichtung. Hrsg. v. Benno v. Wiese u. Rudolf Henß. 1967, S. 170–201.

*Ihlenfeld*, Kurt: Fs Umgang mit *Bismarck.* Zur Problematik d. Verhältnisse zwischen Dichter u. Politiker. In: Der Bär v. Berlin 22, 1973, S. 44–78. Auch: NDH 20, 1973, H. 3, S. 15–49.

*Gebauer*, Fritz: Eine unbekannte Quelle. Die »vaterländischen Reiterbilder« und die *Bismarck*-Biographie Fs. In: FBl. 1991, H. 51, S. 77–95.

*Sagarra*, Eda: Noch einmal F. u. *Bismarck.* In: FBl. 53, 1992, S. 29–42.

Th. F. und *Wilhelm Bölsche.* Eine Dokumentation. Hrsg. u. komm. v. Helmut *Richter.* In: FBl. 5, 1984, H. 5, S. 387–412.

*Zborowski*, Henryk: *Willi Bredel* und Th. F. In: FBl. 4, 1979, H. 6, S. 471–493.

*Bertschinger*, Andreas: *Hermann Brochs* »Pasenow«, ein künstlicher Fontane-Roman? Zur Epochenstruktur von Wilheminismus und Zwischenkriegszeit. Zürich 1982.

*Gebauer*, Fritz: F. u. *Bucher.* In: Th. F. im lit. Leben s. Zeit, 1987, S. 442–465.

*Ester*, Hans: Zur Bedeutung *Karl Büchsels* für das erzählerische Werk Th. Fs. In: FBl. 1989, H. 48, S. 68–81.

*Höfele*, Karl Heinrich: Die Zeitkritik *Jacob Burckhardts* u. Th. Fs. Aspekte des späten 19. Jh. In: SchwM 63, 1983, S. 915–920.

*Hoyer*, Renate: Th. F. und *Paula Conrad.* In: FBl. 3, 1975, H. 6, S. 454–479.

*Faucher*, Eugène: F. et *Darwin.* In: EG 25, 1970, S. 7–24; 141–154.

*Woesler*, Winfried: Th. F. über *Annette von Droste-Hülshoff.* In: Westfalen 47, 1969, S. 206–209.

*Horstmann-Guthrie*, Ulrike: Fs Kriminalerzählungen und *Droste-Hülshoffs* »Die Judenbuche«. In: FBl. 1989, H. 47, S. 71–79.

*Betz*, Frederick: *Dürrenmatt's* »Der Richter und sein Henker«: A Literary Debt to F.? In: GN 15, Nr. 2, 1984, S. 17–19.

*Plett*, Bettina: Die *Emanuel-Geibel*-Situation u. die Th.-F.-Situation. Anmerkungen zu Stellung u. Selbstverständnis zweier Schriftsteller im 19. Jahrhundert. In: Th. F. im lit. Leben s. Zeit, 1987, S. 466–495.

*Rockel*, Irina: Die Beziehungen Th. Fs zu seinem Jugendfreund *Wilhelm Gentz.* In: FBl. 1990, H. 50, S. 5–8.

*Stamm*, Israel S.: *Goethe* – Nietzsche – F. In: GR 13, 1938, S. 252–258.

*Ogawa*, Cho: *Goethe* u. F. In: Goethe-Jb. (Tokyo) 5, 1963, S. 181–192.

*Riechel*, D.C.: F. u. *Goethe*. In: Formen realist. Erzählkunst, 1979, S. 417–427.

*Škreb*, Zdenko: Fs *Goethe*-Bild. In: Wege der Literaturwissenschaft. Gerhard Klussmann zu seinem 60. Geburtstag. Hrsg. v. Jutta Kolkenbrook-Netz [u.a] 1985, S. 205–210.

*Bülck*, Rudolf: Th. F. u. *Klaus Groth*. In: Nordelbingen 15, 1939, S. 30–40.

*Schüppen*, Franz: Th. Fs plattdeutsches Bekenntnis. Sein Toast auf Klaus *Groth* vom 25. September 1878. In: Quickborn 81, 1991, S. 6–17.

*Erler*, Gotthard: F. u. *Hauptmann*. In: FBl. 2, 1972, H. 6, S. 393–402. (Mit Veröffentlichung v. Briefen.)

*Horch*, Hans Otto: ›Das Schlechte... mit demselben Vergnügen wie das Gute.‹ Über Th. Fs Beziehungen zu *Heinrich Heine*. In: Heine-Jb. 18, 1979, S. 139–176.

*Nitsche*, Ilse: Th. F. u. *Wilhelm Hensel*. In: FBl. 1988, H. 45, S. 87–92.

*Hofmiller*, Josef: *Heyse* u. F. In: J. H.: Die Bücher u. wir. 1950, S. 55–66. Zuerst: Münchner Neueste Nachrichten 10. 7. 1929.

*Friedrich*, Gerhard: Th. Fs Kritik an *Paul Heyse* und seinen Dramen. In: F. aus neuer Sicht, 1980, S. 81–117.

*Helmke*, Ulrich: Th. F. und *E. T. A. Hoffmann*. In: Mitt. E. T. A.-Hoffmann-Ges. 18, 1972, S. 33–36.

*Petzel*, Jörg: ›Anspruchsvolle Quasselei‹ oder einige Marginalien zur *Hoffmann*-Rezeption Th. Fs. In: Mitt. E. T. A.-Hoffmann-Ges. 34, 1988, S. 84–88.

*Mommsen*, Katharina: Fs Einfluß auf *Hofmannsthal*. In: Akten des V. Intern. Germanisten-Kongresses 1976, Heft 3, S. 364–368.

*Mommsen*, Katharina: *Hofmannsthal* u. F. 1978.

*Guidry*, Glenn A.: Language, morality, and society. An ethical model of communiciation in F. and *Hofmannsthal*. Univ. of California Publications. 1989.

*Beaton*, K. B.: Th. F. and *Karl von Holtei*: The Tradition of the ›Adelsroman‹ in Nineteenth Century Germany. In: AULLA 1967, (11. Kongress), S. 145–165.

*Keady*, Sylvia Haas: Th. F. u. *William Dean Howells*. Eine vergleichende Studie. Diss. Stanford Univ. 1982. (DA 43/08A S. 2688 RKC 83-01235).

*Paul*, Fritz: F. u. *Ibsen*. In: Edda 57, 1970, S. 169–177. Auch in: FBl. 2, 1972, H. 7, S. 507–516.

*Carlsson*, Anni: *Ibsen*spuren im Werk Fs u. Thomas Manns. In: DVjs. 43, 1969, S. 289–296.

*Schreinert*, Kurt: F. u. *Jean Paul*. In: Festgabe für Eduard Berend. 1959, S. 160–170.

*Oelkers*, Jürgen: Kindheit als Glück und als Geißel. Fs u. *Kafkas* Erinnerungen im Vergleich. In: J. O.: Die Herausforderung der Wirklichkeit durch das Subjekt. 1985, S. 21–53.

*Weber*, Werner: Nachbarn u. fremd. (F. und *Keller* in Berlin.) In: W. W.: Forderungen. 1970, S. 150–155.

*Biener*, Joachim: *Alfred Kerr* u. Th. F. In: FBl. 3, 1975, H. 6, S. 402–416.

*Biener*, Joachim: Die F.-Rezeption in der Lyrik *Alfred Kerrs*. In: FBl. 4, 1979, H. 5, S. 406–413.

*Koc*, Richard A.: The German Gesellschaftsroman at the turn of the century. A comparison of the works of Th. F. and *Eduard Keyserling*. 1982.

*Biener*, Joachim: Das *Kleist*-Bild Th. Fs. In: FBl. 4, 1977, H. 1, S. 59–68.

*Ossowski*, Miroslaw: Th. F. u. *Max Kretzer*. Ein Vergleich anhand ihrer Berliner Romane. In: Th. F. im lit. Leben s. Zeit, 1987, S. 525–546.

*Mayer*, Dieter: Allerwirklichste Wirklichkeit oder wahrheitsvolle Wirklichkeit. Fs u. *Kretzers* Beitrag zur Realismus-Diskussion am Ende d. 19. Jhd. In: LfL 1988, S. 175–187.

*Max Lesser* über Th. F. Zwei Briefe an Henry H. H. Remak 1937 und 1938. Mitg. u. komm. von Frederick *Betz*. In: FBl. 4, 1977, H. 1, S. 11–19.

*Krueger*, Joachim: Zu den Beziehungen zwischen Th. F. u. *Fanny Lewald*. Mit unbekannten Dokumenten. In: FBl. 4, 1980, H. 7, S. 615–628.

*Berbig*, Roland G.: Zwischen Bühnenwirksamkeit und Wahrheitsdarstellung. Aspekte zu zwei Theaterkritikern Berlins nach 1871 – *Paul Lindau* und Th. F. In: FBl. 5, 1984, H. 6, S. 570–580.

*Seyppel*, Joachim: Viertausend Schritte. Hommage à *Heinrich Mann*. Versuch über sein Verhältnis zu F. In: SuF 23, 1971, S. 782–788.

*Awagjan*, Tatjana: Der Einfluß Th. Fs auf das Schaffen *Heinrich Manns*. Die Romane »Frau Jenny Treibel« u. »Im Schlaraffenland«. Zum Problem der vergleichenden Analyse. In: Wissenschaftliche Zeitschrift (Halle) 34, 1985, S. 98–109.

*Gendrich*, Asmus: Th. F. contra *Thomas Mann*. In: Der Ring 2, H. 8, vom 24. 2. 1929.

*Diedenhofen*, Karl: Th. F. u. *Thomas Mann*. Eine vergleichende Untersuchung als Beitrag zu den Problemen der Ironie u. der Bedeutung des intellektuellen Elements in der Literatur. Diss. Bonn 1951.

*Schweizer*, Ronald: *Thomas Mann* u. Th. F. Eine vergleichende Untersuchung zu Stil u. Geist ihrer Werke. 1971.

*Mommsen*, Katharina: Gesellschaftskritik bei F. und *Thomas Mann*. 1973.

*Vaget*, Hans Rudolf: *Thomas Mann* u. Th. F. Eine rezeptionsästhetische Studie zu »Der kleine Herr Friedemann«. In: MLN 90, 1975, S. 448–471.

*Ester*, Hans: Zwischen Skepsis u. Glauben. Die Fontaneforschung im Zeichen der Nachwirkung *Thomas Manns*. In: Duitse Kroniek (Amsterdam) 27, Dez. 1975, Nr. 3–4, S. 144–157.

*Psaar*, Werner: Alonzo Gieshübler und der kleine Herr Friedemann: Versuch einer Grenzbestimmung. In: DU 28, 1976, Nr. 5, S. 35–57.

*Ester*, Hans: Die F.-Lithographie Max Liebermanns. Zur Beziehung zwischen *Thomas Mann* u. Th. F. In: FBl. 4, 1977, H. 2, S. 134–140.

*Ohl*, Hubert: ›Verantwortungsvolle Ungebundenheit‹: *Thomas Mann* u. F. In: Thomas Mann 1875–1975. Vorträge in München – Zürich – Lübeck. Hrsg. v. Beatrix *Bludeau* [u. a.] 1977, S. 331–348.

*Michielsen*, Gertrude: The preparation of the future. Techniques of anticipation in the novels of Th. F. and *Thomas Mann*. 1978.

*Ester*, Hans: Th. F. u. *Thomas Mann*: Zur Geschichte und Bedeutung eines Essays. In: Literatur als Dialog. Festschrift z. 50. Geburtstag von Karl Tober. Hrsg. v. Reingard *Nethersole*, Johannesburg 1979, S. 307–316.

*Betz*, Frederick: Strindberg or Stauffer? A note on *Thomas Mann's* misquotation of F. In: GN 10, 1979, S. 36–39.

*Remak*, Henry H. H.: Th. F. und Thomas *Mann*. Vorbereitende Überlegungen zu einem Vergleich. In: Horizonte. Festschrift für Herbert Lehnert zum 65. Geburtstag. Hrsg. v. Hannelore *Mundt* [u. a.] 1990, S. 126–141.

*Horch*, Hans Otto: F. und das kranke Jahrhundert. Th. Fs Beziehungen zu den Kulturkritikern Friedrich Nietzsche, Max Nordau und *Paolo Mantegazza*. In: Literatur u. Theater im Wilhel. Zeitalter, hrsg. v. H. P. *Bayerdörfer* [u. a.], 1978, S. 1–34.

*Lowsky*, Martin: »Aus dem Phantasie-Brunnen«: die Flucht nach Amerika in Th. Fs »Quitt« und *Karl Mays* »Scout«. In: Jb. d. Karl-May-Ges., 1982, S. 77–86.

*Ihlenfeld*, Kurt: Kameraden der Realität. F. u. *Menzel*. Ein Berliner Beitrag zur F.-Feier. In: NDH 16, 1969, H. 4, S. 108–126.

*Osborne*, John: *Meyer* or Fontane? German literature after the Franco-Prussian war, 1983.

*Jolles*, Charlotte: *Friedrich Max Müller* und Th. F.: Begegnung zweier Lebenswege. In: FBl. 4, 1980, H. 7, S. 554–572.

*Stamm*, Israel S.: Goethe – *Nietzsche* – F. In: GR 13, 1938, S. 252–:258.

*Horch*, Hans Otto: F. und das kranke Jahrhundert. Th. Fs Beziehungen zu den Kulturkritikern *Friedrich Nietzsche, Max Nordau* und Paolo Mantegazza. In: Literatur u. Theater im Wilhel. Zeitalter, hrsg. v. H. P. Bayerdörfer [u. a.], 1978, S. 1-34.

*Hahne*, Franz: F. über *Raabe*. In: Mitt. der Raabe-Ges. 28, 1938, S. 124–125.

*Oppermann*, Hans: *Raabe* u. F.: In: ebda 36, 1949, S. 59–64.

*Schreinert*, Kurt: Th. F. über *Wilhelm Raabe*. In: Jb. d. Raabe-Ges. 1962, S. 182–190.

*Reuter*, Hans-Heinrich: »Der wendische Hund«. Ein historischer »Kommentar« Th. Fs zu W. *Raabes* Erzählung »Die Hämelschen Kinder«. In: WB 12, 1966, S. 573–580.

*Daemmrich*, H.: Situationsanpassung als Daseinsgestaltung bei *Raabe* u. F. In: Formen realist. Erzählkunst, 1979, S. 244–251.

*Böschenstein*, Renate: Mythologie zur Bürgerzeit: *Raabe*, Wagner, F. In: Jb. d. Raabe-Ges. 1986, S. 7–34.

*Denkler*, Horst: Distanzierte Nähe. Zum Verhältnis zwischen Wilhelm *Raabe* u. Th. F. In: Th. F. im lit. Leben s. Zeit, 1987, S. 397–417.

*Jolles*, Charlotte: Weltstadt – verlorene Nachbarschaft. Berlin-Bilder *Raabes* u. Fs. In: Jb. d. Raabe-Ges. 1988, S. 52–75.

*Hückstädt*, Arnold: Über die Beziehungen Th. Fs zu *Fritz Reuter* und über die Pflege von Reuters Erbe in seiner Vaterstadt Stavenhagen. In: FBl. 4, 1978, H. 4, S. 282–298.

*Schultze*, Christa: Fs Beziehungen zu *Hermann Schauenburg*. In: FBl. 4, 1979, H. 5, S. 428–438.

Die Fontanes und die *Schlenthers*. Neue Dokumente. Hrsg. u. erl. v. Anita *Golz* u. Gotthard *Erler*. In: FBl. 5, 1982, H. 2, S. 129–147.

*Ohl*, Hubert: Zeitgenossenschaft. *Arthur Schnitzler* u. Th. F. In: Jb. FDH 1991, S. 262–307.

*Hübscher*, Arthur: Melusine, *Schopenhauer* – Fontane. In: Schopenhauer – Jb. 51, 1970, S. 153–164.

*Hübscher*, Arthur: *Schopenhauer* bei Wagners Zeitgenossen. In: Schopenhauer-Jb. 61, 1980, S. 61–69. [Auch über Th. F.]

*Hay*, Gerhard: F. als Kritiker *Heinrich Seidels*. Zu unveröffentlichten Briefen Fs. In: FBl. 2, 1973, H. 8, S. 563–574.

*Pompen*, Gregor H.: Dichtung und Wahrheit: *Spielhagen* auf den Spuren Fs. In: Festgabe des Deutschen Instituts der Universität Nijmegen. Paul B. Wessels zum 65. Geburtstag, 1974, S. 112–130.

*Lehmann*, Peter Lutz: *Stifter* und F. Eine romantische Studie zum realistischen Stil. In: Imago linguae. Beiträge zu Sprache, Deutung und Übersetzen. Festschrift zum 60. Geb. von Fritz Paepke, 1977, S. 329–337.

*Gump*, Margaret: Alles um der Ehre willen. *Stifters* »Das alte Siegel« u. Fs »Effi Briest«. In: VASILO 28, 1979, S. 49–50.

*Pischel*, Barbara: Th. Fs Begriff ›Adalbert-Stifter-Charakter‹. In: VASILO 28, 1979, S. 95–97.

*Gülzow*, E.: *Storm* – F. In: Forschungen u. Fortschritte 24, 1948, S. 256–258.

*Böckmann*, Paul: *Theodor Storm* u. F. Ein Beitrag zur Funktion der Erinnerung in Storms Erzählkunst. In: Wege zum neuen Verständnis Theodor Storms. (Schriften der Th.-Storm-Ges.) 17, 1968, S. 85–93.

*Goldammer*, Peter: *Storms* Werk u. Persönlichkeit im Urteil Th. Fs. In: FBl. 1, 1968, H. 6, S. 247–264.

*Washington*, Ida H.: F. and *Storm*. A study in differences. In: GQ 42, 1969, S. 37–43.

*Rüegg*, Doris: Th. F. und *Theodor Storm*. Dokumentation einer kritischen Begegnung. Diss. Zürich 1981.

*Laage*, Karl Ernst: Th. F. u. *Theodor Storm*. Eine Dichterfreundschaft. In: Schriften der Th.-Storm-Ges. 31, 1982, S. 29–42.

*Goldammer*, Peter: ›Er war für den Husumer Deich, ich war für die Londonbrücke‹. Fs *Storm*-Essay – und die Folgen. In: Th. F. im lit. Leben s. Zeit, 1987, S. 379–396.

*Horstmann-Guthrie*, Ulrike: The theme of loyalty in »Henry Esmond« *(Thackeray)* and »Vor dem Sturm«. In: Journal of European Studies 14, 1984, S. 173–186.

*Remenkowa*, Vesselina: Die Darstellung der napoleonischen Kriege in »Krieg und Frieden« von *Lew Tolstoj* und »Vor dem Sturm« von Th. F. 1987.

*Berman*, R. A.: Between F. and *Tucholsky*: literary criticism and the public sphere in Germany. 1983.

*Schultze*, Christa: Th. F. u. K. A. Varnhagen von Ense im Jahre 1848. Mit einem Brief Varnhagens an F. vom 11. Febr. 1852. In: FBl. 1, 1967, H. 4, S. 139–153.

*Schultze*, Christa: Fs Beziehung zu dem Gogol-Übersetzer *August Viedert*. In: FBl. 5, 1983, H. 3, S. 303–315.

*Arlt*, Klaus: *Heinrich Wagener* – der Potsdamer Berater Th. Fs. In: FBl. 4, 1980, H. 7, S. 636–640.

*Scherff-Romain*, Käthe: »N. N.« ist nicht Gottfried Kinkel, sondern *Richard Wagner*. In: FBl. 5, 1982, H. 1, S. 27–50.

*Rüland*, Dorothea: Instetten [sic:] war ein Wagnerschwärmer. F., *Wagner* u.

die Position der Frau zwischen Natur u. Gesellschaft. In: Jb. DSG 29, 1985, S. 405–425.

*Böschenstein*, Renate: Mythologie zur Bürgerzeit: Raabe, *Wagner*, F. In: Jb. d. Raabe-Ges. 1986, S. 7–34.

*Horch*, Hans Otto: Ansichten des 19. Jahrhunderts. Th. Fs Verhältnis zu Richard *Wagner* und dem Wagnerismus. In: FBl. 6, 1986, H. 3, S. 311–325.

*Kerekes*, Gábor: Th. Fs Verhältnis zu *Richard Wagner*. In: Germ. Jb. DDR – UVR 7, 1988, S. 92–101.

*Richter*, Helmut: *Guido Weiß* u. Th. F. Demokratische Beiträge zur Wesensbestimmung des Dichters. In: Th. F. im lit. Leben s. Zeit, 1987, S. 337–378. [Vorabdruck u. z. Teil verändert in: FBl. 6, 1987, H. 6, S. 606–644.]

*Schumann*, Willy: ›Wo ist der Kaiser?‹ Th. F. über *Kaiser Wilhelm II.* Mh. 71, 1979, S. 161–171.

*Nachtrag:*

*Treder*, Uta: Von der Hexe zur Hysterikerin. Zur Verfestigungsgeschichte des ›Ewig Weiblichen‹. 1984. Nachdruck 1987 [Darin über »Cécile«, „Effi Briest«, »Mathilde Möhring«.]

*Allenhöfer*, Manfred: Vierter Stand und alte Ordnung bei F. Zur Realistik des bürgerlichen Realismus. 1986.

*Kaiser*, Nancy A.: Social integration and narrative structure. Patterns of realism in Auerbach, Freytag, F. and Raabe. 1986.

*Sartini*, Raffaella: La Ricezione di Th. F. in Italia. Diss. Univ. Macerata. 1989. [Mit Gesamtübersicht von Übersetzungen Fs von 1935–1987.]

*George-Driessler*, Getrud: Th. F. und die »tonangebende Kunst«. Phil. Diss. Universität Augsburg. 1990. [Einleitung in FBl. 1991, H. 52, S. 173–179.]

*Paret*, Peter: Kunst als Geschichte. Kultur u. Politik von Menzel bis F. Aus dem Englischen v. Holger Fliessbach. 1990. [Behandelt Fs Preußenlieder u. »Schach von Wuthenow«.]

Heiteres Darüberstehen oder Doppelzüngigkeit? Die *Familienbriefe* (1905) Th. Fs. Ein unbekannter Text (1922) von Fritz Mauthner. Hrsg. u. komm. v. Frederick *Betz* u. Jörg *Thunecke*. Nottingham 1992.

*Zwiebel*, William L.: Th. F. New York 1992.

# Personenregister

178

187

# Sammlung Metzler

Printed in the United States
By Bookmasters